中国轻工业“十四五”规划立项教材
学前教育专业（新课程标准）系列精品教材

U0825614

学前儿童
语言教育

主　编◎潘越
副主编◎许妮娜　毛华芳　马春明（排名不分先后）
主　审◎程广文

中国轻工业出版社

图书在版编目（CIP）数据

学前儿童语言教育 / 潘越主编. —北京：中国轻工业出版社, 2022.8
学前教育专业（新课程标准）系列精品教材
ISBN 978-7-5184-4000-9

Ⅰ. ①学… Ⅱ. ①潘… Ⅲ. ①学前儿童—语言教学—幼儿师范学校—教材 Ⅳ. ①G613.2

中国版本图书馆CIP数据核字（2022）第090474号

责任编辑：崔丽娜　　责任终审：李建华
整体设计：锋尚设计　　责任校对：宋绿叶　　责任监印：张　可

出版发行：中国轻工业出版社（北京东长安街6号，邮编：100740）
印　　刷：三河市国英印务有限公司
经　　销：各地新华书店
版　　次：2022年8月第1版第1次印刷
开　　本：787×1092　1/16　印张：13
字　　数：310千字
书　　号：ISBN 978-7-5184-4000-9　定价：45.00元
邮购电话：010-65241695
发行电话：010-85119835　传真：85113293
网　　址：http://www.chlip.com.cn
Email：club@chlip.com.cn
如发现图书残缺请与我社邮购联系调换
210137J1X101ZBW

前　言

语言对于人类的重要性不言而喻。学前期是人一生中语言发展的关键时期。学前儿童只有具备了一定的语言运用能力，才能更有效地进行表达交流、更积极地探索外在世界，从而实现全面发展。虽然从出生那一刻起儿童就具有进行交际的内驱力，但在儿童的语言习得过程中，成人的作用不可或缺。让每一位儿童都能接受高质量的语言教育，对幼教工作者而言，是期待，是责任，更是使命。为此，我们着眼于幼儿的发展和教师的成长，编写了《学前儿童语言教育》这本教材，供学前教育专业师生和幼儿园教师学习与参考。

本教材以《幼儿园教育指导纲要（试行）》（以下简称《纲要》）、《3—6岁儿童学习与发展指南》（以下简称《指南》）、《幼儿园教师专业标准（试行）》（以下简称《专业标准》）、《幼儿园保育教育质量评估指南》（以下简称《评估指南》）、《学前教育专业师范生教师职业能力标准（试行）》（以下简称《能力标准》）等文件精神为指导，本着“育人为本”的原则，在吸收学前儿童语言教育相关领域研究成果的基础上，呈现大量典型的语言教育活动案例，融系统性、科学性、应用性、创新性和启发性于一体，试图为科学实施学前儿童语言教育提供理论依据和实践指导。

全书共分为十章：前五章为“理论篇”，第一章是学前儿童语言教育概述，第二章是学前儿童语言发展与教育的基本理论，第三章是0~3岁婴幼儿的语言发展与教育，第四章是幼儿园语言教育的目标、内容、方法和途径，第五章是学前儿童语言教育评价；后五章为“实践篇”，第六章至第十章分别介绍了幼儿园谈话活动、幼儿园讲述活动、幼儿园听说游戏活动、幼儿园文学作品学习活动和幼儿园早期阅读活动的特点、要求、设计流程与指导策略。每一章节均设有“学习目标”“导入案例”“拓展阅读”“本章小结”“关键术语”“讨论与思考”“建议的活动”等板块，内容全面、指导具体，以达到导读导学、激发兴趣、提纲挈领、学以致用、反思提升的目的，帮助学习者在学习过程中理论联系实际，真正做到“教”“学”“做”相结合。

本教材是泰州学院学前教育专业在建设江苏省一流本科专业过程中的成果，由潘越老师担任主编，统筹教材。各章的具体分工如下：第一、二、三、八章由潘越老师编写；第四、五章由许妮娜老师编写；第六、七章由毛华芳老师编写；第九、十章由马春明老师编写。全书由潘越老师统稿，程广文教授负责主审，把控教材的理论方向和宏观思路。

在编写过程中，我们参考并借鉴了许多专家、学者、同行的专著和研究成果，吸纳了众多一线幼儿园教师的教育案例。在此，我们对本教材所引用、参考过的文献资料的作者表示衷心的感谢。本教材的出版得到了中国轻工业出版社的大力支持，在此一并表示诚挚的谢意。

由于编写人员水平和能力有限，书中难免存在疏漏之处，恳请广大读者多加批评、指正。

编者

2022年3月

目 录

理论篇

实践篇

理论篇

第一章 学前儿童语言教育概述

学习目标

1. 在了解语言的内容、形式和功能的基础上，理解语言的概念和本质。
2. 领会和掌握学前儿童语言教育的有关概念。
3. 熟悉学前儿童语言教育的研究对象、研究任务和研究方法。
4. 明确学前儿童语言教育的意义。

导入案例

在“学前儿童语言教育”的课堂上，王老师播放了一名5岁幼儿说话的音频：

“我有很多开心的事情，我喜欢去公园锻炼身体，我喜欢和妹妹一起弹钢琴，我还喜欢在神农架的山里爬树……”

王老师让同学们讨论这名幼儿的语言能力如何，如果认为“很好”，“好”在哪里。大多数同学都认为这名幼儿的语言能力很好，“好”的表现是这个小朋友说话很流利、会表达自己的想法、讲话有条理……诸如此类。仔细分析，王老师发现同学们所描述的表现主要都是跟“说”有关。那么，一位很能“说”的小朋友就是“语言能力”好的小朋友吗？幼儿的语言能力到底包括哪些方面？一位“语言能力很好”的幼儿应该有哪些表现？

第一节　语言概述

语言是什么？这是一个非常古老的话题，也是语言学的中心课题，更是学前儿童语言教育需要探讨的首要问题。了解语言的概念与本质可以帮助我们去描述学前儿童的语言能力以及更好地认识学前儿童语言教育的相关问题。以下将从语言的构成和语言的功能两个方面对语言的概念与本质做具体说明。

一、语言的构成

（一）语言的形式

语言形式也就是语言的表现形式，即语言的载体。从语言的载体来看，语言可分为口头语言和书面语言。口头语言是指音义结合的、以说和听为传播方式的有声语言；而书面语言是指形义结合的、以读和写为传播方式的语言。因此，从语言的载体来分，人们的语言能力可以分为“听、说、读、写”四种表现形式，学前儿童的语言能力也应该从“听、说、读、写”四种表现形式来进行评价和描述。

（二）语言的内容

语言的内容通常包括语义和语法。

语义是指语言的含义，包括词、句子、语段三个语言要素的意义，语义是否明确、是否恰当是评价语义能力的重要指标。在学前阶段，主要表现为幼儿对语义的理解及运用语言表达意义是否准确适宜。

语言是一套符号系统，语法是人们约定俗成的共同创造出来的构成这套符号系统的规则。语法单位包括语素、词、短语和句子，都是音义结合体。语法则包括语素组合成词的规则、词组合成短语的规则以及词和短语构成句子的规则等。评价汉语儿童语法能力的主要指标是句子结构的完整性和复杂度，换言之，幼儿说出的句子是否符合既定的语法规则，以及一句话有多长，句子中是否有复合句等。

二、语言的功能

（一）语言是人类独有的最重要的交际工具

1. 语言是交际工具

从语言的起源看，由于地壳的变迁，热带丛林的减少，类人猿开始从丛林走向地面，实现直立行走，完成从猿到人的转变，同时为了适应地面更为危险的环境，原始人的集体劳动也始于此。而集体劳动必然存在交流与协调的问题，这就有了交际的需要，再加上劳动改善了人的大脑和发音器官，语言就此出现。因此，语言是一种交际工具，它来源于集体劳动。集体劳动的交际需要，是语言产生的决定因素。但并不是所有语言都能“长生不老”，语言产生后，有的逐渐发展、不断完善，有的则停止发展、渐渐消亡。决定一种语言是发展还是消亡，唯一的标准就是看这种语言有没有交际功能。有交际功能的语言就能存在，如汉语、英语等，没有交际功能的语言就只能消亡。

2. 语言是最重要的交际工具

社会生活的重要组成部分之一就是人与人之间的交际活动。人用来交际的工具除了语言以外，还有许多，大致可分为三类：第一类是文字；第二类是灯光语、旗语、电报语、数学符号、化学公式等；第三类是身势语。文字是人类进入文明社会的标志，其重要意义不言而喻，但文字是以语言为基础，主要用来记录语言，通常来说文字后于语言而产生，且世界上仍有一半的语言没有相应的文字，所以文字不能和语言相比，只能被看作最重要的辅助交际工具，处于从属地位。电报语、旗语、红绿灯等则是在语言和文字之上建立的特殊领域的辅助交际工具，离开语言和文字就无法存在，更没有资格同语言相提并论。身势语又称体态语，历史悠久、用途广泛，但容易受到各种限制导致误解，也不能和语言相比。所以语言才是人类社会必不可少的、最重要的交际工具。

3. 语言是人类独有的交际工具

这里的“人类独有”有两层含义：其一，动物的所谓“语言”和人类的语言有着本质区别，主要体现在人类语言具有动物语言所没有的社会性、单位明晰性、任意性、能产性和传授性。其二，动物学不会人类语言。动物只能模仿人类发出极为有限的几句类似人类语言的声音，但不可能像人类一样运用语言说出无限多的话，也不能自由地与人交谈。由此，语言是动物不可逾越的鸿沟，语言是人类独有的交际工具。

拓展阅读 1-1

动物的所谓“语言”和人类的语言之根本区别

俗话说，“人有人语，兽有兽语”，动物之间也存在一定的“交际”。在交际的时候，不同的动物会运用不同形式的“语言”，大致可以分为用声音的和不用声音的两类：飞禽（如雀鹊之间、鸡鸭之间）有着多种声音的信号（昆虫里也有不少这样的例子）；走兽（如猴子之间、猩猩之间）有着不同形式的喊叫。这样的交际形式属于动物的“有声语言”。至于蚂蚁的所谓“香味语言”、蜘蛛的所谓“震波语言”、蜜蜂的所谓“舞蹈语言”、萤火虫的所谓“闪光语言”，则属于动物的“无声语言”。但是动物之间无论有声还是无声的所谓“语言”都是和人类的语言无法相比的，理由如下：第一，人类语言具有社会性。人类语言具有社会属性、心理属性和物理属性。社会属性是最根本的属性。语言起源于人类集体劳动的交际需要，是人类社会最重要的交际工具。人类运用这个工具的目的不仅在于适应自然界，而是在于集体地改造自然界。动物的所谓“语言”仅仅是为了适应自然界，是在某种情绪和欲望的引发下产生的生理现象。第二，人类语言具有单位明晰性。人类语言是一种音义结合的词汇系统和语法系统。语音、语义、词汇、语法等各个要素都可再分析出明确的单位。动物的所谓语言则分析不出来。第三，人类语言具有任意性。语言是一种规则的系统，人们用它来规范自己的言语。但是语言系统本身的最基本的音义结合单位——语素和词，用什么音表达某一个意义，从根本上说，是任意的。例如，各种语言对同一个义就可用不同的语音表达。动物的所谓“语言”除了分析不出单位外，不同地方的动物表达同一情绪和欲望时所发出的声音和动作也没有什么太大的区别。第四，人类语言具有能产性。人类语言虽然是一个相对稳定的系统，各个结构成分是有限的，但是人们能运用这个系统，产生无限多的句子，传递出无限多的信息。动物的所谓“语言”所传递出的信息则是固定的、有限的。第五，人类语言具有传授性。人先天具备一个特殊的语言能力，但是，真正掌握某种语言，必须要靠后天在一定的言语环境中学习。如果说脱离了这种实践，没有得到传授，人也不能认识和运用任何一种语言。动物的所谓“语言”不需要任何传授，是与生俱来的。

（资料来源：岑运强．语言学基础理论［M］．第2版．北京：北京师范大学出版社，2011：18–19.）

（二）语言是思维工具

1．思维的类型

思维是人脑在表象、概念的基础上进行分析、综合、判断、推理等认识活动的过程。思维和感性知觉不同，它揭露的是实物的本质特征和内部联系。思维的类型有不同的分法。总的来说，可以分为形象思维和抽象思维。形象思维根据形象在现场和不在现场又可分为直观动作思维和表象思维。直观动作思维是指凭借直接感知真实在场的思维对象，并通过思维者自身的动作去影响思维对象的思维。表象思维是指通过在头脑中唤起表象（感知过的客观事物在脑中再现的形象，事物本身并不在现场），并在想象中对表象进行加工改造的思维。抽象思维是指运用概念、判断和推理的形式进行的思维，又称为逻辑思维。

2．语言是思维工具

这里的“思维”主要是指上述的抽象思维。抽象思维具有的第一个特征是概括性。思维揭露的是事物的本质特征和内部联系，要做到这一点，就要对个别现象和外部特征进行概括。形象思维可以用形象进行概括，抽象思维则不可。抽象思维要用概念、判断和推理的形式进行概括，其中概念要靠词或词组固定、表达；判断要靠句子固定、表达；推理要靠复句固定、表达。可以说，概念、判断、推理都要靠语言来完成，抽象思维的概括性离不开语言，语言是实现思维过程的工具。抽象思维具有的第二个特征是社会性。人的抽象思维必须要在社会的交际中才能产生和发展。一个人如果没有在一定的社会交际环境中生活，就不可能有正确的概念、判断和推理（如狼孩）。抽象思维要在交际中发展起来，但抽象思维又是看不见、摸不着的，必须借助一种大家都能具备的物质形式，这就是语言。语言是传达思维结果的工具、是进行思想交流的桥梁。抽象思维的社会性也离不开语言。因此，语言是思维工具。

综上所述，语言形式、语言内容和语言功能构成了语言的基本要素，学前儿童在这三个方面表现出来的能力也就构成了学前儿童基本的语言能力。

拓展阅读 1-2

印度狼孩卡玛拉的故事

1920年，在印度一个名叫米德纳波尔的小城，人们常常见到一种“神秘的生物”出没于附近森林，一到晚上，就有两个用四肢走动的“像人的怪物”尾随在三只大狼后面。后来，人们打死了大狼，在狼窝里终于找到了这两个“怪物”：原来是两个裸体的女孩，大的七八岁，小的约2岁。人们把她俩送到米德纳波尔的孤儿院去抚养，大的取名卡玛拉，小的取名阿玛拉。第二年，阿玛拉死了，而卡玛拉一直活到1929年。这就是曾经轰动一时的“狼孩”故事。

据记载，“狼孩”刚被发现时用四肢行走，慢走时膝盖和手着地，快跑时则手掌、脚掌同时着地。她们总是喜欢单独活动，白天躲藏起来，夜间潜行。怕火和光，也怕水，不让人们替她们洗澡。不吃素食而要吃肉，吃东西时不用手拿，而是放在地上用牙齿撕开吃。每天午夜到早上3点钟，她们像狼似的引颈长嚎。她们没有感情，只知道饥时觅食，饱则休息，很长时期内对别人不主动发生兴趣。不过她们很快学会了向主人要食物和水，如同家犬一样。只是在一年以后，当阿玛拉死的时候，人们看到卡玛拉流下了眼泪——两眼各流出一滴泪。

据研究，七八岁的卡玛拉刚被发现时，她只懂得一般6个月婴儿所懂得的事，花了很大力气都不能使她适应人类的生活方式。她两年后才会直立，6年后才艰难地学会独立行走，但快跑时还得四肢并用。到死也未能真正学会讲话：4年内只学会6个词，听懂几句简单的话，7年后才学会45个词并勉强学会了几句话。在最后的3年中，卡玛拉终于学会在晚上睡觉，也不怕黑暗了。很不幸，就在她开始朝人的方向“进化”时，早早地死去了。据“狼孩”的喂养者估计，卡玛拉死时已16岁左右，不过，她的智力只及一个三四岁的孩子。

（资料来源：https://epaper.csstoday.net/epaper/read.do?m=i&iid=4621&eid=29570&sid=136538&idate=12_2015-06-05.）

第二节　学前儿童语言教育的有关概念

人们每天都要和语言打交道，语言对于人类社会来说具有极为重要的意义。语言、儿童的语言（包括学前儿童语言）教育已成为当前学前教育关注的主要课题。要想学好“学前儿童语言教育”这门课程，首要任务是要弄清楚与学前儿童语言教育相关的基本概念，这将对我们探索学前儿童语言教育的理论和实践大有裨益。

一、语言与言语

日常生活中，语言和言语这两个概念经常混用，人们也没有必要严格区分。但“现代语言学之父”索绪尔明确提出，在研究言语交际过程时，区分语言和言语这两个概念是十分必要的。

语言是人类社会中客观存在的现象，是一种社会上约定俗成的符号系统。语言是以语音或字形为物质外壳，以词汇为建筑材料，以语法为结构规律构成的体系。语言以其物质化的语音或字形而被人所感知，它的词汇标示着一定的事物，它的语法规则反映着人类思维的逻辑规律。因此，语言是作为人们交流思想的工具而产生和存在的。

言语是人类运用语言材料和语言规则进行交际活动的过程，是人们讲话（写作）的行为和结果，又称“话语”。言语交际的具体过程，实际上就是言语产生（编码）和言语理解（译码）的过程，是在社会交往中运用语言的过程，包括听、说、读、写的活动。总之，言语属于个人现象，联系着特定的个体，有特定的场合和特定的交际目的。

应该用对立统一的观点来看待语言和言语的关系。一方面，语言和言语有着本质的区别；另一方面，语言和言语又有着密切的联系。语言和言语的关系，犹如工具和工具运用的关系。这里的工具并非一般物质意义上的工具，而是一个特殊的存在于一个民族集体内的音义结合的词汇系统和语法系统。从来源上看，语言系统是从言语活动中抽象出来的；从存在上看，语言系统又存在于言语活动中。

1. 二者的区别

语言和言语的区别有以下几点：①语言是社会的，是社会共有的交际工具，个人不能独创语言，语言的产生必须有全社会的约定俗成，因而语言是稳定的，具有相对静止的状态；言语是个人的，是个体运用语言工具进行交际的过程和结果，是自由结合的，具有偶然性。②语言的本质因素是社会因素。因为人们不但要用语言这个工具去说（写），而且要遵循这个系统的规则去说（写）。言语是人们运用这个工具去说（写）的过程和结果，因此，除了具有社会因素外，还具有个人因素。例如，每个人都有自己独特的嗓音和自己独特的表达习惯。③语言系统的各个结构成分是有限的，但每个人都可以用它们说出无限多的句子来。此外，语言是语言学的研究对象，而言语则一般是心理学的研究对象。

2. 二者的联系

语言和言语的区别是明显的，语言和言语的联系也是紧密的，正如索绪尔所说：“毫无疑问，这两个对象是紧密相连而且互为前提的：要言语为人所理解，并产生它的一切效果，必须有语言；但是要语言能够建立，也必须有言语。从历史上看，言语的事实总是在前的。”“语言和言语是相互依存的，语言既是言语的工具，又是言语的产物。”归结起来，语言和言语的联系主要体现在两个方面：一方面，言语活动是依靠语言材料和语言规则来进行的，个人言语活动的效能如何，受到他对语言掌握程度的制约，因此，离开了语言，就不会有言语活动。另一方面，语言也离不开言语活动。因为语言是在人具体的言语交际中形成和发展起来的，并且任何一种语言都必须通过人们的言语活动才能发挥它的交际工具的作用；如果某种语言不再被人们用来交际，它最终将会从社会中消失。可以说，哪里有言语，哪里就有语言；哪里没有言语，哪里就没有语言。

拓展阅读 1-3

索绪尔（1857—1913）

索绪尔（Ferdinand de Saussure，1857—1913），瑞士语言学家，被称为“现代语言学之父”。1857年出生于瑞士日内瓦的一个法国人家里。1875—1876年就读于日内瓦大学，后转到德国莱比锡大学学习语言学，并在奥斯脱霍夫（H. Osthoff）和雷斯琴（A. Leskien）的指导下从事历史比较语言学的研究。1880年回莱比锡大学考博士学位。其后赴法国巴黎高等研究院教授梵语，同时兼任巴黎语言学会秘书。1891年离法回国，在日内瓦大学讲授梵语和印欧系语言历史比较等课程。1906年开始讲授普通语言学，提出成为结构主义语言学基础的新语言学理论。索绪尔提出的语言理论主要有：①区分了“语言”和“言语”。语言属于社会，是抽象的；言语属于个人，是具体的（包括生理、物理和心理现象）。②把语言堪称是符号系统。每个符号由“能指”即声音印象和“所指”即概念组成。所指和能指之间的关系是任意的。③符合之间存在着线性的组合关系及联想的聚合关系。④把语言现象分为历时和共时的两种。索绪尔对现代语言学影响最大的观点是强调语言结构系统性、共时性和共性的观点。其代表作有《论印欧系语言元音的原始系统》（1878）、《普通语言学教程》（1916）等。

（资料来源：陈国强，石奕龙. 简明文化人类学词典［M］. 杭州：浙江人民出版社，1990：403.）

二、第一语言、第二语言和外语

1. 第一语言

第一语言是指一个人出生之后最先接触并获得的语言。例如，一个儿童出生之后首先接触并获得了英语，英语就成为了他的第一语言。需要注意的是，一个人的第一语言通常是他的母语、本族语，但第一语言不等同于母语，也不等同于本族语。

第一语言不等同于母语。首先，第一语言和母语是两个不同的概念。母语是指父母乃至多代以前一直沿用下来的语言。母语具有继承性，它体现了人们世代的语言关系。第一语言可能是母语，也可能不是母语。就多数人而言，他们出生之后通常是使用并继承了母语，母语也就自动成为了他们的第一语言。但由于种种原因，有些人习得的第一语言并非母语，比如中国少数民族的孩子在汉族地区长大，先习得了汉语，汉语是他们的第一语言，却不是他们的母语；再比如移居美国的华侨，其子女可能从小先学说英语，而不学说汉语，他们的第一语言就是英语，而不是母语汉语。其次，在内涵上第一语言指的是获得语言的顺序，而母语不完全是一个获得语言顺序的问题；在外延上二者所指称的对象是交叉关系。此外，第一语言是语言学的概念，而母语更多牵扯到民族学问题。

第一语言也不等同于本族语。本族语和非本族语通常是按照民族的界限来划分的。本族语是指语言习得者自己民族所使用的语言，也称民族语。非本族语是指本民族以外的语言，可能是外语，也可能是本国其他民族的语言。一个人儿时从父母那里习得本族语言，这时他的第一语言和本族语是一致的；而一个人儿时从父母或当地社团那里习得非本族语，这时他的第一语言就不是本族语，出现了第一语言与本族语分离的现象。

因此，第一语言、母语和本族语三者关系密切，但又不完全等同。

2. 第二语言

第二语言和第一语言一样，也是从个人获得语言的顺序来定义的。第二语言是指在本国与母语同等重要或占重要地位的一种语言，也就是除母语之外，在社会生活、活动中广泛应用的语言，通常表现为在多民族聚居的国家或地区，每个民族都有自己的语言，在这种复杂的语言环境中，为了和其他民族的人进行有效交际，人们往往还要学习一种非本族语言，这种语言就是第二语言。例如，在我国贵州黔东南苗族侗族自治州，苗语是这里大多数苗族人的母语，但他们为了实现更好的交流而学习汉语或侗语，那么汉语或侗语就是他们的第二语言。

3. 外语

外语是从国家的角度定义的，是指某一地区的本土居民不使用的语言，或者是某人所属国家不使用的语言，俗称他国的语言。有人认为外语也是一种第二语言，但更多的学者则认为由于二者使用环境不同略有区别。在某些地区第二语言往往是和第一语言同时被使用的。有一部分人把语言甲当成第一语言，语言乙当作第二语言；而另一部分人则把语言乙当作第一语言，把语言甲当作第二语言。外语则不同，往往把外语当作第二语言的国家和地区，一般没有它的使用环境，不会有人把它当作第一语言。

三、双语教育和外语教育

1. 双语教育

双语教育是以两种语言作为教学媒介的教育系统，其中一种语言并非总是学生的第一语言。双语教育是相对于单语教育提出的，它的一个重要特征是在同一教育机构中，学生同时学习两种语言，并通过两种语言学习其他知识，且这两种语言均是师生交往的工具。

拓展阅读 1-4

什么是双语教育

什么是“双语教育”？这是双语教育的基础性问题。研究者们分别从双语教育的目标即双语教育中两种语言应达到的水平、双语教育的方式即如何实现两种语言能力的发展这两个方面进行了探讨。

关于双语教育的目标，20世纪30年代，著名语言学家布龙菲尔德（Bloomfield）认为，所谓双语能力就是掌握两种本族语的能力，即所掌握的两种语言都应达到母语的水平。然而在现实中，要达到这样的要求并不容易。因此，到了20世纪50年代，“双语”的概念逐渐拓宽。霍根（Haugen）提出，只要能使用第二语言的词语表达完整的意义，就可以说具有双语能力。麦克纳马拉等人（Macnamara; Brooks）认为，除了掌握第一语言外，略具第二种语言能力或能习惯地使用两种语言的人就已经具备了双语能力。格劳斯金（Grosjean）也提出，不论各种语言是否达到流利程度，只要能使用两种或多种语言就可以称为双语。实际上，双语教育是与社会需要密切相关的，20世纪后半期对于双语教育目标认识的扩展体现了社会多元化的发展需求。

关于双语教育的方式，麦凯和西格恩认为，双语教育是“以两种语言作为教学媒介语的教育体系，其中一种语言常常是但不一定是学生的第一语言”。卡明斯（Cummings，1997）则进一步提出，双语教育通常是指“在学生教育生涯的某一阶段使用两种（或者更多）教学媒介语，这两种语言被用来教授科目内容而不单纯是语言课程本身”。我国的一些学者则认为，双语教育是“使用两种语言，其中一种通常是学生的本族语言，作为教育教学的实施工具”；“在一个国家或地区里用两种语言上课。这两种语言一种是学生的本族语/母语，另一种是学生所在地区的通用语言（二语）或学生所学习的目的语（外语）”；“在学校中全部地或部分地采用外语（英语）传授非语言学科的教学”。

从上述定义中可以看到，尽管研究者们对于双语教育的表述各不相同，但其基本核心是一致的，即双语教育是以两种语言作为教学媒介语，通过学科教学来实现帮助学生掌握双语目的的教育活动。要准确地理解和把握双语教育，必须明确以下几个方面：

首先，在双语教育中，语言本身的地位是双重的，它既是教育的目标，又是教育的手段。双语教育通过将语言渗透于不同学科，让学生在学科学习的过程中自然地习得双语能力，理解人类的多元文化，培养全球意识。因此，从这个意义上来讲，双语教育不同于单纯以语言学习为内容的语言课程，它与人们通常所说的外语教学，即将外语作为一门语言课程来教授存在着本质的区别。就此而言，目前我国不少地区推行的“双语教育”在本质上仍属于外语教学的范畴，并不是真正意义上的“双语教育”。

其次，双语教育的目标是促进学生双语能力的发展，但这种发展不能损害“母语教育”，不能以牺牲母语为代价。母语教育是提供优质教育和实现基本教育需要的先决条件，它直接影响到人们的“文化归属意识”乃至世界观的建构，并且母语能力的提高不是靠单纯的自然习得就能够成就的。因此，双语教育并不意味着在所有的教育活动中都使用外语，而将母语排斥在外。

最后，双语教育的存在和发展源于社会生活的需要，因此不同的国家和地区，由于现实的环境和条件不同，需要根据当地的需要和特点采取不同的双语教育模式。例如，美国是世界上移民人数最多的国家，其双语教育的目的是在尊重各民族特点的前提下，帮助少数民族学生融入主流社会。因此，美国的大多数学校全方位使用英语开展各种活动。而欧盟各国和新加坡双语教育的目的是出于经济文化交流和发展的需要而培养双语人才，所以在这些国家母语和英语都是教育的重点。

（资料来源：陈琴，庞丽娟．幼儿双语教育问题探析［J］．学前教育研究，2006，（05）．）

我国幼儿园的双语教育主要包含以下两种形式：

一是我国少数民族地区实施的双语教育。少数民族地区的双语教育在我国教育发展中始终占有重要的地位。少数民族学前双语教育是指在少数民族地区幼儿园中，同时使用少数民族母语和国家通用语言开展一日活动，培养幼儿熟练运用两种语言进行日常交际的能力，促进幼儿全面发展的特殊教育体制。

拓展阅读 1-5

少数民族地区学前双语教育的目标定位

双语教育目标系统可以分为三个层次：教育目的、培养目标和教学目标。双语教育的目的是国家层面对双语教育的宏观定位，双语教育的目的在于培养健全的多元文化人格，使个体具有宽广的胸襟，较强的移情能力，能从多元文化的角度理解其他民族的文化、传统、习俗，在提高国家通用语言水平的同时拓展视野，培养看待问题的多重视角，通过文化的对比使儿童重新审视、欣赏本民族的优秀文化。培养目标是中观层面民族地区对不同层次人才培养的相关要求。双语教育培养目标可分为两个层次：一是为民族地区经济社会发展培养双语人才；二是以母语为媒介，培养掌握国家通用语言的学生。教学目标是微观层面对各级各类学校教学的具体要求。从幼儿园的层面来看，双语教学的目标是在儿童习得母语的基础上，依据其身心发展特点和语言习得规律，通过创设适宜环境，培养幼儿对第二语言的兴趣和敏感性以及对多元文化的认同感，为幼儿日后学习国家通用语打下良好的基础。同时，双语教育通过将语言渗透于不同的教学领域，让儿童在完成各领域学习的同时自然地习得双语，理解人类的多元文化，促进幼儿全面和谐发展。

需要强调的是，目前我国学前双语教育实践中存在不少问题，如将双语教学变成单一的母语教学或单一的国家通用语言教学；窄化双语教育目标，只重双语“语言”学习，而忽略了“教育”目标等。

笔者认为，首先，双语教育在语言方面的目标是促进儿童双语能力发展，这就要求必须使儿童的两种语言能力都得到发展，而不是只发展其中之一，或以其中之一为主，双语教育中的两种语言应保持恰当的比例。其次，双语教学的目的不单纯是语言的学习，而是一种文化的传递，更是促进人发展的手段。特别是当代教育提出要培养学生胸怀全球的观念，学生要能够理解、尊重不同的民族、风俗和文化，要具有本民族、本国家以外的文化知识，在不同的文化环境中充满自信地与不同的民族坦然相处并与之交流，开展合作等。最后，双语教育的重点还是应该落在“教育”二字上，双语只是使用两种语言进行教学，语言只是媒介和手段，而教育则是关键，是核心问题。幼儿园的教育目标首先应是促进幼儿的健康快乐成长，锻炼幼儿强健的体魄，激发幼儿探究欲望与学习兴趣，养成良好的品德与行为习惯，培养积极的交往与合作能力，促进幼儿身心全面和谐发展；其次才是在教学过程中同时掌握两种语言，达到熟练应用的程度。因此，在学前双语教育中，教育优先，双语其次；教育为重，双语为辅。

（资料来源：王嘉毅，孙丽华. 我国少数民族学前双语教育模式与路径［J］. 中国教育学刊，2013，05：30-33.）

二是在我国一些地区和幼儿园开展的汉英双语教育。在这些幼儿园中，教师使用汉语和英语组织幼儿的教育教学活动，这种双语教育和外语教育最大的区别在于，在双语教育中，英语已成为一种教学媒介语言和交际的工具，而不是当成一种幼儿需要学习的语言学科或语言课程。有条件的幼儿园可以尝试开展汉英双语教育，但国内一些幼儿园或教育机构以盈利为目的，为了迎合家长的需求，打着“双语教育”的幌子，用不合格的师资、粗制滥造的内容、不恰当的方法进行着英语教育（外语教育），这种做法对幼儿的发展、学前教育以及学前双语教育的科学性都有百害而无一利。因此，应坚决抵制这类不科学、不合格的“双语教育”。

拓展阅读 1-6

幼儿园开展双语教育的可行性

从目前已有的研究成果看，幼儿园开展双语教育需要满足以下基本要求：

第一，外语已经成为幼儿生活的一个组成部分，这是幼儿园开展双语教育的前提。当幼儿能够经常接触说外语的人，能够在图书、玩具、服装、电视节目以及生活场景中经常看到或听到外语时，幼儿便会产生学习外语的潜在动机和欲望，学习和了解外语就会成为幼儿生活、游戏和学习的一种自然要求。如果缺乏足够的环境支持，幼儿很难真正产生外语学习的兴趣，双语教育也就难以达到预期的效果。

第二，幼儿园必须配备合格的外语教师，这是幼儿园开展双语教育的关键。外语教师必须是合格的幼儿园教师。外语教师需要了解幼儿的身心发展特点，能够组织幼儿的日常生活、游戏和其他活动，能够合理满足幼儿的需要。这是对外语教师在幼教专业素质方面的要求。同时，外语教师的外语发音必须准确、熟练、流利，而且符合外语国家的文化特点。除了需要掌握比较牢固的外语知识外，幼儿园外语教师还要能比较自然、流利地使用外语组织幼儿的各类活动，使用的外语应当具有生活化、儿童化等特点，而不是生硬的课本式外语。教师还要能够熟练使用非言语手段，帮助幼儿更好地理解外语。这是对外语教师在外语运用能力方面的要求。

在配备了基本条件之后，幼儿园要开展双语教育，还必须做到以下几点：

首先，应该为幼儿创设一个双语环境。双语教育的核心是用两种语言分别为幼儿创设两种自然或模拟的语言环境，因此，幼儿园开展双语教育除了需要为幼儿创设一个自然的母语交往环境外，还需要在一定时间内为幼儿创设一个外语环境。在这个环境中，教师自己要尽量使用外语，鼓励但不强求幼儿使用外语进行交往。

其次，幼儿园双语教育课程包括用母语组织的活动和用外语组织的活动，这两类活动应当分工明确，相互配合。如何在整体课程中分配两种语言是设计和组织双语教育首先需要解决的问题。幼儿园双语教育有三种典型的分配语言方式，即以教师、活动时间、课程领域或学科分配两种语言。在以教师作为参照物分配两种语言的双语教育系统中，一位教师在带班时间内一直使用母语，无论是在组织幼儿的日常生活，还是正式学习活动时，使用的语言始终保持不变。另一位教师则在带班时间内始终使用外语。在以活动时间为参照分配两种语言的双语教育系统中，每周的某几天，所有教师在全日活动中均使用母语，另外几天则全部使用外语。在以课程领域或学科为参照分配两种语言的双语教育系统中，教师在某些领域的教学活动和部分日常生活环节中使用母语，在其他领域活动及生活环节中使用外语。但在实际教育活动中，采用某一典型形式分配两种语言的双语教育系统很少，幼儿园通常是每个班有一位教师在一日活动的部分时间内全部使用外语组织活动，而在其他时间以及另外一位教师在所有时间内都使用母语。这样既能保证幼儿每天接触外语的时间达到一定的量，又能为选择合适的活动内容留有余地，因为并不是所有活动内容都适合用外语进行组织。

对幼儿而言，以外语歌曲、儿歌、故事等为材料组织的音乐游戏、表演游戏和体育游戏等比较适合用外语进行组织，因为这几类活动容易引起幼儿的兴趣，而且相关的外语材料容易与游戏规则融为一体，既可以丰富幼儿的生活和学习经验，又可以实现幼儿外语学习的目的。

最后，外语学习是幼儿园双语教育追求和伴随实现的一个目标，用外语组织的活动除了能对幼儿的全面发展起到促进作用之外，还应该能实现外语学习的目标。这些目标主要不是表现为幼儿对语言形式（如单词、句型等）的掌握，而是表现为获得对外语学习的兴趣、对外语的敏感性和与外语文化有关的经验等。用外语组织的活动可以激发幼儿对外语、外语学习和外语活动的兴趣，培养幼儿对外语发音、语言结构的敏感性（如对外语发音特点、语句构成特点、念诵节奏、歌曲韵律等产生敏感），帮助幼儿了解外国儿童生活、游戏等方面的经验，理解和学习与生活、学习有关的外语单词和歌曲等。这些目标虽然是教师有意追求的，但对幼儿来说却是在无意之中自然获得的。

如果幼儿有学习外语的需要，幼儿园配备了合格的外语教师，在课程设计和组织时考虑到合理分配两种语言，并能提出适合幼儿发展特点的双语教育目标，幼儿园开展双语教育是可行的。

（资料来源：余珍有. 关于幼儿园双语教育几个问题的讨论[J]. 幼儿教育（教育科学版），2007，03：1-10.）

2. 外语教育

外语教育是指以外语作为教育内容的学科教学活动，目的是帮助教育对象感受和学习不同于母语或本族语的另外一种语言，学习与说该语言的人进行有效交流。幼儿园的外语教育是在幼儿园中对幼儿开展的正式的、专门的外语语言的教育教学活动，通常是英语教育活动。

当前我国不少幼儿园开展了英语教育活动，将英语作为教学内容之一来进行教学。但无论是《纲要》还是《指南》都没有对我国幼儿园中的英语教育（外语教育）提出明确的指导意见。幼儿园不宜大面积开展英语教育，但可以根据幼儿的兴趣，在环境、日常生活、游戏活动中渗透一些英语方面的内容，以激发幼儿语言学习兴趣为目的，以游戏为基本活动，让幼儿在合格的幼儿英语教师组织的活动中感受语言学习的乐趣。

3. 二者的区别

严格地说，双语教育与外语教育存在以下本质的区别：

（1）在双语教育和外语教育中，外语所处的地位不同。在双语教育中，外语和母语都是教师组织活动、与幼儿交往的语言工具，教师和幼儿关注的是有实用价值和真实内容的游戏、生活等活动本身，而不是外语；而在外语教育中，外语是教师组织幼儿学习的内容和对象，对活动过程中教师是否使用外语进行交往没有提出特别要求。

（2）双语教育与外语教育追求的目标不同。在双语教育课程体系中，用外语组织的活动与用母语组织的活动相互关联，在共同促进幼儿全面发展的同时帮助幼儿获得与他们心理发展水平相适应的外语能力；而外语教育则主要追求提高幼儿外语知识的掌握和运用能力，虽然也有可能对幼儿的全面发展产生积极影响，但如果处理不当则会加重幼儿的学习负担，产生消极影响。

（3）幼儿学习外语的方式不同。在双语教育系统中，幼儿主要是在用外语组织的活动中运用外语而无意识地习得外语，在活动中幼儿关注的不是教师使用的语言而是语言所指的内容，幼儿的外语能力是伴随有意义的活动习得的；而在外语教育中，外语是教育活动的唯一重要内容，幼儿需要通过有意识地练习习得外语。

四、语言学习和语言习得

1. 语言学习

语言学习是指个体学会使用语言进行交际的过程，它包括一系列声音或符号及其约定俗成意义的识别、再认和重现，对语法规则的理解，以及对使用语言所必需的动作技能（如发音、书写等）的掌握。语言学习通常是在正式的学习环境中有意识地进行语言学习的过程。

2. 语言习得

语言习得又称语言获得，是指在自然的语言环境中，不经过正式的教授而是在真实的交流中自然而然地获得语言的过程。这是一种无意识的活动，且相对于语言规则，更加注重语言传达的信息。在这个过程中，成人为幼儿提供支持性的语言交往环境，让幼儿通过真实而有意义的语言运用来积累丰富的语言经验。

第三节　学前儿童语言教育的研究对象、研究任务及研究方法

一、学前儿童语言教育的研究对象

学前儿童语言教育是研究儿童语言发生发展的现象、规律及其训练和教育的一门科学，是学前教育工作者尤其是幼儿园一线教师应掌握的一门应用性科目。长期以来，学前儿童语言教育有广义和狭义之分。

广义上，学前儿童语言教育把0~6岁儿童的所有语言获得和学习现象、规律以及训练与教育作为主要研究对象，对0~6岁儿童应加强听、说、读、写的训练及语言运用能力的培养。狭义上，学前儿童语言教育把3~6岁儿童掌握母语口语的过程，特别是把3~6岁儿童早期掌握母语的听说训练和教育作为主要研究对象，对3~6岁儿童加强口语听说训练。

本书中的学前儿童语言教育采用广义的概念，即认为学前儿童语言教育的研究对象为0~6岁学前儿童语言的发生、发展及其教育。需要注意的是，这里的学前儿童包括正常儿童，也包括有语言发展障碍或发展迟缓的儿童。这里的“语言”包括口头语言，也包括书面语言；包括母语，也包括第二语言。

二、学前儿童语言教育的研究任务

为了更科学地实施学前儿童语言教育，促进学前儿童语言的发展，必须开展和深化学前儿童语言教育的研究。学前儿童语言教育的研究任务主要包括以下三个方面。

（一）探索学前儿童语言教育的功能和作用

虽然人们已经对学前儿童教育的重要性有所认识，但是为了更自觉地进行学前儿童语言教育的研究和实践，有必要进一步明确和挖掘学前儿童语言教育的功能和作用。

1. 促进学前儿童的认知发展

幼儿的语言发展与认知发展相互促进、共同发展。一方面，幼儿的认知发展水平决定语言发展水平。幼儿一般在前运算阶段只能掌握情境性很强的语言，直到处于具体运算阶段时，才能掌握连贯性语言，在这个过程中，抽象的词和语法的掌握依赖于认知的发展。另一方面，作为一种心理表征符号，语言一旦被个体理解和掌握，就能够对认知发展起推动和加速作用，主要表现为：①语言加深和巩固幼儿初步形成的概念。幼儿借助词来命名，借助语言发现事物之间的异同点，也借助语言获得新的概念。②语言指导并参与认知加工过程。言语的产生和发展丰富了幼儿的认知范围；言语的概括和调节作用使幼儿的认知加工能力逐步具有随意性和自觉性；语言的指代意义和中介作用使幼儿逐步丰富了间接经验，语言直接参与促进理解、判断和推理能力的形成和发展。③语言促进幼儿创造性思维的发展。幼儿的语言发展不仅直接促进某些自造概念的出现，更使幼儿创造性使用语言成为可能。

2. 促进学前儿童的社会性发展

语言的发展可以帮助幼儿逐步提高对外部世界、对他人和对自己的认识，使幼儿的社会性发展得以正常进行。首先，幼儿运用语言表达自己的感受和需要，让成人或同伴及时了解自己或关注自己；同时，在与他人交际时，幼儿逐渐学会通过语言协商来解决各类冲突，也学会理解和适应他人及社会的要求，从而形成语言自我调节能力，有了更多积极的社会行为。另外，幼儿的道德行为和道德判断水平也是在幼儿掌握语言之后才逐步产生的。语言获得初期，幼儿根据成人的评价开始理解行为的好坏，并能在成人要求下做出一些合乎道德要求的行为，随着语言的进一步发展，他们通过与人交际及对他人的模仿，逐渐掌握一些行为规范和道德标准，并对他人的行为是否符合道德标准产生满意或不满的情感，道德习惯逐渐养成。

3. 促进学前儿童的语言发展

语言教育的首要任务是帮助学前儿童逐步完成发音清晰、词汇丰富、口语表达完整、语言交往技能提升等语言发展的任务。随着语言的不断发展和丰富，幼儿学习和运用语言的兴趣不断增强。当幼儿的语言听说能力有了一定的提高后，幼儿有了听说的兴趣和自信，会主动进行各种语言练习，学会更多的语言技巧，使口语表达能力更上一层楼，在这个过程中，幼儿会对更多的语言符号表示好奇，开始读和写的尝试，书面语言能力也得到一定的发展。

（二）研究学前儿童语言发展过程，揭示学前儿童语言发展与教育规律

在充分描述学前儿童语言发展过程的基础上总结发展和教育规律，研究才具有科学上的意义，才能真正解决“是什么”“为什么”“怎么做”的问题。当前的研究已经对儿童语言发展的特点和规律进行了一定的总结，认为在学前儿童语言发展的过程，尤其是在语言习得的过程中，无论出生的地点、出生后所接触的语言种类如何，以及无论开始掌握语言的时间快慢、智力水平的高低，学前儿童掌握母语的过程都惊人的相似，主要分为五个阶段：出生后半年到

1岁左右的喃语阶段、1岁左右进入的单词句阶段、1岁半左右进入的双词句阶段、2岁半以后进入的实词句阶段、5岁左右进入的成人句阶段。每个阶段都有着各自的特点和蕴含着的语言现象。许多教育工作者也根据这些发展过程中的特点和规律摸索出了丰富的教学经验，揭示了儿童语言教育的一般规律。但是，无论是关于学前儿童语言发展，还是关于学前儿童语言教育，已揭示的规律都是十分有限的，且有些规律是否具有普适性还有待进一步检验。因此，解释学前儿童语言发展的过程和现象，挖掘学前儿童语言发展与教育的规律是学界长期奋斗的任务。

（三）研究学前儿童语言教育实践应用的理论和方法

应用体现着科学的价值，将理论付诸实践，是一门成熟的学科的社会使命。研究学前儿童语言教育实践应用的理论和方法，从一般意义上说，就是探明学前儿童语言教育“有什么价值”和“怎样实现它的价值”的问题。当然，这一问题也是学前教育相关的应用学科领域所关心的问题。

三、学前儿童语言教育的研究方法

学前儿童语言教育主要研究学前儿童语言获得、语言学习和语言教育的过程。只有经过系统的观察、科学的实验、对现实的调查研究和对实践的行动研究，才能判别其方法是否有效。学前儿童语言教育的研究方法主要有以下几种。

（一）观察法

观察是人类获取外部世界信息的基本方法，也是教育研究的重要手段。观察法是指通过感官或辅助仪器，有目的、有计划地对自然状态下发生的现象或行为进行系统连续地考察、记录、分析，从而获取事实材料的研究方法。在学前教育研究中，观察法是最基本、最常用、适用范围最广的一种研究方法。观察法包括日记描述法、轶事记录法、实况详录法、时间取样法、事件取样法、行为检核法等具体方法。

观察法可用于观察儿童在一定时期内全部的语言活动，即全面观察，但由于全面观察涉及的项目比较多，因而观察的时间比较久。另外，观察法也可用于有重点地观察儿童在一定时期内的语言活动的某一或几个方面的状况或特点，即重点观察，如观察儿童对抽象名词的运用，以此来考察儿童的口头语言能力。

（二）实验法

实验是发现真理的基础，也是检验真理的方式。实验法是根据研究假设，运用一定的人为手段，主动干预或控制研究对象的发生、发展过程，并通过观察、测量、比较等方式探索、验证教育现象因果关系的研究方法。实验法具有严密的组织系统；有一套必须遵守的程序规则；逻辑关系清晰明确；应用范围较广，尤其适用于因果关系的研究；能排除无关因素的干扰，创设情境，使自然条件浓缩、净化；所得结论较可靠。因此，实验法是学前儿童语言教育研究中较为重要的研究方法之一，实验研究可以帮助研究者们弄清某一个因素或某几个因素对幼儿某方面语言能力或某方面语言教育成效的作用。例如，“刺激频率与词汇类型对不同语言能力儿童新异词汇理解的影响”“早期阅读干预促进民族儿童汉语讲述能力发展的实证研究”“在排图讲述中发展幼儿语言表达能力的实验研究”等。

（三）调查研究

调查作为一种收集和处理教育信息的基本方法，在教育研究中具有越来越重要的作用。调查研究是通过对事实的考察、现状的了解、材料的收集来认识教育问题或探讨教育现象之间联系的研究方法。调查研究通常按照一定的程序，从全体研究对象中抽取一部分样本进行研究，并以访谈、问卷、测验等间接手段获取资料，然后对所收集来的资料进行统计分析或质性分析。根据课题性质和研究目的的不同，学前儿童语言发展与教育领域的调查研究，一般可分为四种类型：现状调查、相关调查、原因调查、跟踪调查。

现状调查旨在了解学前儿童语言发展中的某些特征或某些方面的现状，以便为针对性地实施语言教育、促进学前儿童语言发展提供依据。例如，"幼儿入学语言准备现状研究""3~6 岁儿童语言核心经验发展的调查研究""农村学龄前留守儿童句法能力研究"等。相关调查是探讨两个变量相互联系的性质和程度，分析和考查它们是否存在相关关系。例如，"3~5岁幼儿口语叙事能力对创造力发展的影响""幼儿园结构性变量与幼儿阅读理解水平的关系""家庭社会经济地位对幼儿词汇理解的影响"等。原因调查旨在通过调查与比较、探讨某种特征的儿童或现象的形成原因，可将与研究内容有关的因素罗列，然后核实、筛选，也可调查两组不同对象，例如："学龄前正常和智障儿童韵母发音能力的比较"，对调查资料分组整理、比较，找出不同的原因。但是仅仅凭借调查的结果还不足以说明因果关系，要确证因果关系还需其他研究方法的配合、互证。跟踪调查则是主要调查儿童的某些特征如何随着时间的推移而发生变化的情况，这类调查有助于了解不同年龄阶段儿童在某些方面的发展特点和规律。例如，"南方3岁以下幼儿汉语声调习得研究""南方汉语幼儿早期语言辅音时长的个案研究""汉语儿童请求协商事件及语用能力发展研究"等。

（四）行动研究

行动研究是指教育实践情境中的教师基于实际问题的需要，与专家或研究人员共同合作，将问题发展为研究主题，进行有系统的研究，以解决实际问题的一种研究方法。行动研究将教育理论与教育实践融为一体，将教育者和教育现实问题紧密结合，强调在"行动"中研究，在"情境"中研究，在"做"中研究。也就是说，行动研究是以行动者的实践经验为基础的研究，通过有计划的干预、观察、反思，不断循环往复，促使原有问题得到改善；强调研究过程和行动过程的结合，注重研究者与行动者的合作。

既然行动研究是针对教育教学问题情境而进行的研究，是从实际中来又回到实际中去，因此，它适用于学前儿童语言教育教学实际问题（而非理论问题）的研究以及小规模的微观的（而非宏观的）实际研究。例如，幼儿园语言教学活动中的教学方式革新、教学策略构建、师幼互动优化的研究，或者教师关于语言教育的教学态度、动机及价值观的研究等。

四、当前我国学前儿童语言教育的研究重点

（一）学前儿童语言运用能力发展的研究

《纲要》中第一次明确提出重视学前儿童语言运用的要求，在《指南》中又重申了这一要求，强调"幼儿的语言能力是在交流和运用的过程中发展起来的"。由此可见学前儿童语言运用能力发展的重要性。近年来，越来越多的研究者开始关注学前儿童语言运用能力的发展，并将儿童语用能力发展与儿童语音、语义和语法的发展并列，成为儿童语言发展的第四个重要范

畴。对儿童语言发展研究的语用倾向体现了对儿童语言发展研究的视角的转变，从静态的描述，到将儿童语言发展置于动态的、人际间的语言功能实现过程中去考察。需要提出的是，儿童语言学和儿童心理学等学科的兴起，以及其他领域所进行的关于语言运用的研究，均为学前儿童语言运用的研究提供了理论和方法。伴随着研究的深入，研究者逐渐把关注点放在如何为儿童提供宽松的语言运用环境、如何为儿童提供真实而丰富的语言运用情境、如何提供有利于儿童创造性运用语言的机会等。

（二）学前儿童语言教育影响因素的研究

自学前儿童语言教育改革以来，语言教育的影响因素便一直受到学者们的普遍关注，诸如语言教育目标、内容、方法、途径、师幼互动、教师语言素质等影响学前儿童语言教育的因素均成为当下研究的热点。特别是近年来幼教界开始关注支持性教育环境的问题，提倡在教育过程中成人要及时对学前儿童的各类需求做出积极的回应。因此，有关支持性语言教育环境的研究必然会受到教育者和研究者的持续关注。

（三）幼儿园语言教学的研究

幼儿园是3~6岁儿童语言教育的主阵地之一，所以幼儿园语言教学一直是学前儿童语言教育研究的重中之重。近20年来，关于幼儿园语言教学的研究主要围绕三个层面展开：①幼儿园语言教学技巧。研究者们主要对早期阅读、看图讲述、游戏活动、美术活动等其他领域活动中、幼儿园日常生活中的促进幼儿语言发展的教学策略进行了探讨，提出了如何在语言教学中利用各类故事、绘本、歌唱、多媒体技术等更好地促进幼儿语言能力的提升。②幼儿园语言教学中教师的关键地位。教师在创设宽松的语言表达氛围，以及语言教学中联系幼儿生活、激发幼儿兴趣、组织幼儿讨论、调动幼儿参与活动积极性等方面发挥着关键作用。③幼儿园语言教学存在的问题及教育建议。研究者们兼顾农村和城市，有针对性地对幼儿园语言教学中存在的问题提出了一系列改进措施。

第四节　学前儿童语言教育的意义

一、学前儿童语言教育对个体发展的意义

1. 学前期是人类语言发展的关键期

教育的关键期是指人学习的最佳时期。在这个年龄阶段对教育对象实施某种教育，可事半功倍，一旦错过这个年龄，再进行这种教育，就会事倍功半，甚至终身难以弥补。儿童心理学的研究成果和长期的教育实践已经证明，学前期是人一生中掌握语言最迅速、最关键的时期，这一最佳发展时机一旦错过难以弥补。随着现代社会经济不断发展，人们交往日益频繁，对语言交际能力的需求日益凸显。因此，学前期的语言教育无论在家庭还是在幼儿园中，都应处于举足轻重的位置，其成果对人的一生发展有着重要影响。

2. 学前儿童语言教育与个体全面发展的关系

语言教育的基本任务是促进学前儿童语言能力的发展。在语言教育的过程中，幼儿的语言

能力不断发展，词汇逐渐丰富，运用所掌握的词汇进行遣词造句、表达自己的观点、描述身边事物的能力也逐渐增强。不仅如此，语言教育能够提高学前儿童语言学习的兴趣。在兴趣的驱使下，学前儿童会主动去接触各种语言形式，他们的语言分析能力和运用能力必然能得到进一步增强，这也会为儿童学习书面语言打下良好的基础。

学前期语言教育促进学前儿童认知能力的发展。学前儿童在语言接受过程中需要感知语音、记忆词汇、理解词和句的含义，认知能力自然得到一定的锻炼。在语言表达过程中，学前儿童要把意思表达正确、完整、连贯，也需要感知、记忆、思维和想象过程的参与。成人在带领学前儿童观察周围世界、传授知识技能、解释行为规则时，都需伴有语言。学前儿童在理解掌握这些语言的同时，思维能力也会得到较大发展。因此，语言在人的认知过程中起着重要作用，语言的参与使学前儿童的认知过程发生质的变化。

学前期语言教育促进学前儿童社会性的发展。一方面，学前儿童语言教育促进学前儿童社会适应能力的发展。儿童社会化是儿童在一定的条件下逐渐独立地掌握社会规则，正确处理人际关系，妥善自我管理，从而客观地适应社会生活的心理发展过程。影响儿童社会化的条件有社会环境系统、生物因素和心理工具，其中，心理工具指儿童的符号系统，主要是语言。语言的发展帮助儿童接触社会、融入社会、与社会相互作用，发展对外部世界、对他人和对自己的认识，使儿童社会性发展得以正常进行。另一方面，学前儿童语言教育中有很多反映社会生活的内容，如讲述、谈话、听说游戏等活动类型所涉及的内容中就包含很多有助于学前儿童社会性发展的方面，这些内容的教育有助于促进学前儿童社会认知、社会情感和社会行为的发展。

学前期语言教育促进学前儿童情绪情感的发展。通过语言教育，儿童的词汇逐渐丰富，对语言的理解能力逐渐加强，对情绪情感的表达方式也更为清晰多样。所以，语言教育通过帮助儿童更好地表达自己的情绪情感来促进其情绪情感的发展。不仅如此，在语言教育中，儿童逐渐理解文学作品中故事人物的情绪情感，从而促进他们自身情绪情感的发展，帮助他们进行自我情绪的调节与控制。

综上所述，学前儿童语言教育在促进学前儿童语言发展、认知发展、社会性发展和情绪情感发展等方面都起着重要作用。

二、学前儿童语言教育对社会发展的意义

语言是一种社会现象，它伴随着人类社会的产生和发展。语言教育在促进个体发展的同时，也为社会发展服务，体现着其独特的意义。

（1）教育是培养人的活动，语言教育是为国家与社会培养所需要的合格人才服务的。学前教育阶段是整个学校教育的基础，是儿童初步形成良好社会个性品格的关键时期，儿童语言教育通过选择有利于儿童社会性发展的内容和信息来促使儿童成长为国家和社会所需要的人才。

（2）语言教育在未来社会高新技术发展中的重要作用日益凸显。未来社会将会是一个高度信息化全方位开放的社会，在这样的社会中，经济文化交流与融合程度不断深化，各种错综复杂的信息大量涌入，对人的语言能力的要求将超过任何一个时代。另外，创新、竞争、合作、发展也将是未来社会非常明显的一个特征，这将对人的素质提出更高的要求，通过教育提高人的素质，促进人的全面发展成为全社会的共识。而人的口语交际能力、阅读能力与书写能力是人的基本素质的重要组成部分，语言教育在未来社会发展中所具有的重要作用将会更加凸显。学前阶段是幼儿语言发展的关键期，幼儿语言教育应抓住时机，为幼儿能够适应未来社会发展

的需求，成为全面发展的人打好基础。

（3）学前儿童语言教育在人类文化延续与发展方面也具有重要意义。人类文化的延续有多种方式，通过语言、文字记录保存人类文化是其中的重要方式。要理解和懂得这些语言、文字的意义和价值，必须通过教育。此外，文化中精神层面的延续，也只有通过代与代之间的传递才能实现。任何一种文化富有生命力的延续都要通过教育才能实现。学前儿童语言教育是其中的主要渠道。比如，儿童文学作品中常常充满着对儿童进行知识启蒙和思想教育的内容，教师在运用文学作品对儿童进行教育时，会自觉、不自觉地传递社会文化中有关真、善、美的价值观念。这是文化传递的重要方式。因此，学前儿童语言教育对弘扬民族精神、传承人类文化也发挥着重要的作用。

本章小结

本章主要在介绍语言的构成和功能的基础上讲述了学前儿童语言教育的研究对象、任务、方法和有关概念。

从语言的形式或载体来看，语言可分为口头语言和书面语言。从语言的内容看，语言包括语义和语法。从语言的功能看，语言是人类最重要的交际工具和思维工具。语言形式、语言内容和语言功能构成了语言的基本要素，学前儿童在这三个方面表现出来的能力也就构成了学前儿童基本的语言能力。

学前儿童语言教育是研究儿童语言发生发展的现象、规律及其训练和教育的一门科学，有广义和狭义之分。广义上，学前儿童语言教育把0~6岁学前儿童的所有语言获得和学习现象、规律以及训练与教育作为主要研究的对象，对0~6岁儿童应加强听、说、读、写的训练及语言运用能力的培养。狭义上，学前儿童语言教育把3~6岁儿童掌握母语口语的过程，特别是把3~6岁儿童早期掌握母语的听说训练和教育作为主要的研究对象，对3~6岁儿童加强口语听说训练。

对学前儿童进行语言教育在个体发展和社会发展两个方面都有着重要的意义。具体表现为：既能促进学前儿童语言的发展，还能促进其认知、社会性、情绪情感等方面的发展；为学前儿童能够适应未来社会发展的需要，成为语言能力全面发展的人打好基础；有利于弘扬民族精神，继承人类文化。

作为学前教育的一个重要领域，学前儿童语言教育的研究任务主要包括三个方面：探索学前儿童语言教育的功能和作用；研究学前儿童语言发展过程，揭示学前儿童语言发展与教育规律；研究学前儿童语言教育实践应用的理论和方法。

学前儿童语言教育主要研究学前儿童语言获得、语言学习和语言教育的过程。只有经过系统的观察、科学的实验、对现实的调查研究和对实践的行动研究，才能判别其方法是否有效。因此，学前儿童语言教育的主要研究方法为：根据学前儿童的生理、心理学基本原理和人类语言学发展规律，运用自然观察法、实验法、调查研究和教育行动研究等理论与实践相结合的综合方法。

关键术语

语言　语言与言语　第一语言、第二语言和外语　双语教育和外语教育

语言学习和语言习得　学前儿童语言教育

讨论与思考

1. 你认为应如何描述一个“语言能力好”的幼儿？
2. 试述学前儿童语言教育的研究对象及其含义。
3. 试述学前儿童语言教育的主要研究任务。
4. 试述学前儿童语言教育的研究方法。
5. 社会上持续着幼儿“英语热”的现象，许多婴幼儿的家长都带着孩子报名参加各类机构，你怎样看待这一现象？

建议的活动

1. 请在实践中观察学前儿童语言教育与儿童认知、社会性、情绪情感、语言发展的关系，并根据每项内容分别撰写一个教育案例。
2. 2021年7月，教育部发布《关于实施学前儿童普通话教育“童语同音”计划的通知》，请认真阅读该通知，并从民族地区幼儿语言发展与教育的角度展开探讨与分析。

第二章

学前儿童语言发展与教育的基本理论

学习目标

1. 了解先天决定论、后天环境论、相互作用论的主要内容。
2. 能初步将儿童语言获得的各种理论与实际相结合进行理解。
3. 了解全语言教育的起源，并掌握全语言教育理论的主要观点。
4. 掌握全语言教育理论对我国学前儿童语言教育的启示及其在幼儿园中的应用。
5. 理解影响学前儿童语言发生与发展的因素。
6. 掌握三个影响因素与学前儿童语言发生与发展的关系。

导入案例

童童是一名幼儿园的小朋友，爸爸妈妈都很重视童童语言方面的发展，爸爸认为小学的知识可以先学起来了，要先让童童学习拼音，认字词卡，然后进行阅读或口语训练等；妈妈则认为应当在日常生活中给童童创造更多的机会与更多的人交流，同时鼓励童童按照自己的兴趣阅读绘本或者记录生活想法。

你赞同爸爸的教育理念还是妈妈的教育理念？

第一节　儿童语言获得理论

语言获得，也就是语言发展，是指儿童对母语的听和说能力的获得。语言获得理论，即语言发展理论，是解释儿童获得母语口头语言中说话和听话能力的理论。关于儿童为什么能在短短几年内掌握结构复杂而抽象的语言，是先天的因素更重要还是后天的因素更重要这一问题，心理学家和语言学家纷纷展开了讨论和研究，形成了各种关于语言获得的观点和理论。影响最大的有后天环境论、先天决定论、先天和后天相互作用论三派理论，每一派中又有各种不同的主张。这些理论的分歧，实际上还是关于儿童发展理论争论的延续。

一、后天环境论

后天环境论是以行为主义学说为理论基础。在行为主义者看来，儿童语言的形成是一系列“刺激-反应”的结果，也就是儿童在后天的环境中通过学习获得语言。以行为主义为理论背景的后天环境论的代表性观点主要有模仿说和强化说。

（一）模仿说

模仿说可分为早期的机械模仿说和后来的选择性模仿说。机械模仿说最早由美国心理学家阿尔伯特（F.Allport）在1924年提出，他认为儿童学习语言是对成人语言的临摹，儿童的语言只是成人语言的简单翻版。机械模仿说在20世纪20年代到50年代之间很盛行，但之后遭到一些学者的批评渐渐走向日落西山。应当承认，模仿在儿童语言发展中占有一定的甚至是比较重要的位置，但是将儿童语言学习认为是完全的机械模仿显然是有失偏颇的，很多语言发展中的问题和现象都无法用该理论去进行解释。

美国心理语言学家麦克尼尔（McNeill）在1966年提供过这样一个例子：

儿子：Nobody don’t like me.

母亲：No，say “nobody likes me”.

儿子：Nobody don’t like me.

母亲：No，say “nobody likes me”.

母亲和孩子如此重复七八次之后。

母亲：No，now listen carefully，say “nobody likes me”.

儿子：Oh，nobody don't likes me.

母亲反复纠正儿子的错误说法，要求他模仿正确的形式（nobody likes me），但是都没有成功，孩子总是把它说成"nobody don't like me"这种语法上有错误的句式。在汉族儿童的语言发展中也能见到这类现象。比如我国著名的心理学家朱曼殊的研究团队就曾经在对一名20个月的儿童进行追踪研究时，每天向这名儿童提出"这个东西是谁买给你的"之类的问题，一连十几天，她的回答总是"这个东西是妈妈买给你的"。虽然每次都给她纠正，但总不能把"买给你的"转化为"买给我的"。另外，研究者们还发现儿童常能说出他从未听过且成人语言中所没有的词或句子。例如，"不要好（不好）"；"不要臭（不臭）"；"不要香（不香）"等。这些词和句子，都是目标语言中所没有的，儿童也不可能从成人的口中听到，显然不是模仿的结果。也有人认为，成人在同儿童交谈时语言并不都是很规范，甚至有些杂乱无章，但儿童却在成人所提供的不是很理想的语言样板的情况下学会了较规范的语言。以上这些都是机械模仿说不能完全令人信服的原因。

在机械模仿说之后，不少学者对机械模仿说进行了改造，提出了"选择性模仿"这一新概念。其中，对选择性模仿较早、较系统论述的是心理学家怀特赫斯特（Whitehurst）等人，他们在1975年写了《语言是通过模仿获得的吗?》一文，他们在考察了20世纪60年代和70年代处大量相关研究之后指出：儿童的语言学习并不是对成人语言的机械模仿，而是选择性模仿。选择性模仿说认为儿童对成人语言的模仿不是一一对应的，也不是即时的，而是在自然情境中有所选择的模仿。具体而言，选择性模仿是把示范句的语法结构应用于新的情景以表达新的内容，或者是将模仿获得的结构重新组合成新的结构，这样便产生了儿童自己的话语。选择性模仿说是把临摹因素和创造因素结合在一起，既体现了儿童在语言获得过程中的学习和模仿，也体现了儿童在语言获得过程中的主动性和创造性，这为"模仿"增加了崭新的内容，对实际的儿童语言发展具有一定的解释力，但还不够充分。

（二）强化说

强化说是行为主义最具影响的解释儿童语言获得的理论，在20世纪40年代和50年代初非常盛行。强化说是以刺激–反应论和模仿说为基础，强调"强化"在语言学习中的重要作用。强化说的主要代表人物是美国心理学家、新行为主义学习理论的创始人斯金纳。

斯金纳在其1957年出版的著作《言语行为》中，广泛运用"强化"来解释各种语言行为，认为儿童是通过不断地强化来学会语言的，并且提出了"自我强化"的概念，这一概念是指儿童自己的模仿性发音会对儿童产生强化作用。在后期的著作《关于行为主义》（1974）中，斯金纳又提出"强化依随"（他人紧跟在儿童言语行为之后的强化的刺激）对儿童语言获得的决定作用。当儿童与成人相互作用时，儿童做出的某个言语行为如果得到成人的物质赞许、口头赞许或手势等的正强化，就会保持和加强，并逐步形成语言习惯；反之，当儿童的言语行为不正确或不符合情境，成人没有给出正强化或给予了负强化，儿童就会回避这种言语反应并逐渐消退。在这样的选择性强化的过程中，儿童的言语逐渐变得有效而有意义。

斯金纳试图从理论上阐述儿童语言获得的过程，强调强化在儿童语言发展中的作用。这一理论有其合理的成分，但它过分地强调儿童无目的的反应和狭隘的强化作用，忽视了儿童自身在语言学习中的作用。且有些观点不是从儿童语言行为的实际观察中得出的，而是从较低级的动物实验中通过类比得出的结论，因而带有片面性。

（三）后天环境论对学前儿童语言教育的启示

1. 教育者要认识到外部语言环境的重要性

“模仿说”和“强化说”告诉人们环境条件在学前儿童语言发展中具有极为重要的作用。可以说，学前儿童的语言是从环境中习得的。没有外部语言环境，儿童习得语言是不可能的。

2. 教育者必须为学前儿童提供良好的语言环境，在与他们交谈时做好榜样

不论学前儿童对成人语言的模仿是简单的翻版还是选择性模仿，都说明成人语言的各种特征都会影响学前儿童的语言发展特点，而且儿童年龄越小越容易受此影响。所以，教育者要尽量使用标准普通话，说文明用语和礼貌用语，避免使用发音不标准、语法不规范的语言。

3. 教育者要注意对学前儿童的语言发展情况，给予及时积极的反馈

例如，当学前儿童在咿呀学语阶段自发发出类似或符合正确发音的声音时，成人可以用微笑、点头等方式来强化此行为。再如，在幼儿园当学前儿童能说出语法正确、结构完整的句子时，教育者应予以表扬和鼓励。

二、先天决定论

与后天环境论针锋相对的理论流派是先天决定论。先天决定论强调先天禀赋的决定性作用，认为语言获得不是后天学习的结果。其中较有影响的理论是先天语言能力说和自然成熟说。

（一）先天语言能力说

美国语言学家乔姆斯基（Chomsky）于20世纪50年代在其《句法结构》（1957）一书中提出了先天语言能力说，也称为“转换生成语法说”（LAD理论）。乔姆斯基认为儿童生下来就具有一套语言机制，也就是普遍语法，获得语言的过程就是由普遍语法向个别语法转化的过程，这一过程是通过先天语言获得装置（Language Acquisition Device，简称LAD）的复杂加工实现的，而非后天学习的结果。LAD是人类一出生就拥有的一种受遗传因素决定的先天的语言获得装置，这个装置具有一套语法系统和语言分析能力，当儿童在普遍语法的基础上接触一定数量的某种语言之后，就会利用LAD对这些语言现象进行分析和加工，然后修正一些普遍语法或者掌握一些新的语言素材，形成个别语法，也就是每个人具体的语言。可以看出，先天语言能力说把儿童获得语言描绘成本能自然、主动创造的过程，而不像后天环境论者，把儿童看作只会对刺激发生反应的被动模仿者。

需要注意的是，LAD的活动存在临界期，过了这个临界期，LAD就会退化。所以，成人学习语言的能力不如儿童；儿童能在较短的时期内获得语言，没有LAD是不可想象的。像狼孩、猪孩等一些特殊儿童，在临界期前没有能使LAD发挥作用，当他们被发现以后，尽管为他们提供了学习语言的机会，但是也不能够再顺利发展他们的语言了。

乔姆斯基的先天语言能力说在20世纪60年代提出后，震撼了美国的学界，被称为“语言学的革命”，掀起了研究儿童语言获得的热潮，从根本上改变了行为主义的儿童被动模仿的看法，注意到了儿童获得语言的先天因素和儿童的主动性及创造性，但是也遭到不少批评。这些批评主要集中在以下几个方面：①乔姆斯基的理论只是思辨的产物，儿童是否具有如乔姆斯基所说的那种先天语言获得装置还是一个无法验证的假设；②过于低估后天语言环境的作用；③儿童学习语言的过程，并非如乔姆斯基所说的那样轻松容易。事实上，儿童学说话需要花费非常多的时间精力，先天语言能力说对儿童主动性和创造性的估计是远远不足的。

拓展阅读 2-1

乔姆斯基

艾弗拉姆·诺姆·乔姆斯基（Avram Norm Chomsky），博士，美国当代著名哲学家、语言学家、语言学中生成学派的奠基人。1928年12月7日生于宾夕法尼亚州费城。曾在宾夕法尼亚大学攻读语言学、数学和哲学，获哲学博士学位。1955年起在麻省理工学院现代语言系任教。主要著作有《句法结构》（1957）、《语法理论的若干问题》（1965）、《笛卡尔主义的语言学》（1966）、《语言和心灵》（1968）、《语言学理论的逻辑结构》（1975）等。乔姆斯基的主要贡献在于提出了转换生成的语言模式。这一模式的基础是把语法规则概念定形转化为逻辑形式体系中逻辑结构公理和规则的相似物，为自然语言建立起解释规则的概念。这一语言学理论，在现代语言学中掀起了所谓"乔姆斯基革命"，大大促进了理论语言学的发展，并由此发展出了生成语法语言哲学，成为西方语言哲学中独树一帜的重要学派。乔姆斯基的理论涉及哲学史上理性主义和经验主义的争论。他的观点是拥护理性主义，反对经验主义。他强调假设人类具有比经验主义者所承认的简单禀赋丰富得多的能力是必需的。只有这样，人们才能够解释为什么掌握不同的经验的人们对一件事物会产生趋于一致的认识。也只有具备这种能力，人们才能在自己采取行动或与别人交往时构成认识结构的体系。乔姆斯基的理论提出后，经历了几次重大的修改，并且从这个理论内部又派生出许多新的学说，他的理论也有了新的发展，即"痕迹理论"。但他关于语言基本性质的见解并没有改变。乔姆斯基的思想，特别是他的转换生成语法理论不仅获得了西方语言学界的极高评价，而且对逻辑学、心理学、通信工程等也产生了深远的影响。

（资料来源：程志民，江怡．当代西方哲学新词典［M］．长春：吉林人民出版社，2004.）

（二）自然成熟说

美国哈佛医学院心理学家勒纳伯格（Eric Heinz Lenneberg）以生物学和神经生理学为理论基础，提出了一种儿童语言获得理论——自然成熟说。勒纳伯格的基本主张包括以下三个方面。

1．语言行为是先天性的

勒纳伯格认为人的语言能力在需要之前就出现了；它的出现不是主观决定的；它的出现不是靠外部原因激发的；获得语言往往有个"关键期"；直接教授和反复训练对语言获得影响较小；语言发展具有阶段性。因此，语言能力是人类与生俱来的，是先天性的。

2．语言能力的自然成熟

勒内伯格把儿童的语言发展看作是一个受发音器官和大脑等神经机制制约的自然成熟的过程，认为人类具有一种先天的潜在语言结构，等到大脑机能成熟到一定程度，只要受到适当外在条件的刺激，这种潜在的语言结构就会变成现实的语言结构，也就是语言能力。

3．语言发展的关键期

勒纳伯格在研究失语症患者时提出了语言发展的关键期假说。他认为语言既然是大脑功能成熟的产物，语言的获得必然有关键期。从神经生理角度来讲，语言的关键期是2~12岁。在这一时期，人的大脑更加灵活，而且更具有弹性。由于在该阶段语言功能仍覆盖全脑，而不是像在成人后移至左半球，因此，这一阶段对语言信息的接收更加轻松自然，过了这个阶段，即使给予训练也难以获得语言。

勒纳伯格的理论让人们看到了先天因素和生理因素对语言发展的影响，但是仅依靠此来解释儿童语言发展现象，显然是不够的。比如这种理论无法解释本身听力正常而父母聋哑的儿童为什么不能学会正常人的口语，而只能使用聋哑人的手势语；也无法解释为何生活在不同语言社会的儿童会获得不同的语言系统，能听说不同的语言。

（三）先天决定论对学前儿童语言教育的启示

1. 教育者要坚信脑发育健全的学前儿童都具有语言发展的潜质

总的来说，学前儿童的语言发生、发展有早有晚，但只要具备健全的头脑和语言器官（包括听觉器官和发音器官），他们都可以发展正常的语言能力。

2. 教育者要尊重学前儿童语言发展的规律，更要抓住学前儿童语言发展的关键期

虽说每位健全儿童最终都可以发展语言能力，但学前儿童语言发展是有顺序和年龄特点的，更有发展的关键期。这一点提醒教育者：对待学前儿童的语言发展问题，切不可拔苗助长，也不能错失儿童语言发展的最佳时机。

三、先天与后天相互作用论

无论是后天环境论还是先天决定论，都是较为极端、激进的，都难以对儿童语言的获得做出令人满意的解释，所以就出现了先天与后天相互作用论。先天与后天相互作用论是在对遗传和环境都是语言获得不可缺少的因素的普遍认识的基础上，进一步分析了两者的相互关系所提出的先天因素与后天因素相互作用的观点。这方面较有影响的理论主要有认知相互作用论和社会相互作用论。

（一）认知相互作用论

皮亚杰以其认知发展理论为基础，提出了“语言获得认知相互作用论”。皮亚杰倾向于用认知结构的发展来说明语言的发展，认为语言是个体认知发展到一定阶段的产物，语言发展是基于认知结构，换言之，语言发展随着认知结构的发展而发展。儿童的语言能力仅仅是大脑一般认知能力发展的组成部分，即许多符号功能中的一种。认知结构的形成和发展是主体和客体相互作用的结果，相应地，儿童的语言发展也是环境和主体相互作用的结果，也就是儿童的认知能力与现实的语言环境和非语言环境相互作用的产物。

皮亚杰的认知相互作用论在当前儿童语言学中比较具有影响力，但是这一学说过分强调认知发展对语言发展的单向影响，而忽视语言发展对认知发展的反作用以及社会交往与儿童语言发展的关系，未免过于片面。

（二）社会相互作用论

20世纪70年代以后，以布鲁纳、班杜拉为代表的一些心理学家特别重视儿童和成人的交往在儿童语言获得中的作用，他们认为如果从小就剥夺儿童和成人的交往以及相应的语言交流，儿童就不可能学会说话。比如一名听力正常而父母聋哑的儿童，父母希望他学会正常人的语

言，但由于身体不好，不能让他外出，就只能整天在家里通过看电视学习正常人的语言。由于只能单向地听，没有语言交流实践，缺乏应用的信息反馈，这个儿童最后终究没有学会口语，而只能使用从父母那里学来的手势语。因此，儿童仅受到语言刺激，没有互动交流，是无法习得语言的，儿童与成人语言交际的互动实践对儿童的语言发展起着决定性的作用。另外，社会相互作用论还提出儿童及其语言环境是一个统一的整体，是一个动态系统。在这个系统中，儿童不是被动的接受者，而是主动的参与者。成人向不同年龄的儿童提供适合于他们水平的语言材料，同时，儿童的反馈也决定着成人对他们说话的复杂程度。在某种意义上，语言获得的进展取决于儿童本身。

社会相互作用论是比较有前途的理论，但是其研究工作还没有全面开展，所积累的材料有限，仍需要进一步发展和完善。

（三）先天与后天相互作用论对学前儿童语言教育的启示

首先，教育者要尊重学前儿童在语言教育活动中的主体性，让他们成为语言学习活动的主体。教师应研究幼儿的需要、兴趣、能力和个性特点等，并以此作为依据来选择教育内容，确定教学方法，在活动过程中充分发挥幼儿的积极性、主动性和创造性。

其次，教育者要注意将幼儿园的语言领域教育、其他领域教育和日常生活与游戏中自然的语言交流结合起来，为学前儿童创造更多运用语言进行交流的机会，促进他们学习完整的语言。

四、语觉论

我国学者、北京师范大学何克抗教授在前面三大理论的基础上，提出了一种新的儿童语言发展理论——语觉论。他提出，语觉是指从一般听觉系统中独立出来的语义感知觉系统，语觉能力包括对语音的感知和辨析能力，以及对语义的分析与识别能力。他认为儿童语言的发展靠先天遗传的只是语觉能力，而非全部言语能力。与语法相关的能力，如词性识别和词组构成分析等，则需要在后天通过学习才能获得，所以，儿童在后天仍需有一段教育学习过程才能更有效、更深入地掌握某种语言。

拓展阅读 2-2

何克抗

何克抗（1937年8月—2021年6月6日），1937年出生于广东省大埔县，北京师范大学教育技术学院教授、现代教育技术研究所所长，东北师范大学荣誉教授，我国教育技术学科的开创者与奠基者之一。

何克抗是较早从国外引进和介绍建构主义的学者之一。他持续关注和研究建构主义，对建构主义进行了批判性的继承，在反思中创新，为建构主义在中国的实践赋予了新的内涵。除此之外，何克抗在大量、广泛、深入的信息化教学研究实践的基础上，提出了“中国经验”的信息化教学的理论体系，该理论体系核心内容包括两部分：一是教学结构理论；二是信息技术与课程深层次整合的理论。

在长期深入进行中小学教改试验研究的基础上，何克抗努力探索网络时代的创新教育理论，通过对国内外教育名家思想、理论的批判继承，并紧密结合中国的实际，在创新思维培养、儿童思维发展、儿童第二语言形成的原理和机制等方面，提出了三种独树一帜的理论：创造性思维理论、儿童思维发展新论、语觉论（儿童语言发展新论），各理论思想均以专著正式出版。

何克抗积极参与我国教育信息化建设工程，不仅带领团队研发出一大批国内领先的教育信息化解决方案和教育软件产品（如2000年率先在广东佛山市建成我国第一个"城域教育网"、2001年独立研制完成并开通了国内第一个省级大型"分布式教育资源网络系统"等），而且还率先制定了我国第一个中小学教师教育技术能力标准（该标准于2004年底由教育部正式颁布），这也是我国第一个教师专业能力标准。专家们普遍认为，这一标准的颁布与推行对我国教师队伍的专业化建设，对基础教育新一轮课程改革的贯彻与实施，特别是对我国教育信息化的健康、持续、深入的发展具有重大而深远的意义。

何克抗在教育技术行业的踏实奋斗与不断创新，为他赢得了各种荣誉和称号：1975年获北京市颁发的"技术革新先进分子"称号；1992年获国务院颁发的"中青年突出贡献专家"称号；1993年被国务院学位委员会批准为我国第一位教育技术学博士生导师；1994年、1995年连续入选英国剑桥《世界名人录》；1997年成为美国纽约科学院院士；2006年被评为北京市高等院校教学名师；2012年被评为首都教育界十大有影响人物，同年被中国教育技术协会授予"杰出贡献奖"；2015年被全球华人计算机教育应用学会授予"终身成就奖"；2017年获首届"南国农信息化教育奖"个人成就奖，同年入选中国教育学会、中国教育报刊社等联合发起评选的当代教育名家等。

何克抗非常注重实践，始终强调理论工作要与实践工作相结合，理论来源于实践，又要应用于实践，他认为一个教育研究者需要"立地"——要深深扎根于中国教育实践的土壤，要深入一线课堂，立足课堂，解决中国的教育实践问题。从解决语言学科课堂中的痼疾到提出其他学科技术深度融合理论和方法；从关注经济条件较好、信息化装备较完善的发达地区教育质量的跨越式发展，到为教学条件有限的欠发达、农村地区寻找在教育起点很不公平的条件下能使教育结果达到相对公平的全新理论、模式与方法；乃至七旬及耄耋高龄，他仍然时刻关注国内外教育理论与实践的发展动态，对翻转课堂在中国落地、如何开展有中国特色的创客教育等提出真知灼见，与时俱进、勇于创新地推动一线的实践进程。

（资料来源：https://new.qq.com/omn/20210816/20210816A006LR00.html）

综上所述，语言获得的各种理论均有一定的合理性，但也存在不同的缺陷。事实证明，儿童语言获得的过程是一个多种因素相互影响、相互作用的复杂的动态系统，遗传、环境、认知、社会经验等方面都会在儿童语言获得中发挥不同的作用。到目前为止，关于儿童语言获得的精确模式，研究者并没有得出一致的结论。

第二节　全语言教育理论

全语言教育是近年来国外儿童语言教育界最为重要的理论思潮。这种教育理论思潮，不仅促进了全国范围内儿童语言教育方方面面的改革，而且对近年来流行于西方的幼儿园项目活动课程等也产生了很大的影响。20世纪90年代以来，全语言教育的思想逐步进入我国，对我国的语言教育产生了积极的影响。

一、全语言教育的起源

全语言教育是承袭了前人有关教育、教学和学习的哲学观，以心理语言学、社会语言学、语言发展、语言学习、阅读和写作过程、课程等方面的研究成果为基础，由研究者和一线教师共同建构的学科整合的实践性理论。自20世纪70年代以来，以心理语言学家古德曼为代表的一批学者，受西方一些国家的教育政策、教育运动和社会运动中的一些重要思想启发，将儿童语言教育置于社会文化环境中进行再思考，开展了一个教育的草根运动——全语言运动。由于语言在学习中扮演的特殊角色，美国、英国等来自不同地区的教师、行政人员、师资培训学者、研究者在讨论教育实践时广泛地使用了“全语言”一词，并逐渐出现在一些正式的师资培训和在职进修课程之中，之后渐渐出现在报告、文件、期刊、专业和学术文献、课程纲要、书籍中，最后成为图书检索系统里的一个关键词。到20世纪80年代，“全语言”成为了一个正式的专有名词，用来表达有关语言、教师和教学、学习者和学习及课程等事物的新观念，具体包括：语言是完整的；要为学习者提供一个支持探索的、充满信任的学习环境；要充分肯定教师职业的专业性以及教师的支持者角色；课程是一个以学习者为中心的、持续探究的过程等。

20世纪90年代以后，尽管受到一些来自支持拼读教学（语言教育的另一学派）的研究者和实践者的批评，全语言教育理论在事实上推动了包括我国在内的世界很多国家和地区儿童语言教育不同层面的变革，并在一轮又一轮的教学实践和运用中不断发展和完善，变得更加丰富和成熟。

拓展阅读 2-3

全语言的思想渊源

年代	思想家理论和研究领域	与全语言相关的理论重点
17世纪	夸美纽斯（Comenius）	要提供实际参与的机会以促进有效的学习，让学习者主动活跃地介入学习活动，并将所学的和过去的经验同已有的知识相联系
18至19世纪	卢梭（Rousseau）	建立儿童中心的基本哲学观，尊重儿童和他们的想法，认为经验是知识的来源
	裴斯泰洛齐（Pestalozzi）	平等尊重不同背景的学习者，为其争取对等教育权利。反对直接教导、灌输、干预的教师角色，视教师为供应者、促成者和观察者，是学生的学习伙伴，学习社群成员之一。主张学校的生活和环境要和家庭的相近，近似全语言主张学校内的学习历程尽量要接近学校外的学习

续表

年代	思想家理论和研究领域	与全语言相关的理论重点
1900—1960年	进步主义教育：杜威（Dewey，J.）	学习者是课程发展的中心，课程应与儿童的生活和经验融会贯通；学习即以问题解决的方式重整经验；强调省思在教学中的意义和重要性
20世纪20年代	幼儿教育：英国幼儿学校、美国儿童研究	持幼儿中心的哲学观。教学要尊重并考量幼儿的发展特质，活动的发展要跟随幼儿，课程的安排要以幼儿既有的经验为起点，由此延展扩展。提供幼儿游戏机会，以之鹰架幼儿的心智发展和学习。提供选择，让幼儿可以按个别兴趣、能力探索
1930—1960年	读者反应理论：罗森布拉特（Rosenblatt）	认为读者在阅读过程中扮演了活泼、有动力、有策略的主动角色，根据自己的相关知识，从文本中持续尝试组构自己的意义和观点，与文本有反复来回的互动，提出了所谓“交易”的创见
20世纪70年代	学习、思考、语言发展理论：维果茨基（Vygotsky）	社会导向的学习理论，指出社会情境对个体学习的影响，以教师和同僚在学习中所扮演的建设性角色，特别指出幼儿的语言和思考的发展，都被他所在社会环境中的他人所支持、影响
20世纪60年代	认知理论：皮亚杰（Piaget）	儿童对外在世界的了解是一个建构的过程，而非接受他人传递的结果，他们主动地与外界人事物互动，从而建立其思考类别，进行他们的概念化历程，强调儿童在学习过程中的主动角色
20世纪60年代	阅读理论和研究：古德曼（Goodman）和史密斯（Smith）	阅读不是一对一符号的解码，而是复杂得多的心理历程。阅读时意义的建构过程中，读者和文本及语言之间持续地互动，读者运用已有的语言知识、文本及自己经验所提供的资讯，主动地进行取样、预测、确认，或更正、再确认所预测，以建构文意。阅读的主权在读者，所有阅读中所出现的差异，都有其发展和策略使用上的意义
20世纪70年代	社会语言学：韩礼德（Halliday）	儿童语言的使用是功能性的，情境对语言使用和学习具有影响力，语言学习是建立社会意符系统的过程，而语言的学习、事物的学习和语言知识的学习三者是同时发生
1960—1970年	语言经验活动	提供学生各种不同的学习经验，看重语言在经验活动中的角色，让学生在活动过程中能充分使用听、说、读、写，一方面充实经验内容，一方面增加听、说、读、写的机会，以促进语言发展
1960—1980年	儿童文学	以包括文学在内的各式出版物和真实书面材料支持学生的探索活动，看重文学所能提供给学习者的学习经验
1970—1980年	写作理论和研究	写作是一个意义建构的过程，也是社会性历程。从学习者的角度出发，鼓励教师以建设性的态度看待学生的错误，相信他们有主动建构知识的能力
1970—1980年	读写萌发理论和研究	幼儿的口头语言和书面语言的发展过程是类似的，他们在进入学校接受正式教学之前已是书面语言使用者，他们已在主动建构语言知识，具备读写能力，而他们对语言功能的认识要先于语言形式的发展，读写是他们社会参与的一种途径，环境和情境都是重要支持要素

（资料来源：李连珠．全语言教育［M］．台北：心理出版社股份有限公司，2008.）

二、全语言教育的主要观点

（一）儿童的语言学习是整体性的学习

全语言教育的倡导者们指出，语言是一个整体，不应当被肢解成语音、词汇、语法、句型，把语言分割成一个个独立的成分，会使语言丧失其完整性。古德曼认为：“学校把完整的（自然的）语言，拆成抽象而细碎的小片段，认为幼儿学习简单细小的事物会学得比较好。这样的想法，乍看似乎很有道理，于是人们把语言拆成单字、音节及单独的语音。不幸的是，这么一来，人们也同时把语言变成了一些与儿童的需要和经验无关的抽象事物，而忽略了语言最重要的目的——意义的沟通。”换言之，全语言教育理论认为语言的功能比形式重要，语言是沟通的工具，而非一门学科，因而儿童的语言学习应当是完整的，语言教学应从整体着手，听、说、读、写同时进行。

（二）儿童的语言学习应当回归真实世界

全语言教育希望学校的语言回归真实世界，将传统的教科书、作业本束之高阁，让儿童通过读写日常生活中的事物学习阅读和书写。古德曼指出，有效的语言学习不是“正确的”或者是“标准的”，而是连接个人生活经验和社会的学习，只有当孩子必须使用语言来满足自己的需求时，学习才有目的，才能发挥功用。也就是说，对幼儿来说，只有当语言学习是完整的、真实的、与幼儿的生活经验相关的，当语言融合在使用的情境中，使语言能够用来沟通和交流时，这种学习才对他们产生意义，语言对他们来说才会是容易学习的。因此，教育者要注意引导幼儿在情境中学习语言，脱离了情境的语言对儿童来说是没有意义的。

案例 2-1

一名5岁的小女孩和爸爸妈妈一起去春游之后，想要记录下自己对春天的感受，在写日记的过程中，小女孩先向爸爸妈妈询问了一下某些字的写法，接着以自己的方式（有自创的字，有图画，有正确的字）完成了这次日记。

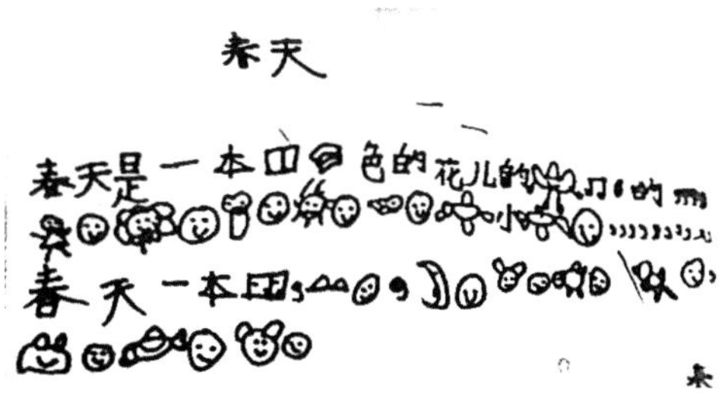

（三）儿童的语言学习是整合的学习

从早期语言教育的角度来看，语言既是幼儿学习的对象，也是幼儿学习其他内容的工具。全语言的研究者们吸取了心理学家维果茨基的观点，认为人的学习是符号的学习，任何符号系统学习的原理都是相通的，因而建议将不同的符号系统交叉运用到儿童学习的过程中来。因此，在语言学习中应运用艺术、戏剧、音乐、舞蹈等手段，或者将语言学习整合到主题单元中来进行，这些主题单元可围绕多个领域来选择。这种打破学科界限的学习，不仅有利于儿童的语言学习，而且有利于儿童其他相关领域内容的学习。

（四）儿童的语言学习是开放而平等的学习

在全语言教育观念中，教师和儿童是构造愉快学习过程的共同体。全语言的出发点是儿童本位，全语言认为应让儿童拥有学习语言的主动权和足够的自由空间，而非像在传统的语言课堂上学习者应学习什么、怎样学、何时学都是事先确定好的。在教育活动中，儿童和教师应是合作学习关系，幼儿教师的责任是为儿童创设一个良好的语言学习环境，并在儿童之间营造一个非竞争的学习共同体。

三、全语言教育对幼儿园语言教育的启示

全语言教育虽然没有提出固定的模式和方法，但是这种教育理论思潮的观念和原则却在近年来的幼儿语言教育中得到了推广和应用，对当前我国幼儿园语言教育教学的改革起到了积极的推动作用。全语言教育理念对我国幼儿园语言教育具有如下启示。

（一）幼儿语言教育目标和内容应是完整的

全语言教育的倡导者认为既要引导幼儿学习口头语言，也要学习书面语言；既要幼儿理解和运用日常生活用语，也要引导幼儿学习文学语言。将其具体化就是要将听、说、读、写等方面的情感、态度、认知和能力的发展，作为语言教育的完整目标。《纲要》也提出要将儿童的早期阅读能力培养纳入幼儿园语言教育的目标，在重视儿童听、说等口头语言能力培养的同时，要利用图书、绘画和其他多种方式，引发幼儿对书籍、阅读和书写的兴趣，培养前阅读和前书写技能。因此，幼儿园语言教育要在重视幼儿语言运用能力的基础上兼顾听、说、读、写各方面。

（二）改变单纯的语言教育

全语言教育的理论提出："语言发展和知识内容的学习，是全语言课程的双重内涵。学习的内容是第一个层次的目的；在完成第一个层次目的的过程中，提供机会让儿童参与实践语言经验，为第二个层次的目的。"这一观点启发人们应注意把幼儿的语言教育，自然融合在各个领域的学习内容与活动过程中。因为语言是符号，它标示周围事物的名称、形态、用途、意义等说明各种事件的过程。幼儿将学到的各种知识、获得的各种体验，都要用语言储存在大脑中。因此，幼儿的语言学习不可以与各领域的学习内容脱节，应以一定的主题整合各领域的内容，让幼儿在学习各领域知识的同时发展语言。

（三）幼儿语言教育活动的过程应是真实的、形式多样的

全语言教育理论认为幼儿的语言能力是在运用的过程中，在真实的情境中获得发展的。在当下的幼儿园语言教育活动中，形式应多样化，除了按主题进行的教育活动外，还应重视在日常生活和游戏中发展幼儿的语言。也就是说，要把幼儿的语言学习融入到幼儿园一日活动的各个环节，渗透到谈话、阅读、语言游戏等正规或非正规的语言教学活动中，渗透到社会、科学、艺术、健康等其他领域活动中，渗透到生活活动、区域活动以及整个幼儿园主题环境创设中，要创造一个自由、宽松、真实而有意义的语言环境，并让幼儿与环境积极互动，从而让幼儿对语言的感受和学习无处不在。

案例2-2

2020年是不平凡的一年，一场新冠肺炎疫情给人们的生活带来了不同寻常的变化，大一班小朋友对于当下的疫情生活也有很多想要了解、想要探究的问题，基于孩子们的经验和好奇心，教师开展了主题活动：新冠病毒大作战。

第一个小主题活动：病毒来袭。核心绘本《溜达鸡》，老师围绕绘本阅读活动，开展谈话活动，让小朋友谈一谈今年的春节和以往有什么不同，以及因为疫情在家不能出门的日子大家的经历和感受，然后让幼儿通过绘本《给孩子的冠状病毒疫情图鉴》深入了解新冠病毒，在此基础上，让小朋友进行调查和采访，了解其他的病毒种类，并进行讨论。

第二个小主题活动：病毒我不怕。核心绘本《泡沫战士保护我》，绘本阅读活动后让小朋友查阅资料，问爸爸妈妈，问身边的防疫工作者，了解各种正确预防新冠病毒的方法和手段，然后小朋友之间对如何自我防护，如何与家人、社区一起预防病毒进行讨论，最后用绘画的方式或前书写的方式做记录。

第三个小主题活动：最美逆行者。很多小朋友表示非常崇拜钟南山爷爷，因此他们对医生这个职业特别感兴趣，所以在这个部分，教师会先与幼儿一起阅读《食蚁兽医生的一天》，然后邀请参加抗疫的医护工作者家长来到幼儿园，与幼儿面对面接触。除了医护人员以外，警察、快递员等也是疫情中了不起的人，教师可以和幼儿一起探讨其他职业的人做出的贡献以及他们的奉献精神。由此激发幼儿通过前书写、绘画或歌唱的形式对逆行者表达感谢，并且让幼儿埋下梦想的种子。

在以上三个小主题活动中，教师除了集体教学活动以外，还配合了相应的区域活动、生活环节、环境创设等，在整个过程中，幼儿有着大量的语言运用机会，听、说、读、写都获得了一定的发展。

第三节　影响学前儿童语言发生与发展的因素

学前儿童语言的发生与发展不仅受制于先天的语言学习能力，而且不可避免地受到后天一系列因素的影响。重视并认真研究不同因素对儿童语言发展的影响，并在此基础上采取一些行之有效的措施，对于儿童语言的发展有着很好的推动作用。

一、生理因素

（一）发音器官的成熟

发音器官的成熟，是儿童语言发生发展的重要生理前提。人的发音器官主要分为三大部分：呼吸器官，声带和喉头，口腔、鼻腔和咽腔。

1. 人的发音器官

（1）呼吸器官（图2-1）

呼吸器官包括从口腔、鼻腔，通过咽喉和气管到达肺脏的一连串管道，主要部分是肺、支气管和气管。人类发音的原动力是呼吸时所产生的气流，肺脏是呼出和吸入气流的总机关。肺脏位于胸腔内。由于肋骨和横膈膜的运动，胸腔可以扩大或缩小，肺脏随之扩大或缩小。胸腔扩大时，气流吸入；胸腔缩小时，气流呼出。当气流呼出或吸入时，它都会在通过的管道上（如鼻腔、口腔、咽腔、支气管和气管等）的某些部位发生冲击或摩擦，造成声音；语音一般都是在气流呼出时发生的。

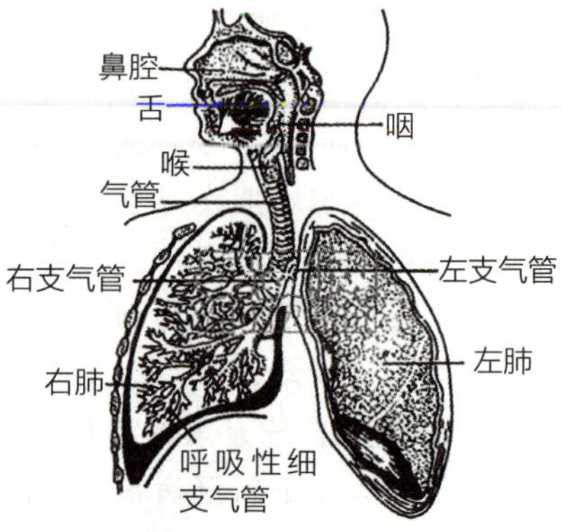

图 2-1 呼吸器官

（2）声带和喉头

在人的言语活动中，声带是主要发声体。喉头位于颈前部，向上通咽，下接气管，是由不同形状的软骨（环状软骨、甲状软骨、会厌软骨和一对杓状软骨）组成的一个圆筒形的筋肉小室。喉腔内面覆盖有黏膜，并且与咽部的黏膜相延续。在喉腔中部的侧壁上有上下两对黏膜皱襞，上面一对为室襞（室带），下面一对为声襞（声带）。两侧声带间的间隙称为声门。构成喉头的几块软骨，由于肌肉的运动，可以互相移动，从而调节声带，使它变成开闭或松紧的状态。人在说话时，声带和喉头要协调活动，声门先成一窄隙，声带处于一定的紧张状态，此时呼出气流，使得声带颤动发出声音。儿童的喉头和声带处于不断地成熟、发展之中。新生儿不能学会说话，就是因为发音器官还没有发育到能够说话的水平。新生儿的喉头是由很薄的软骨组成的，位置比成年人高三个颈椎，软骨和膈的位置都比较高，膈的肌肉部分也非常不发达。新生儿能发出声音，但不能发出有音节差别的语音。儿童的声带比成人的短，所以儿童的音调比成人的高。

拓展阅读 2-4

声音是如何发出来的?

中医书上有这样的记载："会厌者，声音之户也。"又指出："声音出于肺系，而根于肾。"发音功能是一个复杂的神经反射过程，主要的发音器官是喉。喉部肌肉有开放和缩小声门、拉紧和弛缓声带的作用。由于喉肌的协调，关闭声门，在肺和气管的压缩下，气流冲出声带，使之振动，发出声音。声带紧张度不同，可以发出高低、强弱不同的声调。

正常发音的基本条件是：声带运动正常，且有一定的张力；声带边缘整齐。喉部发出的声音为原音，经咽、腭、舌、齿、唇等部位的作用及鼻腔、鼻窦、胸腔等处的共鸣，产生复杂的语音。成年男子的声带长而宽，音调较低；女子的声带短而窄，音调较高。

（资料来源：王雁. 人体解剖生理学［M］. 北京：北京师范大学出版社，2009.）

（3）口腔、鼻腔和咽腔

人的口腔、鼻腔和咽腔是影响音色的三个共鸣器。鼻腔是固定的，口腔中的舌、小舌、软腭等部位可以自由活动，使共鸣器的容积和形状发生变化，使声音产生各种不同的高度、强度和不同的音色。在语音中口腔共鸣的音占大多数，鼻腔共鸣的音则较少。口腔、鼻腔和咽腔不仅是人类发音的共鸣器，也是不同声音的制造厂。声音的高低由声带的长短和松紧程度决定，语音的强度受到空气压力的制约，声音节奏的快慢和清晰程度受到口腔中舌、小舌、软腭等部位活动程度的制约。当儿童的这些部位发育不健全时，会影响其发音质量。

概括地说，人的发音器官发出声音主要通过如下程序：空气在一定压力下由肺部发出，通过声带间的狭逢时使声带振动，发出声音。由于共鸣器的共鸣作用，大大增加了声音的响度，又由于口腔容积以及舌、小舌、软腭、唇、齿的相对位置的变化，形成种种各具风格的语音音色。发音器官的工作原理如图2-2所示。

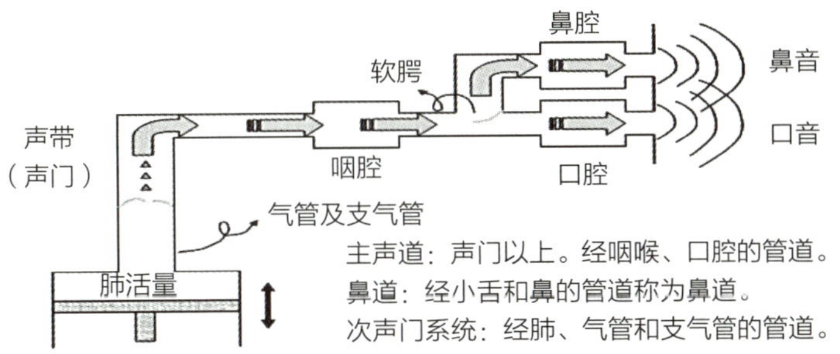

图 2-2　发音器官的工作原理

2．发音器官的保护

（1）培养儿童良好的卫生习惯

儿童的发音器官正处在发育时期，一定要注意保持鼻腔、口腔、咽腔的卫生，以免影响儿童发音的准确度。要教育儿童尽量不要用手挖鼻孔，以免损伤鼻腔稚嫩的黏膜；要保持口腔、牙齿的清洁。另外，儿童的喉腔狭窄，黏膜柔软，富于血管，发炎时，常因喉阻塞出现呼吸困难，所以，当咽喉部位有炎症时，要及早治疗，并尽量减少儿童的发音，直到完全恢复。

（2）要保护好儿童的声带

教师要注意儿童说话、朗读及唱歌时声带的保护。首先，儿童的声带还不够坚韧，如果经常扯着嗓子唱歌或说话，声带就会肿胀、变厚，就成了“哑嗓子”，发音时失去圆润、清凉的音质。因此，教师要教育儿童唱歌时声音不要过大，说话不要大声喊叫，以免拉伤声带。其次，儿童的音域窄，教师应选择适合儿童音域特点的歌曲和朗读材料，避免声带过度紧张，呼吸不协调，从而产生疲劳。此外，应注意说话、朗读或唱歌所处的环境，空气必须清新流通。教室应拥有流通的新鲜空气，教师应经常开窗通风换气。同时，室内外还应有一定的潮湿度，相对湿度保持在40%~60%，这有利于保护儿童的声带。

（二）大脑神经中枢的成熟

大脑是人体的神经中枢，它能感受到人身体中任何一个部位发出的信息，统领了人体的活动。可以说，儿童语言的发生与发展离不开大脑神经中枢的成熟。

1．脑的生长发育

儿童出生时脑的平均重量为 390克，1岁时脑的重量约为950克，3 岁时为1101克，7岁时可达1280克，接近成人脑的重量（1400克）。1岁半以后，大脑细胞的增长基本结束。随后出现的大脑生长主要表现为脑细胞体积的增加，突起在数量上的增加及长度上的加长，神经纤维迅速髓鞘化，使得神经传导的数量增多，速度加快，内在联系复杂化。这是儿童对词的全面理解、对词语进行加工形成概念的物质基础。因为词概念的形成依赖于大脑能吸收和整合词所代表的事物或现象的全部信息，只有神经网络才能将这些信息相互沟通，进行同时性的加工，对词做出本质的、全面的理解。

有关研究表明，18~20 个月以后儿童大脑加工语言信息的能力发展非常迅速，婴幼儿每个月所能说出的新的双词句以成倍的速度增长。21、22、23 个月时，婴幼儿所能说出的双词句分别为50、100和250句，而到了 24 个月则可猛增到1000多句，这一增长速度在以后各个阶段都不再发生。与此同时，儿童的构词能力也在迅速提高，由单词句、双词句发展到简单句和不完整的复句。由此看来，脑的生长发育与婴幼儿语言发展的进程基本上是同步的。

拓展阅读 2-5

双语是否有利于儿童的脑发育？

“双语认知优势效应”背后的脑研究，近年来一直是儿童语言研究的热点问题。已有的许多行为实验研究发现，双语儿童在一些言语和非言语认知任务，尤其是执行功能任务上，表现优于单语儿童，这种现象被称为“双语认知优势效应”。有关双语对儿童大脑发育产生影响具体表现的问题，近十多年来的研究发现，早期儿童双语能力对大脑的影响主要体现在脑区功能和结构的变化上。研究发现，双语的使用能够促进儿童执行功能脑区的不断激活，使得儿童执行功能脑区的认知控制和灵活性等功能得到了强化。科韦尔曼（Kovelman）等在一项语义判断任务中发现，即使两组儿童在任务表现上没有差异，但双语儿童比单语儿童更多地激活了背外侧前额叶和额下回，而背外侧前额叶与工作记忆和抑制控制等认知功能有关。他们的研究表明，双语经验强化了儿童大脑的认知控制和灵活性的功能。

许多研究开始关注双语对儿童大脑结构产生的影响。有研究者采用高分辨率磁共振扫描技术发现，多语儿童在下顶叶脑区灰质密度上显著高于单语儿童。还有研究发现，基底核尤其是尾状核也会受双语经验的影响，因为尾状核在语言转换中发挥着重要作用。研究者发现，双语者的左侧尾状核灰质密度显著高于单语者。霍斯达（Hosoda）等在报告中指出，经过一段时间的第二语言词汇学习的训练干预，双语者的尾状核灰质容量比其他脑区显著增大。

（资料来源：周兢，李传江，张义宾．早期儿童语言发展与脑发育研究的进展［J］．教育生物学杂志，2016，04：159-169.）

2．大脑语言中枢的成熟

根据生理解剖学的研究，语言中枢是人类大脑皮质所特有的，多在左侧。语言中枢负责控制人类进行思维和意识等高级活动，并进行语言表达。

运动性语言中枢（说话中枢）：紧靠中央前回下部，额下回后1/3 处，又称布洛卡区，能分析综合与语言有关的肌肉性刺激。若此处受损，病人与发音有关的肌肉虽未瘫痪，却会丧失说话的能力，临床上称为运动性失语症。

听觉性语言中枢（韦尼克区的一部分）：位于颞上回后部，能调整自己的语言和听取、理解别人的语言。若此处受损，患者能讲话，但说话混乱而割裂；能听到别人讲话，但不能理解讲话的意思，对别人的问话常答非所问，临床上称为感觉性失语症。

书写性语言中枢（书写中枢）：位于额中回的后部，若此处受损，虽然其他的运动功能仍然保存，但写字、绘画等精细运动会发生障碍，临床上称为失写症。

视觉性语言中枢（阅读中枢，韦尼克区的一部分和位于其上方的角回）：位于顶下叶的角回，靠近视中枢。此中枢受损时，患者视觉无障碍，但角回受损会使视觉意象与听觉意象失去联系（大脑长期记忆的信息编码以听觉形式为主），导致原来识字的人变得不能阅读，失去对文字符号的理解，称为失读症。

各语言中枢不是孤立存在的，它们之间有密切联系，语言能力需要大脑皮质有关区域的协调以及配合才能完成。据研究，听到别人说话，理解后用口语回答的过程可能是：听觉冲动传至听觉区，产生听觉，并与韦尼克区联系，理解句意。经过联络区的分析，将信息传送到运动性语言中枢。运动性语言中枢通过与头面部有关皮质的联系，控制唇、舌、喉肌运动，形成语言，并表达出来。

3．大脑语言中枢的成熟与儿童语言发展

（1）大脑语言中枢的成熟顺序决定了儿童听读说写的先后顺序。人的听觉中枢（在大脑半球后部）发育较早，所以婴儿的听音、辨音能力和对词意最初的理解能力的发展通常早于发音能力和表达能力。阅读中枢位于大脑皮层后部，从大脑皮层的发育顺序（从后到前）来看，应在说话中枢发育成熟之前。这和近几年的研究结果也是一致的，在婴儿满月不久开始说话之前便可以进行适宜的阅读教育。当儿童通过听觉和视觉积累的语言单位到了一定数量，口腔的协调动作能力达到能发出语音的时候，婴儿便能开口说话。书写中枢在大脑左半球额中回后部，在与手眼协调的相互作用中得到发展。无论是从大脑皮层的发育顺序还是从手部精细动作发育的顺序来看，书写能力在听、说、阅读能力后面发育都是有据可循的。

（2）语言中枢成熟水平的差异性导致学前儿童语言发展具有明显的差异性。由于儿童语言听觉中枢和语言运动觉中枢成熟水平不同，有的儿童则成熟较迟，因而导致儿童语言能力具有明显的差异性。主要表现为以下方面：开口说话的月龄不同；发音的清晰度不同；对周围语言刺激的敏感性不同；语言内容不同；语用方式不同；语言兴趣点不同等。虽然儿童由于语言中枢成熟顺序的不同而语言能力发展上存在种种差异，但是，后天的语言刺激和语言教育可以加快婴幼儿语言中枢成熟的速度。教师和家长应对儿童语言发展的进程有正确的认识和评价，应从先天和后天两个方面综合考察儿童的语言发展正常与否，对儿童语言发展的种种问题，既不能操之过急，也不能听之任之，而应积极创造条件给语言发展迟缓的儿童提供更多的语言实践机会，促进他们语言的正常发展。

4．大脑神经中枢的保护与训练

首先，要保护好儿童的大脑。一方面，要有合理的生活制度。在家庭和幼儿园中应该每天保证幼儿有足够的睡眠，动静活动交替，不使他们的脑力活动负担过重。另一方面，注意不要让幼儿的头部受伤，特别要注意对大脑语言运动区的保护。

同时，要加强后天的语言训练以优化外部刺激，进而促进大脑神经中枢的成熟，特别是语言中枢的成熟。训练方法主要包括以下方面：①加强完整语言训练，使得听、说、读、写各语言中枢协调发展；②选择语言和非语言的符号刺激，促进语言活动分析系统联合协调作用；③要选择适当的时机和强度，提高儿童学习语言的兴趣；④通过组词扩句、词语替换、连词成句等游戏性的单项练习提高儿童的语言能力。

（三）听觉器官的成熟

儿童在开口说话之前，首先能听懂人类的语言，所以就儿童的语言学习和发展而言，倾听是必不可少的一种能力，听觉器官的成熟与儿童语言发展关系密切。

1. 人的听觉器官

人的听觉器官主要包括：外耳、中耳和内耳，如图2-3所示。学前儿童耳的构造和成人相比有许多不同之处。学前儿童的外耳道比较狭窄，鼓膜较厚。5岁时外耳道壁还未完全骨化和愈合，这个过程一直到10 岁才能完成。儿童的咽鼓管较成人粗短，且咽鼓管两端的开口几乎在同一水平面。因此，当鼻咽腔受到感染时，就会引发中耳炎，同时鼓室内的脓液也容易流到鼻咽腔去。内耳的耳蜗是听觉的重要部分。学前儿童基膜纤维的感受能力比成人强，所以儿童的听觉比成人敏锐。学前儿童听觉器官发育完善，是语言获得良好发展的重要条件。

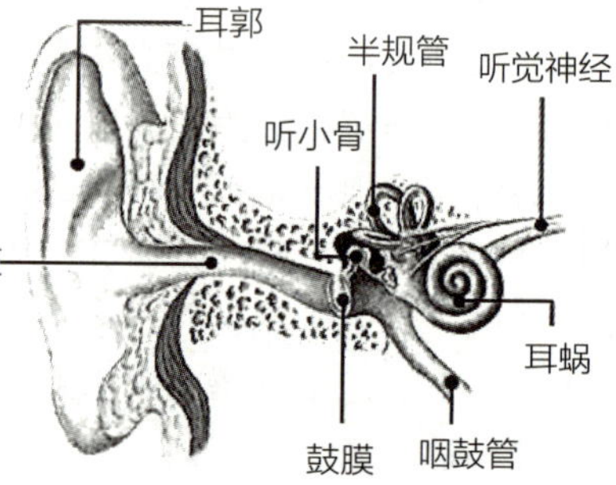

图 2-3　耳

2. 听觉器官的保护

儿童听觉器官的不断成熟与发展，为儿童倾听能力的培养提供了生理和物质基础，因此，在儿童语言学习和教育过程中，一定要注意保护好他们的听觉器官的健康。具体注意事项如下。

（1）注意锻炼幼儿的身体，增强体质。积极预防病毒性感冒和传染病。婴幼儿万一患病要小心护理，避免并发脑炎和中耳炎。

（2）预防耳内进水，防止外耳道发炎。成人给婴幼儿洗澡、洗头时注意不要让水流入耳道内，以免引起急性外耳道炎，如果治疗不及时还容易导致中耳炎，严重的会引起听力下降甚至会出现渐进性听力损害。

（3）注意用耳卫生，防止耳朵受伤。最好不要随便给婴幼儿挖耳垢，少量耳垢可保护耳膜。如果发现婴幼儿耳垢过多，应去医院取出。另外，婴幼儿睡觉侧卧时，要当心不使其耳郭扭卷受压。

（4）婴幼儿用药要十分小心。婴幼儿患病后若用药不慎，或对某些药物过敏，也可导致听力减弱或丧失听力，尤其是在注射链霉素或卡那霉素后，要随时观察婴幼儿的听力反应，若发现听觉出现迟钝的现象，应及时采取措施，避免造成对听觉的破坏。

（5）避开噪声，防止噪声性耳聋。不要带婴幼儿到噪声很大的地方去玩，对他们讲话时声音不要太大，过节要离鞭炮远一点，尽可能帮助他们捂住耳朵。

二、心理因素

心理因素对儿童语言学习的影响很早就受到人们的重视并得到较多的研究。心理因素主要包括两个方面：一是认知能力的发展；二是个性品质的差异。

（一）认知能力的发展

在心理因素中，最重要的是大脑的认知能力方面。皮亚杰及其追随者曾强调认知能力对儿童语言发展的单向作用，为了避免结论片面，北京大学心理系许政援教授采用纵向和横断相结合的方法及实验法对 12 名婴幼儿从出生到 3 岁的语言发展做了追踪研究，提出对儿童语言发展和认知发展关系的看法，认为认知发展和语言发展是双向的、辩证的、复杂性交互作用的关系，认知发展是语言发展的基础。北京师范大学何克抗教授也提出，应将语言能力的培养和认知能力的培养结合起来。所以，语言能力和认知能力有着密切关系，语言能力受到认知发展的影响，这是毋庸置疑的。

儿童的认知发展主要体现在儿童对事物属性或事件性质及其逻辑的认知。这也就意味着，当儿童对环境中事物的属性有了基本的了解，就会掌握相应的词汇。例如，通过感觉器官，儿童能分辨出物体的长短、大小、高矮、宽窄等；理解什么是高低、上下、内外、前后、左右等；通过听觉辨别出哪些是人声、动物的叫声、音乐声、各种物体的撞击声，以及哪些声音悦耳、哪些声音嘈乱等；通过触摸物体分辨出其外形、质地、软硬度、温度等；通过味觉分辨出酸、甜、苦、辣、咸、鲜美等味道；通过嗅觉嗅出不同的气味，再凭气味辨别出不同的物质；通过运动觉知道不同的动作，如走、跑、跳、爬等。同样，儿童在事件性质的萌芽认知的基础之上才能变通地以不同的语言形式表达自己的请求意图；当儿童的认知能力发展到可以对事件的逻辑事理进行推断时，其在语言形式的选择上也会体现出复杂性、严密性的倾向。

另外，语言是反映客观世界和人类社会生活的一种符号系统，在语言系统和语言运用的一系列规则中，深深地注入了代代相传的文化因素。因而获得语言系统，学会按照社会习惯使用语言，就必须对语言所表达的客观世界和人类社会生活有一定的了解，就必须掌握渗透在语言系统和语言运用习惯中的文化因素；而要掌握这些因素，就必然需要一定的认知能力。

拓展阅读 2-6

儿童语言发展的新趋向

有研究者（2016）从一名男孩出生伊始对其语言能力发展进行了长达2年的追踪记录。通过对婴幼儿日常会话语料的分析，从语音、词汇、语法、语用四个方面对研究对象的语言发展状况进行了详细描述。研究结果如下：

1. 由于电子数字化媒介的发展，幼儿的认知能力发展和语言发育进度普遍、明显加快。

如今，电脑、电视、iPad已经成为很多家庭不可缺少的电器配置，幼儿很容易痴迷于这些五光十色的电子屏幕。英国业界权威杂志《儿童疾病档案》已经证实，幼儿沉迷于电视、电脑、桌面游戏将损害日后的发育，带来长期的身体危害。最新的科学研究表明，过早接触电子媒体可能会导致儿童注意力不集中的问题，因此，不建议 2 岁以下的幼儿看电视。在上述每个发展阶段，为了不阻碍幼儿健康发展，尽管尽量有意避免孩子接触过多电子媒体信息，以至成人少看、不看电视、手机和平板电脑，但无处不在、无法回避的兴趣、作用影响仍然显而易见，这些影响不是单纯用孩子本身天赋就可以解释的。

2. 随着电视、多媒体和网络的普及，幼儿所处的可视、可听、可触的媒体环境和与成人互动的交往环境发生巨大改变，主要表现出如下特点。

（1）变化的普遍性，即电子数字化信息无处不在，无时不在，在大大改变成人生活方式的同时，直接或间接影响婴幼儿的自我需求感官，加快了幼儿认知思维和语言水平发展、早熟快熟。

（2）变化的易受性，数字化媒体的声音节奏多样 、色光变幻无穷、动作丰富多彩，极大地满足了儿童的感官需求兴趣，可以实现孩子的情绪调节或转移，使孩子容易接受、安静、快乐。

（3）变化的替代性，这些变化在相当程度上替代了儿童抚育者的作用，但这种替代不一定都有益。

3. 幼儿在成人、电视、电子媒体相伴的条件下成长，幼儿语言逐渐消逝，取而代之的是成人语言、书面语言。

（资料来源：张丁丁．早熟与快熟：儿童语言发展的新趋向［J］．教育学术月刊，2016，03：91–97.）

（二）个性品质的差异

除认知因素以外，个性品质的差异也会影响儿童的语言学习和语言发展。一般来说，性格外向、喜欢与人交往的儿童对周围人的言行比较注意，常常会自觉或不自觉地对他人加以观察和模仿，敢于在各种场合表现自己，因此他们能争取到更多的语言学习和表现的机会，语言发展的速度也可能较快；而性格内向的儿童往往缺乏自信、胆小怕羞，因而也就失去了许多语言学习和表现的机会，相对缺少成功和失败的体验，缺乏吸收语言信息的主动性和有效性。也有研究指出，女孩通常比男孩语言发展更具有优势，原因之一就是女孩更乐意与成人交往，具有更为外向开朗的个性品质。

拓展阅读 2-7

关于儿童语言发展性别差异的教育建议

第一，由于男孩的语言能力弱于女孩，教师和父母应该尽可能为男孩创造良好的语言环境。无论在什么场合，父母都应该有意识地引导他们说话，创造各种机会让男孩表达自己的意愿。教师在对幼儿进行教学时，也必须要打破女孩的语言表达能力比男孩强的思维定式，给男孩平等的机会去表达自己，重视孩子语言能力的培养。

第二，男孩倾向于使用动词、量词和感叹词，而女孩则倾向于使用形容词、副词和语气词，因此，教师和父母应该鼓励男孩与女孩一起游戏，并且进行交流，在他们交流的过程中必然会相互模仿，这样无论是男孩还是女孩在语言应用方面都会朝着更成熟的方向发展。

第三，通过增加语言输入，帮助男孩提高语言能力。学者许政援、郭小朝（1992）指出，成人的语言输入是造成儿童早期词类差异的重要因素，特别是母亲的言语输入直接影响孩子的词类分布。因此，母亲可根据孩子在表达方面的缺陷而调整自己的言语输出。2015年的研究发现，男孩用的形容词少于女孩，母亲可以通过对物体的描述来增加形容词的输出量，并且鼓励男孩用不同的形容词来描述同一个物体。母亲的语言输出越丰富，男孩的语言输入量就会越大，他们的言语产生也越容易。

（资料来源：马滢颖，樊宁．3~4 岁儿童语言性别差异的研究——一项基于语料库的研究［J］．遵义师范学院学报，2015.17（5）：142–146.）

三、社会因素

社会的各种因素对于儿童的语言学习与发展也有相当重要的影响。社会因素很多，其中最为重要的是儿童的社会生活环境和成人的语言观念。

（一）社会生活环境的影响

儿童都是在特定的社会生活环境中获得语言的。社会生活环境是由物质的和精神的、家庭的和社会的诸多因素组合而成的。这些因素都会对儿童的语言发展产生直接的或间接的、巨大的或细微的影响。

1．家庭环境

许多研究表明，不同形态的儿童家庭环境和儿童语言发展的水平相关。这些研究关注建立家庭环境参数和儿童语言发展的相关性。家庭环境参数包括：①家庭生活质量，如活动的多样性、社会性沟通和互动、在儿童活动中成人的介入程度等。②家庭的素材条件，如家庭的书本数量和玩具数量及多样性、儿童参加文化活动的频次等。多个研究表明，多样化的家庭环境，包括游戏、日常会话、和儿童一起读书和看电视节目等，不仅能够促进儿童倾听能力的发展，也能够促进他们使用语言转换、叙事、解释、联结口语和书面语等。

拓展阅读 2-8

看电视时间与婴幼儿语言发展

首都师范大学卢珊教授团队的一项追踪研究的结果显示，婴幼儿 14 个月时，不看电视组和看电视30分钟的婴幼儿组比看电视超过60分钟组在短语理解上的表现相对更好；每天看电视30分钟的婴幼儿组比不看电视组和看电视超过 60 分钟组在动作和手势方面的表现相对要好。由此看出，婴幼儿看电视时间控制在30分钟对婴幼儿的语言发展有较好的促进作用。

以往有研究发现，良好的家庭学习环境包括孩子与养育者的交流互动的数量与质量，以及家庭当中媒体的数量。该研究结果也证实这一点，电视媒体同样是作为促进儿童语言学习的一个重要环境因素。家长可以引领婴幼儿看一些积极健康的节目，帮助婴幼儿从另一个角度认识世界。但是，也有研究者认为，看电视会对儿童语言发展有阻碍作用，这是因为长时间观看电视会降低母子互动的概率，而母子互动认为是对婴幼儿语言发展非常有利的因素之一，互动中母亲对孩子的言语会帮助他们更快地学习语言理解和表达。而电视与孩子的关系是单向的，孩子并不能对接收到的语言做出更多的回应，电视也不能对孩子的表达做出反应，孩子就会丢失很多表达语言和学习运用语言的机会。因此，婴幼儿接触电视的时间应有一定的控制，以30分钟为宜，父母最好能陪伴左右。

（资料来源：卢珊，崔莹，王争艳，等．看电视时间与婴幼儿语言、情绪社会性发展的关系——一项追踪研究［J］．学前教育研究，2018.11：15-26.）

除此之外，家庭中父母的受教育程度、教养方式、沟通策略、与儿童会话过程中的情绪状态以及家庭的社会经济地位都会对儿童的语言发展造成影响。同时，大量的研究表明，家庭中父母的语言输入特点也直接影响着儿童的语言发展。

拓展阅读 2-9

沙袋育儿

我国河北和山东的一些地区有一种沙袋育儿的习惯：把出生不久的孩子，放入盛满细沙的沙袋内喂养，以沙土代替尿布，一天换一次土。平时孩子仰卧在沙袋内，每天除喂奶外，既不抱他，也不管他，尽量减少对他的任何刺激和感官训练，也不许人们去跟他玩耍。经过一段时间，孩子变得不哭不闹，老实安静。沙袋喂养的时间可长达一年、一年半，甚至两年以上。将正常生长的儿童与在沙袋中生活一年或一年半的儿童进行比较可发现，在沙袋中生活两年以上者，其智商低20分左右。有一名在沙袋中生活了两年的“沙袋儿”，3岁才会叫“妈妈”，5岁才会走路，17岁时还分不清“兄弟几个”和“有几个哥哥”这两句话的区别，语言和智力都相当落后。落后的沙袋育儿习俗，剥夺了儿童早期社会交往的机会，从而严重地影响了他们的语言学习和语言发展以及其他方面的发展，甚至人为地造成了一些弱智儿童。

（资料来源：吴凤岗，梅建．“沙袋育儿”对儿童早期发展影响的调查研究报告［J］．心理发展与教育，1990，02，75-80.）

2．幼儿园环境

儿童在3岁左右就可以进入幼儿园接受正规的学前教育。幼儿园中有教师，有经过设计的园本或班本课程，有很多同伴一起学习、生活和游戏。幼儿园给儿童提供了一个全新的语言学习场所。在这一场所中，幼儿园及其教师对语言教学的重视程度会在很大程度上影响儿童的语言发展。例如，有学者在研究儿童使用量词的情况时发现，对同年龄的不同幼儿班级来说，凡教师重视量词教学的，幼儿量词就较丰富，错误较少；反之，则量词掌握较少，运用量词的错误率也较高。所以，幼儿园及教师应该给儿童提供良好的语言教学环境，在重视儿童语言学习的基础上，对儿童的语言学习采取关心鼓励的方式，激发儿童的语言学习兴趣。同时，无论是在专门的语言教育活动中还是在一日活动的其他环节中，教师都应努力为儿童创造丰富而真实的语用情境，帮助他们运用多种语言交流方式与人交往，真正提高儿童的语言运用能力。

3．社会环境

由于气候、饮食、习俗等方面的差异，不同地域有着不同的社会生活环境，造成了儿童语言的学习与发展出现或多或少的差异。比如，四川、湖南以吃辣椒而著称，这两个地区的儿童对调查对于“辣”这个词的掌握，要比其他地区的儿童早一年或一年半。不仅如此，整个社会对早期教育的重视程度以及教育条件的差异对儿童对语言习得也有影响。例如，过去有学者研究得出儿童在进入小学时对“因为”一词还不能较好掌握。后来的研究则发现，儿童到五六岁时，口语中就已经出现了“因为”。而近几年的调查显示现在的儿童三四岁时就会使用“因为”。类似的例子还有很多，可见，现在儿童的语言发展要胜过过去儿童的语言发展。许多研究也得出，农村幼儿的语言发展落后于城市幼儿的语言发展。

（二）成人观念的影响

语言观念是指人们对语言的一系列态度和看法，诸如对待口语和书面语的态度、对待本民族语和外语的态度、对待方言的态度、对待学前儿童语言教育的态度等。语言观念是文化观念在语言方面的具体体现。任何一种语言观念都有着丰富的文化内涵，受制于诸多文化因素。

成人的语言观念对儿童的语言学习与发展具有非常重要的影响。例如，研究表明，越南的婴儿较早掌握向长辈表达敬意的尊重言语的代词系统就和当地的文化观念高度相关。

本章小结

本章主要讲述了儿童语言获得的各种理论，以及近年来语言教育中较重要的理论之一——全语言教育理论。

语言获得是指儿童说话能力的发展和创造过程。语言获得理论即语言发展理论，是解释儿童获得母语口头语言中说话和听话能力的一种理论。影响最大的是先天决定论、后天环境论、先天和后天相互作用论。

先天决定论强调语言的获得是先天禀赋的作用，强调遗传因素对儿童语言发展的决定性作用。忽视乃至否定后天因素的影响。这方面较有影响力的理论是先天语言能力说和自然成熟说。后天环境论强调后天环境和学习对语言获得的决定性影响，忽视乃至否定儿童在语言获得中的主动性及其先天因素的影响。这方面较有影响力的主要是模仿说和强化说。先天和后天相互作用论是在对遗传和环境都是语言获得的不可缺少的因素的普遍认识的基础上，进一步分析了二者的相互关系。这方面较有影响力的理论主要是认知相互作用论和社会相互作用论。另外，我国学者何克抗教授在前面三大理论的基础上，还提出了一种新的儿童语言发展理论——语觉论。

20世纪70年代末、80年代初，以心理语言学家古德曼为代表的一批学者，受维果茨基、杜威等人理论的影响，将儿童语言教育置于社会文化环境中进行再思考，并且吸收了当代儿童语言发展的研究成果，开展了“全语言”的语言教育改革运动。20世纪90年代，全语言运动波及国际学前教育界，同时逐步传入我国。

全语言教育主要有四个观点，即儿童的语言学习是整体性的学习；儿童的语言学习应当回归真实世界；儿童的语言学习是整合的学习；儿童的语言学习是开放而平等的学习。

全语言教育对我国幼儿园语言教育的启示主要体现在三个方面：幼儿语言教育目标和内容应是完整的；改变单纯的语言教育；幼儿语言教育活动的过程应是真实的、形式多样的。

结合以上理论，本章还阐述了影响学前儿童语言发生与发展的因素，大致可分为三个方面：生理因素、心理因素和社会因素。生理因素包括发音器官的成熟、大脑神经中枢的成熟和听觉器官的成熟；心理因素包括认知能力的发展和个性品质的差异；社会因素则主要包括儿童的社会生活环境和成人的语言观念。

关键术语

语言获得　全语言教育

讨论与思考

1. 试归纳比较不同学派有关儿童语言获得的理论。

2. 试述儿童语言获得理论对促进儿童语言发展的启示。
3. 请结合实际阐述全语言教育理论对我国幼儿园语言教育的影响。
4. 试论述发音器官成熟与语言发展的关系。
5. 试论述听觉器官成熟与语言发展的关系。
6. 试论述大脑神经中枢成熟与语言发展的关系。
7. 试论述学前儿童语言发展的心理因素。
8. 讨论从社会因素来看如何更好地促进学前儿童的语言发展。

建议的活动

1. 请基于全语言教育理念设计一个幼儿园中班主题活动。
2. 请利用见习机会在幼儿园里对幼儿进行观察，挑选语言发展较好和较弱的幼儿各一名作为个案，通过调查幼儿的家庭环境、幼儿的个性特征、教师的教育行为等来分析影响幼儿语言发展的因素。

第三章 0~3 岁婴幼儿的语言发展与教育

学习目标

1. 理解 0~3 岁婴幼儿语言发展的阶段与特点。
2. 掌握促进 0~3 岁婴幼儿不同阶段语言发展的教育策略。

导入案例

丽丽今年快2岁了，特别喜欢给家里人讲故事，不停地说，但是经常发音不清楚，说错话，如把"吃饭"说成"吃换"，妈妈会模仿她的发音，当她说错话时，奶奶会当面笑话她，还批评她。过了一段时间，丽丽变得一点儿都不喜欢开口说话了。你认为丽丽为什么不喜欢说话了？此时丽丽的家人该怎么办？

3岁前是儿童语言能力发展最快、最关键的时期。儿童语言的发展是一个连续的、有顺序的、有规律的过程，也是一个不断地由量变到质变的过程。

第一节 0~1 岁婴儿的语言发展与教育

一、胎儿和新生儿的语言准备

随着现代医学、心理学、教育学等学科的发展，人们发现胎儿和新生儿很早就为自己的语言学习做好了准备。

（一）胎儿的语言准备

胎儿的感知觉中听觉发展最为敏锐，第13周的时候，胎儿的耳朵首次听见了母亲身体所发出的汩汩声和隆隆声。第24周的时候，胎儿的嗅觉、味觉、触觉发展，脑部开始接受感觉细胞的信息。胎儿的听觉也逐渐完全，逐渐开始可以听到母亲的说话声和外界的声音。第26周的时候，胎儿大多数时间在睡觉，很难吵醒，但是对突来的声音有惊跳反射。第28周的时候，胎儿的知觉越来越清楚，出现意识，并且首次创造了记忆。这也就能够解释刚出生的新生儿为什么就能够分辨母亲和其他妇女的声音，这是因为胎儿在母体内就开始熟悉母亲的声音，并且记忆母亲的声音。其实不光是母亲的声音，随着胎儿的长大，胎儿的内耳不断发育完全，他对音乐也很敏锐，在第32周的时候，胎儿已经能够记得他每天听到的音乐，而且出生后也能够认得出来。第33周的时候，胎儿能够辨识音乐并随之起舞，随之起舞并不是真的在跳舞，而是胎儿能把动作配上所听到的音乐做固定的游动，而且他所做的动作和他所听到的音乐之间有着一定的联结。同时，这个时候胎儿也在学习声音规律的模式，并记下自己的经验，出生之后，可以利用自己在子宫里的记忆来回应外界刺激。

可以看出，胎儿的听力能力与记忆能力已经为儿童出生后的语言学习做好了言语准备。

拓展阅读 3-1

胎教的方式方法

现在很多孕妇比较注重胎教，但是胎教要注意选择合适的声音。商家为了迎合市场需求，开发出很多胎教产品，从早期的磁带到现在的胎教仪，琳琅满目，但质量良莠不齐。虽然四五个月以后的胎儿内耳和外耳基本上已经形成，但功能比较弱，有的孕妇把胎教仪直接放在腹部，会对胎儿的听觉器官产生强烈的刺激，甚至造成严重后果。胎教音乐应该选择节奏柔和舒缓的音乐，避免2000赫兹以上的高频音，每次胎教时间5~10分钟即可。胎教的原则主要是让母体产生愉悦的感受，陶冶性情，从而对胎儿的发育产生积极的影响。

（资料来源：王静，冉超. 0~3岁婴幼儿语言发展与教育［M］. 北京：北京师范大学出版社，2020.）

（二）新生儿的语言准备

新生儿嘴巴小，舌头大，喉头也发育不完全，没有办法开口说话，只能通过哭叫来表达自己的感受和需要，但是他们的感知觉却已经处于一个良好的工作状态。新生儿的视觉和听觉能力让他们能够察觉到周围发生的一切，并且能通过先天的适应性反射做出相应的反应。可以说已经具有了学习语言的萌芽。

新生的语言准备主要表现在：①学会辨别语音与其他声音的区别，还能辨认不同的语言；②获得辨别不同话语声音的感知能力；③新生儿天生能够分辨不同的词类（实词和虚词），而且已经能够用不同的哭声表达他们的需要，具有初步的交际倾向。新生儿的这些语言能力不仅让自己能够接受成人一定程度上的语言教育，而且为1~3个月的语言发展奠定了基础。

（三）新生儿的语言教育

1. 要尽量多地和新生儿讲话

虽然刚生下来的新生儿不懂周围的成人在说什么，但是成人能不断地用语言给予新生儿足够的刺激，会促使新生儿的听觉更加发达，同时能让新生儿积累更多的发音和词汇。新生儿通过反复地听母亲或其他人说话，不断刺激自己的听觉，会形成脑神经通路，为开始说话做准备。例如，如果新生儿的尿布湿了，母亲可以一边给他换尿布，一边说："哎呀，宝宝的尿布湿了，好臭臭哦！宝宝是不是也很难受啊？来让我们换一块干干净净的尿布吧！"。

2. 让新生儿听周围适度的声响

人类社会各种各样的声音都会自然地传送进新生儿的听觉，给新生儿大脑以良好的刺激。但要尽量避免给孩子听到突然的声音、刺耳的声音、太大的声音，否则，严重的会影响到新生儿的听觉。另外，新生儿在出生后的1个月里，最重要的是睡眠，但是也没有必要让新生儿在太过安静的环境下睡觉。新生儿在睡觉时，成人可以和平常一样做自己想做的事，只是不要发出太过吵闹的声音，让新生儿在自然的环境和声音中睡觉，就能保证能新生儿适度的刺激，使新生儿的听力正常发展。

3. 及时回应新生儿的哭闹

新生儿啼哭时，如果成人解决了新生儿的生理问题还是哭，成人可以用相似的声音去回应新生儿的哭闹，一般宝宝都会很快停止哭泣用倾听到底是自己在哭还是别人在哭。如果成人在新生儿停止后一会儿也停止的话，新生儿等一会儿会再哭闹几次证实是不是自己的声音，这样会引出新生儿除自己的哭声以外的声音。虽然新生儿在刚刚开始时还不能发出哭声以外的声音，但会在成人与婴儿讲话时，小嘴一张一合地应和成人的讲话，直到后来能发出小声的“啊啊”的声音。如果新生儿发出声音，成人要及时地回应，鼓励新生儿发出更大的声音，从而鼓励新生儿发声自娱，学会用声音与其他人相呼应，为以后开口说话打下基础。

二、1~3个月婴儿语言发展与教育

（一）1~3 个月婴儿语言发展的特点

1~3个月的婴儿在语言发展过程中表现出以下两个方面的特点。

1. 与成人进行面对面“交谈”时，婴儿会产生交际倾向

婴幼儿用不同的哭声表达他们的不同需要，吸引成人的注意，这是前语言交际的第一步。大约2个月时，婴儿会在生理需要满足之后，对成人的引逗和语言刺激报以微笑，用声音或用身体的同步动作予以应答，好似在和成人“交谈”。3～4个月的时候，婴儿会出现与成人轮流“说”的倾向，即成人说一句，婴儿会发几个音，成人再说几句，婴儿会再次回应几个音。这种语言交往的对话规则的雏形，表明婴儿开始敏锐地观察人们语言交往的基本要求。婴儿也逐渐学会不同的语调，并伴随着一定的动作来表达自己的态度，如妈妈长时间外出回来时，婴儿会咧嘴表现出委屈的样子，不断发出“a”的音。

2. 能发出一些简单音节，多为单音节

2个月大的婴儿在睡醒之后或吃饱穿暖后，会发出愉快的自言自语的声音。此时，婴儿基本韵母发音较早，声母还很少，主要是“h”音，有时是“m”音，见表 3-1。这些音大多是一张嘴气流从口腔中出来而发出的，只是随着嘴巴张开的大小变化而形成的声音。婴儿的发音器官还不成熟，舌部、唇部等较多的音在这个阶段都还没有形成。

表3-1　2个月婴儿的发音

2个月婴儿发音列表		
a	ai	e
ei	hai	ou
ai-i	hai-i	u- è

在婴儿2个月之后，注意模仿开始有进展，尝试模仿注意对象的现象时有发生，许多音听起来似乎就是注意对象先前所发出的。有时还出现了与成人咿呀对话的现象，可长达数分钟。伴随着模仿和“对话”，母语对婴幼儿的影响进一步开始了。

（二）1~3 个月婴儿的语言教育

1. 多抚摸、拥抱婴儿，并和婴儿进行面对面的语言交流

和孩子说话，抱他、逗他，这种与婴儿之间亲密无间的“皮肤交流”，对其最初的健康成长是非常重要的。研究表明，拥抱和抚摸婴幼儿，能使他们对外界事物充满好奇并迅速对各种行为做出正确的反应，其中包括对成人的语言做出各种反应。而面对面的语言交流可以帮助婴儿将语音和动作建立同步的反应，提高婴儿在前言语阶段用注意伴随的表情或动作去代替语言与人进行交往的能力。

案例 3-1

亲子游戏："啊""哦""呃"

游戏目标：在成人的引逗下，能发出"啊""哦""呃"的单音，并露出回应性微笑。

游戏准备：为宝宝创造舒适的环境，营造愉快的气氛。

游戏玩法：

（1）引逗宝宝露出微笑：成人抱起宝宝，近距离温柔地看着他，反复地说："宝宝，笑一个"，同时尝试用手指轻轻地碰碰他的小脸，或抱着他摇一摇，或用干净的小毛巾遮住宝宝的脸再突然拿开玩捉迷藏等，逗宝宝开心，让宝宝脸上绽放笑容。

（2）引逗宝宝发出单音：宝宝在成人的引逗下，一旦发出"啊""哦""喔"的单音，成人应立即给予回应，通过模仿他的表情并延长宝宝的发音，来强化宝宝正在形成的语音，刺激宝宝不断模仿自己。

（3）更换不同的训练者，让宝宝感受到不同的语音、音色、声调等，利于宝宝多元化的吸收。

温馨提示：该游戏适合6~8周后的宝宝，游戏时间、地点、训练者可根据宝宝的实际情况随机、灵活地进行。

2．睡前倾听摇篮曲等乐曲，训练婴儿有意识的倾听能力

1~3个月的婴儿睡前倾听摇篮曲等节奏舒缓、旋律优美的乐曲，可以刺激他们的听觉器官，促进大脑机能的发展，而且可以充分发挥其无意注意和无意记忆的优势，在调动婴儿愉悦情绪的同时，更有效地提高婴儿有意识的倾听能力。

3．开展早期阅读，初步激发婴儿阅读的兴趣

目前的研究表明，婴儿满月以后，就可以开展阅读教育，并会出现早期阅读的兴趣和行为。成人可以给孩子选择一些适合这一年龄阶段的读物，如图片、图形、脸谱等，要求背景简化，不要太复杂，色彩对比度要强烈，主要认知物要突出、明朗，图书页面最好是大16开。要求家长边指导婴儿观看画面边用语言进行讲解，采取"点读"的方法，家长用手指点着画面，指到哪儿就读哪儿，促使婴儿的注意力集中指向阅读的内容。每次阅读的时间在1~3分钟，阅读内容不必频繁更换，视婴儿的兴趣而定。

拓展阅读 3-2

适合 0~3 个月婴儿的阅读材料

大部分幼儿都偏爱色彩鲜明、颜色艳丽的事物，可是对于0~3个月的婴儿而言，他们更钟爱黑白两色。这是因为，这一月龄段的婴儿的视觉对比还未发育成熟，即视觉刺激中明暗转换程度还比较低，所以对于对比明显的黑白颜色会更有反应。另外，他们的视敏度不高，看事物都比较模糊，不能觉察到很多图案和形状。因此，建议给这一月龄的宝宝进行早期阅读时，尽量选择形状简单、图形不太复杂的黑白书，这样更能吸引宝宝的注意力，取得更好的早期阅读效果。

（资料来源：张明红．0~3岁婴幼儿语言发展与教育［M］．上海：华东师范大学出版社，2020.）

三、4~9个月婴儿的语言发展与教育

（一）4~9 个月婴儿语言发展的特点

4~9个月的婴儿在语言发展过程中表现出以下四个方面的特点。

1．经常发出连续的音节

大约从4个月起，婴儿的发音出现了明显的变化。声母新增加了“b”“d”“g”“p”“n”等音，韵母增加了“ong”“eng”等音。这个时期婴儿能够发出“a–ba–ba–ba”“da–da–da”“na–na–na”等连续音节，因此在婴儿 4~9 个月时期的发音又被称为连续音节阶段。这时的连续音节主要是同一音节的连续重复发出，其中主要是“a”和“b”“d”“m”“n”合成的音节，如“ba”“da”“ma”“na”，还有“h”和“ai”“ei”合成的音节，如“hai”“hei”。自6个月以后，婴儿开始有近似词的发音，有的音开始具有某种意义，如“ma–ma–maba”，这些与言语多音节组合非常相似，标志着婴儿从表示愉快舒适的单音节发声向表示具体意义的词语发声转换过渡。

案例 3–2

小叮当真的会叫爸爸了吗？

五个半月大的小叮当舒服地靠在爸爸的怀里，像小鱼儿一样，小嘴儿吐着泡泡，时不时地抓着自己的小脚丫啃一啃，还晃着脑袋“咿咿呀呀”地说着谁也听不懂的话。突然，爸爸听到沉默了一小会儿的小叮当叫了一声：“ba–ba–ba。”小叮当的爸爸高兴坏了，连忙大叫：“啊，我的小叮当会叫爸爸了！”

你认为小叮当是真的会叫爸爸了吗？还是只是无意识地发出了这样的声音？

2．与成人交往中出现交际“规则”的雏形

在产生交际倾向后，婴儿的前言语交际进入一个似乎在学习基本交际“规则”的阶段。大约4个月的婴儿，在与成人的交往中开始出现这样的变化：①对成人的话语逗弄给予语音应答，仿佛开始进行交谈。②在用语音与成人“对话”时，婴儿出现与成人轮流“说”的倾向，即成人说一句，婴儿发几个音，待成人再说几句，婴儿再发几个音。这种语言交往的对话规则的雏形，表明婴儿开始敏锐地感觉到人们语言交往的基本要求。③当成人和婴儿之间的一段“对话”结束之后，婴儿会用发一个或几个音来主动地引起另一段“对话”，从而使这种交流延续下去。④婴儿在4~10 个月期间，逐渐学会使用不同的语调来表达自己的态度，而这种表达往往伴以一定的动作和表情。例如，用尖叫声或急促上扬的语调伴以蹬腿、伸手的动作，表明自己不愿意躺下的态度；当目的达到、要求得到满足之后，婴儿便会用平静温和的语调或表情表示出愉快。应该说，此时婴儿的前言语交际已有明显的“社会性”成分。

3．对周围人们的言语行为能做出相应的反应

4个月以后的婴儿头部一般能够完全挺立，听到声音就会转过去，成人用玩具引逗时能有明显的笑声，可见婴儿已经懂得和成人进行语音交往。5个月时，当成人和婴儿交流的时候，婴儿会用咿呀学语似的声音来回应。大概6个月之后，婴儿能够感知三种不同的语调（愉悦的、冷淡的、恼怒的），当听到前两种语调时，他们会微笑或者反应平淡；而听到恼怒的语调后，无论实在的语义如何，他们或者愣住，或者紧张害怕，或者哇哇大哭，躲入母亲的怀抱。对熟悉的声音，婴儿会报以微笑；对陌生的声音，则会瞪大眼睛仔细聆听，表现出好奇心。此

外，虽然无法摆脱很大的情境性，但也不得不承认这个阶段的婴儿已经能够理解简单的词语、手势和命令等。可见，这个阶段的婴儿“理解”语言的水平较上一阶段又提高了。

4. 出现“小儿语”，会用语音吸引别人的注意

这一阶段婴儿的咿呀学语开始发生变化，变成一种相当复杂而又独特的形式，令成人难以听懂。我们把这些听起来似乎含有提问、发出命令和表达愿望等不同意思的话语称为“小儿语”。有趣的是，婴儿表达出的“小儿语”具体是什么意思谁也听不懂，但当把同龄婴儿放在一起时，则发现他们用这些难懂的“小儿语”交流得很愉快。婴儿独自玩耍时，会悄悄练习一些发音，试图把嘴部运动和某种语言联系起来，来吸引别人的注意。

（二）4~9 个月婴儿的语言教育

1. 继续坚持用语言刺激婴儿，鼓励婴儿模仿和学习发音

成人每天应与婴儿讲讲话，这样既能传递成人对婴儿的爱，又能使婴儿近距离地观察成人讲话时的口舌运动，以便婴儿模仿发音。成人谈话时要注意声音柔和并运用不同的语调，最好伴以不同的手势，每次说出的词和声调要和所运用的手势相对应，始终如一，便于婴儿记忆。例如，说“再见”时每次都是挥挥小手，而不是抓抓小手或勾勾手指，这样婴儿才能辨认并学会这些词。

拓展阅读 3-3

适时使用“妈妈语”与婴幼儿进行言语交谈

“妈妈语”是一种与成人交流不同的语言形式，它通常用夸张的面部表情和稍高的语调、清晰缓慢而优美的发声、简练而重复性的语句进行表达和交流。婴幼儿在类似于“妈妈语”的语言的作用下，往往能体会到更多的温暖和关怀，可以将学说话当成一种很大的乐趣，通常这种“妈妈语”会非常重视与婴幼儿的语言和表情交流，一旦婴幼儿有了语音上的反馈，“妈妈语”的使用者会给予相当热衷的反应，以微笑、重复性的话语来回应，提高婴幼儿说话的积极性，促进婴幼儿语言和情感的发展。

虽然婴幼儿都喜欢“妈妈语”，但应注意“妈妈语”使用的时间段。1岁之前，婴儿的语言能力发展主要体现在听觉能力的发展上，“妈妈语”适合婴儿早期听觉的适应范围，有助于维持成人和婴儿的语言交往，但是，1岁之后特别是1.5岁之后，幼儿的口语表达能力处于快速发展期，这时幼儿接触的应当是标准的、规范化的语言，如果此时还用“妈妈语”和幼儿交谈，幼儿会认为这就是标准化的语言，这种比较简化的语言反而会对幼儿的语言发展产生不利的影响。婴幼儿可能更容易学会“小儿语”。1岁以后，应该多使用比幼儿现有语言水平高一些的规范化的语言，促使幼儿语言能力向更高水平发展。

（资料来源：王静，冉超. 0~3岁婴幼儿语言发展与教育［M］. 北京：北京师范大学出版社，2020.）

2. 用强化、鼓励等方法诱导婴儿发音

研究表明，婴儿发出的每一个音，成人都给予微笑、爱抚的话，那么婴儿在咿呀学语期所发出的语音就会显著增多，学习语言的速度也会明显增快。另外，当成人坐在婴儿身边时，可

以给婴儿创设一些机会让他们先说。例如，婴儿往往会用尖叫、发出语音或者是伸出小手、踢腿、蹬脚等动作来吸引成人的注意，成人应立即重复他们的语音或者用声音来回答。通过这种强化和鼓励，婴儿将很快学会用动作或声音来对成人“发号施令”。

3. 用动作、实物配合法，建立语音和实体之间的联系

动作配合法是指在与婴儿进行日常“交谈”时，一定要配合一定的动作，并且同样的话要配合同样的动作，这样婴儿将会较快地配合动作学会发出相应的语音。例如，妈妈扶着孩子站起来时，要说“站起来”，婴儿很快就会将“站”这一动作和“站”的语音联系起来。

实物配合法是指在对孩子说某个物体时，或婴儿发出某一语音时，成人同时指点婴儿看具体的实物，教育效果最佳。例如，婴儿吃饭时，妈妈拿着调羹对孩子说：“宝宝看，这是调羹。妈妈拿调羹喂宝宝吃饭。”

案例 3-3

早教机构婴儿语言教育活动案例——小鸟飞

一、活动目标

（一）婴儿教养目标

1. 发展婴儿的节奏感和韵律感。

2. 提高婴儿感知语言和动作关系的能力。

3. 发展婴儿学习听从指令，按照指令完成活动任务的能力。

4. 培养婴儿体验亲子语言活动的愉悦情绪，增进亲子关系。

（二）家长指导目标

1. 掌握这个阶段婴儿语言发展方面的特点。

2. 观察婴儿是否专注、有兴趣参与活动，能否按照指令完成任务。

3. 适时借用具体动作和语言引导，协助婴儿完成活动。

4. 尊重婴儿的活动方式，注重活动的趣味性。

二、活动准备

儿歌《小鸟飞》（音频），歌词：小鸟飞呀飞呀飞，拍拍翅膀飞呀飞，飞呀飞呀快快飞，拍拍翅膀，拍拍翅膀，飞呀飞。

三、活动形式

个别/小组活动。

四、活动过程

（一）亲子活动过程

1. 保教人员向家长介绍活动的婴儿教养目标、家长指导目标。

2. 保教人员向家长介绍活动的步骤。

保教人员抱着婴儿盘腿坐好，握住婴儿的双手随着歌曲的歌词和节奏，带着婴儿模仿小鸟飞的动作。

3. 保教人员向家长介绍活动的注意事项。

此活动要在婴儿吃完奶 30分钟后进行，避免婴儿吐奶。

活动中，家长要时刻关注婴儿的情绪表现，一旦婴儿表现出不适，家长就要降低速度，减小动作幅度，甚至是停止活动，以确保婴儿的安全和舒适感。

4. 家长引导婴儿开展活动，保教人员巡回指导，与家长轮流交流婴儿的表现，

对遇到困难的家庭给予指导。

5．活动结束，保教人员与家长分享此次活动中的收获与问题，并介绍此项活动在家庭中如何延伸。

（二）托育日常教育活动过程

1．保教人员引导婴儿开展此项活动，活动步骤同上。

2．当日婴儿离园时，保教人员向婴儿家长介绍活动的婴儿教养目标、家长指导目标、活动步骤和延伸指导等内容。

五、延伸指导

家长在日常生活中，还可引导婴儿一边做小鸟的动作，一边给婴儿倾听小鸟的叫声。

（案例来源：李营．0~3岁婴幼儿认知与语言发展及教育［M］．北京：北京师范大学出版社，2020.）

4．初步养成倾听文学作品的习惯

婴儿是生活在社会中的人，他们的语言发展，包括对多样化语言的适应能力、理解能力和运用能力，都是在日积月累中不断发展起来的。假如一个婴儿从小只与父母交谈，习得的语言经验有限，那么他今后在与人交往和正式语言学习中很有可能产生“语言障碍”。而文学作品的语言往往是艺术结构的语言，是婴儿进一步学说较成熟的语言样本之一，这些样本可以被婴儿记忆或模仿，为扩展婴儿的词汇量、丰富语言的内容奠定基础。

因此，成人可利用睡前或其他某个固定时间段让婴儿倾听各种形式的语言，倾听形象化的语言，倾听不同风格特色的语言。这种倾听文学作品的做法应持续到入学后，持之以恒、坚持不懈，将会收到良好的效果。这样不仅有利于婴儿文学语言的学习，而且还有利于发掘婴儿记忆的潜能。

5．和婴儿进行“平行”的亲子阅读，初步培养良好的阅读习惯

当婴儿可以独坐以后，家长在早期阅读教育中可以采用“平行式”阅读，将婴儿抱坐在自己的膝盖上，和婴儿共同观看阅读材料。家长可以给婴儿选择画面色彩鲜艳、伴有少量文字的低幼读物，大小以16开为宜，内容可以是动物、人物、玩具或者婴儿比较熟悉的事物。在阅读方法上，家长对画面和文字的阅读可继续采用“点读法”，也可根据阅读内容设计一些亲子互动游戏。

四、10~12个月婴儿的语言发展与教育

（一）10~12 个月婴儿语言发展的特点

10~12个月的婴儿在语言发展过程中表现出以下两个方面的特点。

1．近似词的发音增加，出现了第一个有意义的词

这一阶段婴儿的发音除了更丰富外，重复连续音节又有了新的特点：不只像上一阶段那样大多是同一音节的重复，10 个月左右的婴儿明显地增加了不同音节的连接发音。从前那种单调的声音已变得抑扬顿挫，形成了语调。近似词的发音增多，如 jie-jie、mao-mao 等。同时，婴儿开始模仿发音了。这标志着婴儿学话的萌芽。

大约到10个月后，大部分婴儿都能说出第一个真正的词，也就是说，他说出了自己能够理解、使用时具有目的的词，而不是随意发出的语音。这是婴儿进入口语期的标志，是婴儿语言发展过程中最重要的里程碑。然而，婴儿一般较早掌握的是具体的名词，而且最初掌握的词语都与某一特定的对象相联系，具有专指的性质，如“猫猫”就是专指他的玩具猫。由于遗传

环境等因素的影响，每个孩子在开口说话的时间上都有很大的个体差异。一般而言，婴儿在9~12个月能说出第一个有意义的词，但略有延迟也是正常现象。

2. 真正理解成人的语言，语言交际功能开始扩展

成长于正常语言环境中的9个月大的婴儿就能开始真正理解成人的语言。虽然还不会说话，但是他们能够使用语音、动作和表情的组合对成人的话语做出反应。婴儿理解成人的语言的一个重要表现就是能执行成人简单的指令，并建立起动作联系。比如，成人说："跟爸爸再见!"婴儿就会挥挥自己的小手。或者问："门在哪里呢?"他就会把目光或头转向门的方向，甚至将整个身体转向门的方向。这一阶段的婴儿也开始能用一定的声音来表示一定的意思了。这时，声音对于这一阶段的婴儿来说，已经具有初步的交际作用了。他用手指一辆运动的小汽车，嘴里发出"嘟嘟"的声音，来告诉成人这是一辆汽车。由于这一阶段的婴儿还没有真正掌握词，虽然能用一定的语音与实物相联系，但缺少概括性，因此这种交际作用也还处于一种萌芽状态。

（二）10~12 个月婴儿的语言教育

1. 丰富婴儿的生活内容，提供丰富的语言环境

生活是语言的源泉，只有丰富的生活才能为语言学习提供良好的环境。婴儿学习语言需要与周围现实的人、物、大自然、社会现象紧密联系，要通过各种感官直接感知，如听、看、触摸、尝、闻等，获得对周围一切的认识，继而发展语言。研究表明，如果婴儿的家庭语言环境较好，那么他们开始说话的时间一般比较早，语言能力也更强。如果成人能在给婴儿物品时，告诉他们这是什么，每次和婴儿在一起时都告诉他们正在做什么，玩什么；当婴儿自己游戏时，如果成人都给他们提供适当的语言环境，根据婴儿直观感知的特点创设条件，丰富生活内容，让婴儿在实践中认识世界，那么婴儿的语言将会发展得更快、更好。

2. 鼓励婴儿掌握新的语音，并反复进行练习强化

当婴儿试着学习一种新语音时，一定要及时给予鼓励，如可以拍手叫好、亲亲他、摸摸他的头等，这种热情的鼓励将使婴儿很快受到鼓舞。当然，孩子第一次尝试发新的语音，也许并不准确，成人可以用多种形式示范正确发音，让孩子及时调整发音，反复练习正确发音。

案例 3-4

亲子游戏：我的动物朋友

游戏目标：利用趣味性的语言刺激鼓励婴儿学习新语言。

游戏准备：小鸭子、小青蛙等动物手偶或动物玩偶图片。

游戏玩法：

家长准备几个颜色鲜艳、小巧可爱的手偶（也可用玩偶或图片代替），拿起一个手偶放在距离婴儿适宜的位置，同时说出小动物的名字并模仿这种小动物的叫声。例如，"宝宝看，这是小鸭子，小鸭子怎么叫呢？嘎嘎嘎，小鸭子，嘎嘎嘎""小花狗，汪汪汪""小青蛙，呱呱呱"等。注意，每一个小动物及其叫声进行几次重复后可以引导婴儿自己接着说下去。

3. 在行动中伴随着语言刺激，让婴儿学说话

在活动中成人要和婴儿不断地用语言进行交往，成人应主动地与婴儿交谈，和孩子讲正在

做的事情，讲孩子想要做的事情等，这不仅能使孩子说话发音的频率增加，而且可以促进其语言能力不断提高。

案例 3-5

亲子游戏：起床歌

游戏目标：增强语言与动作及身体各部位的关联性，理解语言，学叫“爸爸、妈妈”。

游戏准备：每天早晨宝宝自然醒的状态下。

游戏玩法：

1. 每天叫宝宝起床时，妈妈可以边朗诵儿歌边抚摸宝宝。

（1）第一次朗诵时，按儿歌的顺序朗诵。

太阳公公眯眯笑，我的宝宝快起床！
醒来吧，美丽的眼睛，
醒来吧，漂亮的鼻子，
醒来吧，可爱的嘴巴，
醒来吧，长长的胳膊，
醒来吧，长长的双腿。
宝宝睁开小眼睛，叫爸——爸，叫妈——妈。

（2）重复儿歌结束句2~3遍，鼓励宝宝模仿，发出双唇音。

2. 妈妈再次边朗诵儿歌边抚摸宝宝，但这次可以随意更换顺序，叫到哪里，就抚摸哪里，便于宝宝产生相关的联结。

4. 开展早期阅读，初步培养婴儿良好的阅读习惯

成人应给婴儿提供阅读的空间和时间，培养婴儿良好的阅读习惯，如教会他拿书的方法，阅读时的正确姿势，阅读后将图书放回原来的位置等。成人可以允许婴儿独立地看书。成人会发现，婴儿一会儿把书拿颠倒了，一会儿又从后向前翻书，一会儿又连翻好几页。此时，成人千万不要因此而制止他，这表明婴儿正在“研究”和“探索”书。

第二节　1~2 岁幼儿的语言发展与教育

一、1~1.5岁幼儿语言发展与教育

（一）1~1.5 岁幼儿语言发展的特点

1~1.5岁的幼儿在语言发展过程中表现出以下四个方面的特点。

1. 以词代句，具有情境性

随着发音器官的逐渐发育完善，这个阶段的幼儿已经正式开始学说话了。由于幼儿往往会

用一个单词表示句子，因此该阶段又称为单词句阶段。单词句阶段的幼儿常会说出一个单词来表达许多不同的含义。例如，幼儿说“水”这个词可能就反映出多种意思，有可能是他想喝水，有可能是他看到别人在喝水，也有可能是他看到了水龙头里流出的水等。这时候幼儿的语言有高度的情境性，成人需要把幼儿说话时附加的手势、表情、体态等许多的情境作为参考的因素，来判断其语言的真正含义。

2. 语言理解能力迅速发展

这个阶段幼儿所能理解的语言大量增加，但是能说出的词语相对很少，幼儿能听懂的话比他们能说出的话要多得多。本尼迪克特（Bendict H.）研究指出，幼儿能说出10个词时，已经理解了不少于50个词汇。此阶段幼儿词汇理解有以下三个特点：①名词、动词的比例大。国内外研究指出，名词、动词在幼儿理解词汇中占的比例最大。②理解的范围由近及远。幼儿最先理解的是他经常接触到的物体的名称、家人的称呼、玩具和衣服的名称等，一些常用动词，家长经常教幼儿的一些动作，或者叫幼儿常做的事情。③词汇固定化。幼儿对词汇的理解往往和某种固定的物体相联系，甚至把物体同某种背景固定起来，如“妈妈”就是指自己的妈妈。

拓展阅读 3-4

发音沉默期

13~15个月的幼儿似乎突然没有了以前热情的咿呀声，就连以前已经学会的几个简单的词，如“爸爸”“妈妈”“打打”“拿拿”等，很多时候都不再说了。其实，这是幼儿出现了发音紧缩的现象，即幼儿在前言语阶段所能发出的母语中有的或者没有的语音在这一阶段都不能发出，无意义的连续音节大大减少。他们往往只用手势和动作示意，独处时也停止了那种自发发音的活动，出现了一个短暂的相对沉默期。

沉默期对语言的发展是非常必要的。经过这段时间，婴幼儿通过大量的“听”来提高语言能力。经过一定的“听”的积累，婴幼儿语言学习才会达到一个质的飞跃。另外，“听”是婴幼儿语言习得的重要形式，通过“听”婴幼儿可以积累记忆大量的语言材料并能从这些材料中总结出该语言的基本规则。

3. 会给常见物体命名，词义准确性低

在词汇能力方面，以音代物是1岁半前婴幼儿语言的一个明显特点，即婴幼儿会用声音给日常生活中常见的物体命名，因为声音是物体或活动的鲜明特征，容易被记住，如把狗称作“汪汪”，把猫称作“喵喵”，或者用某种声音来代表某种活动，如用“嘘嘘”代表小便，用“呼呼”代表睡觉，这与家长常对婴幼儿以声音代物有关，同时也和婴幼儿生活范围的扩大、生活内容不断丰富、认知能力逐渐提高有关。除此以外，婴幼儿在命名和使用新词时，常常会出现词义泛化、词义窄化、词义特化等现象。“词义泛化”，又称为词语扩充，是指婴幼儿对词义的理解使用超出了目标语言范围的现象，即一词多义，是婴幼儿对于词的含义特征掌握过少造成的，如常常用“毛毛”代表所有带皮毛的动物或用皮毛做的东西；“词义窄化”，是指婴幼儿对于词义理解和使用达不到目标语言的现象。婴幼儿早期的词义有缩小、窄化的特点，具有专指性。有些窄化是因婴幼儿语言能力的限制所致，有些窄化则是婴幼儿的主动选择所致，如婴幼儿最早理解的“车车”就是婴幼儿自己的玩具车，而不是所有的交通和运输工具；“词义特化”，是指婴幼儿的词语指称对象完全与目标语言不同，如婴幼儿尿裤子了，家长给他换衣服，说了一声“哎哟”，以后婴幼儿每当要小便时都会说“哎哟”。由此可见，这个阶段的幼儿对词义的理解还是片面的、准确性低。

4. 发音不准，会用简化策略发出语音

这个时期的幼儿在说话时还有“小儿语”，其“小儿语”有明显的旋律和抑扬顿挫的音调变化，在某些情况下听上去很像成人说话。这一阶段的儿童在发音上常常表现出一些特殊的发音策略：

①省略音。主要表现为省略音节开头或结尾的辅音，如婴幼儿把xīng xīng（星星）说成xīxī（西西），把níu（牛）说成yóu（油）。

②替代音。用浊辅音替代清辅音，如把 gēgē（哥哥）说成dēdē（得得）。用擦音替代塞擦音，如把chá（茶）说成tá（他）。

③重叠音。这种现象是婴幼儿早期语言发展中一种普遍存在的重要现象。2岁是幼儿叠音词使用的高峰期，不仅使用数量多，而且遍及范围广，名词、动词、形容词、量词和感叹词等多种词类均有重叠的单音节。一般来说，名词的叠音现象最多，延续时间最长，如婴幼儿说“猫猫”“狗狗”“花花”“饭饭”等。

以前不少研究者把婴幼儿使用简化策略发出的声音称为“发音错误”，这是不合适的。因为此阶段的婴幼儿有一个特殊的语法系统，具有一个和母语相似而又不完全相同的音位系统。他们发音的音值比家长长，而家长发音音值短、语速快。婴幼儿无法达到和家长一样快的语速，经常要用叠音来拉长音值，以满足发音的需要。

（二）1~1.5 岁幼儿的语言教育

1. 抓住一切机会对幼儿说话，提供语言模仿的榜样

成人要抓住一切机会对幼儿说话，与幼儿交谈，促进幼儿的语言发展，使得其积累大量词汇，习得相应的语言规则，也能促进成人与幼儿之间的情感缔结，有助于幼儿形成情绪稳定、通情达理的性格品质。语言心理学理论认为，婴幼儿最初掌握的语言主要是通过在其周围语言环境中进行模仿得来的。所以，父母和教师在与幼儿交流时，要注意语音的规范性、词汇的丰富性和句子的完整性，为幼儿提供良好的言语榜样和言语示范，便于幼儿模仿与学习。

2. 帮助幼儿掌握新词，扩大词汇量

这一阶段以及随后几个阶段，婴幼儿学习语言的主要任务就是学习新词，扩大词汇量。此时既可以丰富大量的消极词汇（能理解但不会正确使用的词汇），也可以丰富少量的积极词汇（能理解且能够正确使用的词汇）。要让婴幼儿掌握新词汇，成人要尽量使用简短的话语，不要让大量多余的语言淹没了所要教的新词，可以变换句子中的其他成分，但一定要突出所教的词。如名词“花”，成人可以带孩子到植物园去玩，并告诉他“这是花，植物园里到处都是花，有红色的花，白色的花，黄色的花……宝宝，你闻闻这朵花”。在说“花”这个单词时，要加重语气，予以强调。这种频繁、夸张的刺激，可以使孩子较快地掌握这个单词。如果婴幼儿开始发的这个单词音不准确，不要批评或是打断他们，也不要让婴幼儿一遍一遍跟着念。这样做将会降低婴幼儿学说话的兴趣，可以反复地说这个词，为他们下一次模仿作准备。对于他们的每一次尝试，无论正确与否，成人都要予以鼓励。

3. 鼓励幼儿多开口，成人要耐心倾听并予以应答

成人要善于营造宽松、和谐的气氛和幼儿多接触、多沟通。与幼儿交谈时要给予他真诚的

关注，要耐心倾听他们那些难以听懂或啰唆的话语，适时、巧妙地纠正他们词不达意或表达欠准确的地方，切忌模仿他们的发音或漫不经心或责备嘲笑，这样才能保护儿童积极表达的自信心和成就感，更能让幼儿的口语日趋完善。成人可以通过主动提问或创设情境的方式，为儿童提供表达和交流的机会。例如，当孩子用手指着玩具，用祈求的目光看着妈妈时，妈妈不要立即就把玩具拿给孩子，而是问他："你想要什么？"这样就为孩子提供了表达的机会。

拓展阅读 3-5

婴幼儿学说话的三个禁区

禁区一：过分满足

类型："热心帮忙"型。

犯禁表现："宝宝，是要喝水吗？爸爸给你拿。"不少父母在长期照料婴幼儿的过程中，对孩子的要求能够心领神会、有求必应，孩子伸个手指便满足其要求。

犯禁害处：父母过度满足孩子，容易导致其语言发展缓慢，因为孩子不用明确表达自己的意图，父母便即刻明白，其实这并不是爱，而是使孩子失去了一次锻炼口语表达的机会。久而久之，婴幼儿便不习惯用语言表达想法，而用肢体语言来代替。

破禁办法：延迟满足。

幼儿1岁以后，父母或保教人员照料幼儿时，要抓住一切机会引导、鼓励其发声，表现在当幼儿有所要求时不要马上答应，延迟满足其要求。当父母从幼儿的行为举止中发现他想喝水时，可以给他一个空水杯，鼓励他说出自己的要求，父母可以示范说"喝水"。当幼儿努力地说出"水"时，马上口头表扬，并满足其要求。

禁区二：过多使用叠词

类型：过分迁就型。

犯禁表现："宝宝，饭饭！""宝宝看，那是狗狗，那是花花……"婴幼儿用叠词说话是语言特定阶段的表现，但有些成人却随着婴幼儿一起说起了儿语。

犯禁害处：婴幼儿说儿语是因为其语言发展限制了他准确表达自己的意思，成人却以为婴幼儿只能听懂这些儿语，也用儿语与之对话，很可能拖延了婴幼儿过渡到说完整话的阶段。

破禁办法：婴幼儿语言发展会经历单词句、多词句、说出完整句子这几个阶段，成人应通过正确的教育引导婴幼儿的语言向更高阶段发展。成人和婴幼儿对话时，要使用比婴幼儿目前掌握语言更高水平的话语，给婴幼儿做良好的示范。如婴幼儿说"爸爸班班"，那么此时妈妈应该说"是的，宝宝，爸爸去上班了"。

禁区三：模仿婴幼儿的错误发音

类型：将错就错型。

犯禁表现：婴幼儿在刚学说话的阶段，常常会有一些不准确的发音，如把"吃饭"说成"七饭"，把"老师"说成"老希"，"哥哥"说成"得得"，等等。有些家长觉得好玩，会模仿这些错误发音。

犯禁害处：婴幼儿存在发音不准的现象，是由于发音器官发育不够完善，听觉的分辨能力和发音器官的调节能力都较弱，还不能完全正确地掌握某些音的发音方法。如果家长将错就错，学习婴幼儿的错误发音，婴幼儿会认为这就是正确的发音，从而继续错下去。

破禁办法：成人不要学婴幼儿错误的发音，要用规范的语言来与婴幼儿说话，在规范语音的指导下，婴幼儿的发音会逐渐改正。

（资料来源：王静，冉超．0~3岁婴幼儿语言发展及教育［M］．北京：北京师范大学出版社，2020.）

4．自制或购买图书，促进幼儿阅读兴趣和阅读能力的提高

成人可以帮助婴幼儿自制或购买图书，但书中内容最好是孩子熟悉的人和事，它将丰富婴幼儿的语言内容，扩大词汇量。也可以自制图书，从旧画报或旧小人书中剪下图片，做成4~5页的小图书。

婴幼儿在阅读时，常常会自言自语。这种情况是好的，说明他们已能做到视觉神经中枢与语言神经中枢相协调，输入形象信息与处理形象信息同时并举，从而能够感受画面内容、认识客观事物。正因为此，成人在发现幼儿边看边说时，应悄悄走进幼儿，趁着其咿呀学语、出言吐字之际，提一些浅显的问题，诱导他们回答并丰富和扩充幼儿的回答，增强其语言表达和思维能力。

二、1.5~2岁幼儿的语言发展与教育

（一）1.5~2 岁幼儿语言发展的特点

1.5~2岁的幼儿在语言发展过程中表现出以下四个方面的特点。

1．词汇量与日俱增，出现“词语爆炸”现象

婴幼儿语言的学习主要体现在词汇方面，这个阶段幼儿掌握新词的速度突然加快，词汇量急剧增多，平均每月说出25个新词。18个月的婴幼儿经常挂在嘴边的单词有20个左右，到20个月时能说出的单词就有100个左右，到24个月能说出300多个。这种掌握新词速度猛然加快的现象是以后各阶段不再有的，我们把这一时期称为“词语爆炸时期”。在婴幼儿所掌握的词汇当中，近70%的词仍然是名词，其他各类词，如动词、形容词、数词、代词、副词、感叹词等，虽占比例很小，但是都开始出现在婴幼儿的话语当中，这是令人欣喜的现象。词汇量的迅速增长使婴幼儿具备了进一步发展口语的能力。

2．双词句为主，且增长速度较快

所谓双词句，是由两个单词组成的句子，听起来就像发电报时所采用的省略句，因此又被称为“电报句”，例如，“妈妈抱抱”“看狗狗”“果果没了”“爸爸班班”“宝宝吃”等。20个月左右，幼儿开始说出双词句，到这一阶段末期又出现了复合句。所以，从1岁半到2岁的幼儿说话是多种句式并存的阶段，其中双词句占一半以上。

双词句是婴幼儿自己创造语言的最典型样品，一部分双词句是通过模仿或省略模仿造成的，而多数双词句是婴幼儿在没有任何“语言样本”的情况下独创的。双词句一般是实词组合，主要是名词和动词的组合。从20个月开始，婴幼儿双词句的数量逐月成倍增长，如21个月时婴

幼儿的双词句是50个，22个月是100个左右，23个月是250~300个，到2周岁则可猛增到近1000个。

3．出现代词“我”的使用

成人若问18个月以前的孩子“你喜欢这个玩具吗?”，孩子不能理解“你”和“我”在指代上的差异，只会模仿着回答“你喜欢”。伴随着婴幼儿自我意识的出现，他们理解了“我”这个词是指自己，于是开始学会用代词“我”来称呼自己。如幼儿说话由“宝宝吃”慢慢变成“我吃”等。

4．喜欢提问，语言上出现“反抗行为”

这一阶段后期，幼儿开始真正进入人生的第一个反抗期。幼儿的心理和行为上的想独立，表现在幼儿语言上是具有自主性和反抗性。他们开始不断地向成人提问“这是什么”“那是什么”，总是要求成人告知他们各种事物的有关信息，如名称、特征、用途、构造等，这是求知的需求，也是幼儿语言学习的途径之一。在语句使用上，他们开始出现疑问句和否定句的萌芽。疑问句表现在提问上，否定句则表现在语言反抗上。幼儿常常把“不”挂在嘴边以表示拒绝，这是幼儿否定句发展的第一个阶段。例如，妈妈叫幼儿：“宝宝，快过来洗小脸啦，洗完小脸要擦香香哦。”幼儿嘴上说着“不”，却颠儿颠儿地跑到妈妈身边，让妈妈帮着洗脸。

（二）1.5~2岁幼儿的语言教育

1．继续为幼儿提供良好的语言榜样和语言示范

婴幼儿身边的人都是他们的老师。这些人的一言一行、一举一动都会被婴幼儿的小眼睛捕捉到，并成为模仿和学习的主要内容。成人应注意用丰富的面部表情、富有变化的语调、规范正确的发音、丰富而又准确的用词造句，为婴幼儿提供良好的语言榜样和语言示范。

2．正确对待幼儿的提问，耐心回答幼儿的问题，讲述要生动有趣

幼儿在这一阶段好像成了一个“勤学好问”的人，他们常常不断地提问，不断地讲述，仿佛想了解大千世界里的一切问题。这时候，成人千万不能图耳根清净而随便打断、斥责或者搪塞幼儿。成人要耐心地回答婴幼儿的提问，认真地面对每个提问，激发婴幼儿的求知欲，保护婴幼儿的好奇心。有时候，成人也不要坐等婴幼儿提问，可以主动地告诉婴幼儿他们周围的一切，把他们感兴趣的东西不厌其烦地说出来（当然要适当地考虑婴幼儿的理解和接受能力），可以结合图片、图书、电视、电影、参观等活动来进行。

3．继续开展早期阅读指导

这一阶段，幼儿对图画书的兴趣比较浓厚，尤其是喜欢反复看一本书或书中的某些页。这时成人应该和幼儿一起阅读，选择恰当的阅读方法，一边引导他们关注图画，一边进行讲解。通常情况幼儿会认真倾听成人的口头语言，同时也会对着书中的画面指指点点。同时这一阶段的幼儿说话积极性非常高，成人在与幼儿共同阅读时，应注意为幼儿提供良好的语言示范。成人也应创设条件，让幼儿学会独立阅读，要求他们边看边说图书或图片的内容。另外，成人要根据幼儿阅读情况适当添加购买阅读材料，以提高幼儿的阅读积极性。

4．充分利用多媒体资源，倾听文学作品，观看美术片或动画片

每天在固定的时间（如睡前、上午、下午的空闲时间）可让婴幼儿倾听优美动听、主题鲜明、短小精悍的故事或儿歌，这是婴幼儿学习文学语言的绝好时机。婴幼儿比较喜欢反复地听同一个故事，成人可以依据具体情况让婴幼儿复述故事中的部分内容（比如其中的一个词），以此提高他们的学习兴趣。

另外，随着信息时代的到来，社会进入了移动互联网时代，智能终端的普及使得知识的传播更加便捷。铺天盖地的信息扑面而来，已经渗透到人们的工作、学习、生活等领域。其中，人们接触比较多的是新兴的自媒体资源，如微信、短视频网站等。18个月以后的幼儿可

以开始接触电子资源，成人可以利用电视、电脑、iPad等，为幼儿挑选高质量的音频、视频资料，一方面让幼儿通过听歌曲、听故事、看图片、看动画片或美术片，增强信息量，扩展知识面；另一方面让幼儿在这些节目中接触到标准的语音语调，训练自己的听力，学习理解性语言，积累词汇和语法规则，学会连贯而流畅的表达。成人最好能跟幼儿一起观看，成人边看边给幼儿讲解，同时给幼儿提出小问题，让幼儿回答，弥补这些多媒体资源无法与幼儿互动的缺点，更好地培养幼儿对动态艺术的观察能力、符号转译能力、故事图式理解能力、追踪活动画面的艺术想象能力等。需要注意的是，幼儿接触视觉网络资源的时间一定要控制好，要适量。

第三节　2~3 岁幼儿的语言发展与教育

一、2~2.5岁幼儿的语言发展与教育

（一）2~2.5 岁幼儿语言发展的特点

2~2.5岁的幼儿在语言发展过程中表现出以下五个方面的特点。

1. 基本能理解成人所用的句子

在语言的发展中，幼儿在能够说出某种结构的句子之前，就已经能够理解这种句子的意义了。在此阶段，幼儿对词的理解能力迅速提高，幼儿能理解的词汇达到900多个，词义泛化、窄化和特化现象明显减少，对词义的理解也日益接近成人用词的含义；词的概括性程度进一步提高，对有些词（如蔬菜、水果、玩具等）已能理解为代表一类事物的词，能够主动说出他们熟悉的事物。但是对某些词汇，在理解上还具有直接性和表面性，理解起来比较困难。例如，成人对幼儿说“你笑得可真甜呀”，幼儿会问“比糖还甜吗”。他们无法理解词的隐喻和转义。整个学前时期，幼儿对词义的完全理解还是有困难的。

2. 语音逐渐稳定和规范，发不出的语音逐渐减少

随着幼儿发音器官逐渐成熟，在发音方面的困难日渐诚少，在良好的语音环境下，发音逐渐趋于准确。幼儿发出唇音已经没有困难，但对声母的正确发音率较低，主要是因为对一些方法还没有掌握，某一发音不会运用。这一阶段幼儿经常不能掌握某些声母的发音方法，会把“老师”说成“老司”，“姑姑”说成“嘟嘟”。但凡需要舌头参与的音，对幼儿来说存在不同程度的困难，例如，大多数幼儿对舌尖音，如“zh、ch、sh、r”等发音有困难，少数幼儿发舌根音也有困难，如g、k、h。此外，幼儿的发音还受方言的影响，如某地区的方言中“n”“l”发音不分，幼儿会把“刘”发声成“牛”，“牛奶”发声成“liulai”等。

拓展阅读 3-6

发音部位

发音部位在语音学上指的是辅音发音时，口腔或者咽腔中受到阻碍的位置。普通话辅音声母发音部位图如下：

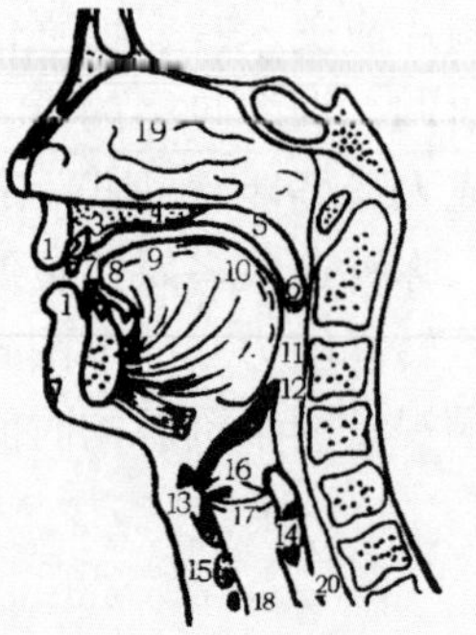

1. 上下唇 2. 上下齿 3. 齿龈 4. 硬腭
5. 软腭 6. 小舌 7. 舌尖 8. 舌叶
9. 舌面前部 10. 舌面后部 11. 咽腔
12. 会厌 13. 甲状软骨 14. 环状软骨（后板）
15. 环状软骨（前弓） 16. 假声带
17. 声带 18. 气管 19. 鼻腔 20. 食道

3. 能运用多种简单句型，复合句也初步发展

在婴幼儿所使用的句子中，简单句占90%左右，复合句占10%左右。简单句句型较多，主要有主谓结构和主谓补结构两种类型。婴幼儿使用的复合句大多是不完全复合句，是省略连词的简单句的组合。句子的含词量也在不断增多，但表达水平仍然不高，尚处在情境语言阶段，说话时大多用的是不连贯的短句，结构简单松散，辅以手势、动作和面部表情。这种情境性语言，不熟悉情况的人往往是难以理解的。

4. 疑问句逐渐增多

2岁左右是婴幼儿疑问句产生的阶段，2岁4个月以后则是婴幼儿疑问句的急速发展期。2岁出现反复问句（吗、呢、吧、什么等），Who（谁，2 岁出现），How（如何、怎么、2岁2个月出现），Where（什么地点，2岁3个月出现），What（什么，2岁3个月出现），When（什么时候，2岁4个月出现），Why（为什么，2岁4个月出现）。这5个“W”，1个“H”是婴幼儿疑问句的主要表现形式。

疑问句在幼儿发育成长的社会化过程中具有十分重要的作用。提问是幼儿与社会信息进行交换的主要途径。幼儿利用提问获取各种必需的信息；成人通过儿童对问题的回答来把握他们认知和语言的发展水平。从某种意义而言，幼儿能够提出什么样的问题和用什么样的方式提出问题，能够理解什么样的问题和理解用什么样的方式提出的问题，这都标志着幼儿的认知和语言发展到了何种水平。疑问句的出现还可以提高幼儿理解话语、搜索和重组知识经验、表述自我思想感情等诸多方面的能力。

拓展阅读 3-7

回答婴幼儿“为什么”的 4 个小妙招

随着婴幼儿年龄增长，生活经验不断丰富，问题越来越多。“为什么白天出来太阳，晚上出来月亮呀?”“为什么小狗用四条腿走路，我们用两条腿走路呀?”“小鸟为什么会飞?”“为什么我们用的水一开水龙头就有呢?”“为什么我们要住在有墙有窗户有门的房子里呢?”“星星为什么一闪一闪的?”“老虎和你，谁厉害?”……有些简单问题成人能及时回答，但有些问题却使成人猝不及防，不知如何回答，既怕打击婴幼儿的积极性和求知欲，更怕草草回答误导孩子。

爱因斯坦曾说过："我并没有什么特殊的才能，只不过是喜欢寻根问底地追究问题罢了。"简单的话语道出了创新的真谛：好奇心、问题意识和锲而不舍的探求。那么，面对"好奇"又"好问"的婴幼儿，该怎么办呢？

1. 保护和鼓励

对于婴幼儿无止境的提问，不要因为婴幼儿问得过多就觉得很烦，教师或家长消极的态度会扼杀他们学习的积极性，时间久了，婴幼儿会因为成人嫌烦的态度而不敢再提问题。成人应爱护和保护婴幼儿爱提问的天性。因为婴幼儿喜欢追问为什么，是他们进行独立思考的第一步。提出问题，就代表婴幼儿正在开动脑筋。如果成人能保持耐心、注重培养的话，对今后婴幼儿独立思考、学会解决问题会有很大帮助。

2. 适时引导

有的时候，婴幼儿反复提出同一个问题说明什么呢？说明成人的答案并没有解决他们的疑惑。当婴幼儿再次提出问题的时候，不妨反问婴幼儿"你认为呢""你觉得是这样吗"，启发婴幼儿把自己的想法说出来。有时候，婴幼儿提出问题时，心中已经有了答案。这个时候，成人的反问更能促进婴幼儿积极主动地思考，整合自己的想法。成人也可以引导婴幼儿，让他自己去寻找答案，这样有助于帮助婴幼儿养成良好的学习习惯，发挥其主观能动性。

3. 考虑到婴幼儿的认知水平

当婴幼儿问"为什么"的时候，成人尽量简单地来回答婴幼儿的问题，毕竟婴幼儿的认知是有限的，过于复杂的道理他们并不能听明白。比如，婴幼儿问"为什么花儿都在春天开？"，成人可以直接告诉婴幼儿是因为春天阳光更充足，春天是万物复苏的季节，不用长篇大论，婴幼儿有兴趣会接着问下去。不管婴幼儿提出的问题太小儿化还是与生活太远，成人都要认真对待，因为对婴幼儿来讲，那或许是在他的心中萦绕了很久、思考了很长时间都没有想明白的一个大问题。成人回答出来后，婴幼儿的认知就提高了一个台阶，就会去思考更深入的问题，而不是长久徘徊在老问题上。

4. 父母走下"神坛"

在生活中，婴幼儿经常会问"我是从哪里来的""鸟儿为什么会飞"等问题，这个时候父母既不能不答，也不能乱答，最直接、最简单的方法是借助网络和书籍用趣味性的科学故事告诉他。带着婴幼儿一起查找答案的过程，其实是在向婴幼儿传达一种求实好学的精神，也是在教婴幼儿一种学习方法，当这些潜移默化地渗透到婴幼儿头脑里的时候，就能够增强其探索的信心，婴幼儿也能够保持好奇心，继续其追问的"旅程"，逐渐学会科学地寻求答案。

5. 语言常常使用接尾策略

接尾策略是幼儿使用语言时常用的一种策略，即不管实际情况如何，只选用问句末尾的一些词语或选择问句的后一个选项来作答。例如，成人问："吃了没有？"（刚刚吃完饭），幼儿回答“没有”。成人问：“快收拾好玩具，跟妈妈出去玩，好不好?”幼儿听了立即站起来，丢掉玩具，一副要出去的样子，可听到的回答却是“不好”。这些答话与情景的不相符合以及前后回答的矛盾，就是幼儿的接尾策略在起作用。这一现象主要发生在1.5~2.5岁，3岁左右消失。

（二）2~2.5岁幼儿的语言教育

1. 通过多种感觉渠道，积累语言素材和经验

多看：要有计划地带领幼儿直接观察、直接接触外界物体，积累感性经验，在掌握语言后，渐渐地才有可能间接地去认识世界，还可以让婴幼儿通过看图片、看图书、看电视等获得现实的知识。只有有了丰富的生活内容和知识，婴幼儿才会拥有丰富多彩的语言。

多听：培养幼儿注意倾听，是发展他们口语的先决条件。婴幼儿学习语言，首先要学会听，能够听得准确、听得懂，才有条件正确地模仿。可以让幼儿听录音故事，听成人讲故事，邀请同伴进行简单交谈，互相倾听，听各种声音，如乐器的声音、自然界的声音（风声、雷声、雨声等）、动物的叫声、生活中的声音（起油锅的声音、打桩的声音、各种交通工具的鸣笛声等），听后让幼儿模仿、想象。

多闻：嗅觉是最原始的感觉。生活中，成人可以用动作示范要用鼻子“闻”，所有的气味都可以有意识地引导幼儿多关注。对于这个年龄段的幼儿，最好把气味和具体的事物联系起来，如花开的季节，可以带孩子到大自然中，在栀子花等芳香浓郁的鲜花前让孩子闻一闻，并用语言引导：“宝宝闻闻香不香?”买了榴莲也可以跟孩子说：“这个榴莲闻起来臭臭的，不过吃起来却是香香甜甜的。”

多尝：吃东西的时候也是引导孩子积累感觉经验和语言素材的良好机会。糖是甜的，药是苦的，山楂是酸的，辣椒是辣的，酱油是咸的等，都可以通过经验的积累成为幼儿语言表达的素材。

多触：婴幼儿的触觉主要表现在口腔触觉和手的触觉两个方面。触觉体验最早表现在口腔触觉上，如吸吮反射。而且婴幼儿的探索活动最初也是通过口腔触觉进行的，所以才会有拿起东西就往嘴里送的现象。手部的主动触觉探索活动大概发生在7个月左右，他们会用手去摆弄物体，而且动作都有视觉的伴随。成人可以在婴幼儿吃东西的时候，用语言提示他去感觉食物是软的还是硬的，热不热，凉不凉，脆不脆等。在陪幼儿游戏的时候，成人可以示范表达触觉感受，如“水真凉呀”“小老虎（毛绒玩具）的身体真柔软”等。

2. 促使幼儿多说多练，帮助幼儿正确使用语言

成人应给幼儿创设说的环境，利用一切机会与幼儿交谈。成人要尽可能使交谈气氛轻松、自由，让幼儿说得无拘无束，这不仅有利于情感交流，也有利于帮助幼儿形成对事物的正确态度。同时，为了培养幼儿正确的发音、丰富幼儿的词汇、教会他们说话，成人也要懂得抓住时机让幼儿多练习，采用多种方法反复地练习。

在日常生活中，若成人发现幼儿说话中的问题，如发音不准、口吃或语病等，都要通过示范予以及时纠正，否则等养成不良习惯再纠正，就会事倍功半了。当幼儿说的句子过于简短时，成人可以扩充他们的句子；当幼儿表述不准确、不清楚时，成人一方面应耐心猜测他们所要表达的意思，另一方面也要用恰当的语词来解释其行为，用正确、清楚的词句示范讲述。

3. 鼓励幼儿与同伴之间的自发模仿与相互交谈

2岁以后的幼儿常常会出现同伴相互间的语言模仿。1.5岁的幼儿进早教活动中心时，除了哭叫以外，基本没有什么说话的声音，而2岁以后的幼儿则不同，他们午睡起床后会叽叽喳喳讲个不停。有的相互模仿，有的呼唤同伴，有的小声念儿歌，有的向教师寻求帮助，也有的向同伴或教师讲述某个问题，这些都表现出幼儿在集体活动和自由活动中说话的基本态度。教师

应该提倡和鼓励幼儿这种积极说话的态度。幼儿同伴间的自发模仿和相互交谈，不仅会带给他们许多乐趣，而且为他们提供了相互间语言交往和学习的机会。因为练习说话和练习其他技能一样，需要有许多自由实践的机会。

4．组织多种形式的语言教育活动

语言教育活动是指有目的、有计划、有组织地进行集体语言教育活动。设计这类教育活动的出发点是本班幼儿语言发展的一般水平，欲达到的语言发展目标是大多数幼儿力所能及的。语言教育活动的组织形式应是多种多样的，语言教育活动的主要类型有倾听、表述、欣赏文学作品、听说游戏、早期阅读等。

案例 3-6

早教机构幼儿语言游戏活动案例——逛超市

一、活动目标

让幼儿练习带有声母g、k、h的字音；鼓励幼儿大胆说话。

二、活动准备

准备“裤子”“卡车”“小鼓”“鸽子”“蝌蚪”“西瓜”“红花”“老虎”等玩教具。

三、活动过程

（一）创设情境，导入游戏

保教人员在活动前将活动区布置成超市的样子，将提前准备的“卡车”等多种玩教具放在“货架”上。保教人员需提前发给幼儿游戏纸币。保教人员扮演成售货员说：“欢迎各位小朋友们来到我的超市，我的超市里有好多东西呀，大家知道该怎样买东西吗?”

（二）讲解并示范游戏玩法和规则

小朋友带着钱来店里选购，看到想买的东西有礼貌地说：“阿姨，我想买小鼓。”声音一定要洪亮、正确。在幼儿清晰地表达了需求后，保教人员才可以“卖”给幼儿想买的东西。“买”到东西的小朋友要说：“谢谢阿姨，再见!”

保教人员要边讲解边示范，在示范“阿姨，我想买××”和“谢谢阿姨，再见”这两句话时一定要突出音量和清晰度，并告诉幼儿：“如果阿姨听不清楚，就无法把你喜欢的东西卖给你了。”一位小朋友买完东西了，再请另一位小朋友来买。

（三）正式开始游戏

1．保教人员引导游戏

保教人员继续充当售货员阿姨的角色，带领婴幼儿开始游戏。在游戏之初，幼儿对游戏的规则玩法没有完全熟悉的情况下，保教人员要有耐心，可以适当给予提示。游戏过程中，保教人员要注意观察幼儿对游戏规则和游戏玩法的掌握程度，并对幼儿声音太小或发音有误等情况进行纠正。

2．婴幼儿自主游戏

在幼儿熟悉游戏之后，保教人员可以视幼儿的能力情况，开展幼儿自主游戏。可由完成得较好的幼儿独立担任售货员的角色，或与保教人员一起担任。同时，还要注意个体指导，对胆怯的幼儿给予鼓励，保证参与活动的幼儿都可以洪亮、正确地发音。

（四）游戏小结

最后保教人员可以对幼儿在游戏中的表现进行评价，并带领所有幼儿一起说一说各自买到的东西，巩固发音。

二、2.5~3岁幼儿的语言发展与教育

（一）2.5~3 岁幼儿语言发展的特点

2.5~3岁的幼儿在语言发展过程中表现出以下四个方面的特点。

1. 词汇量迅速增加，对新词感兴趣

幼儿随着其好奇心、求知欲的发展而变得好问，对新词句表现出较大的兴趣。他们总喜欢问“这是什么”“为什么”这类的问题，从成人的答案中学到很多的新词。这一时期幼儿的语言发展特别迅速，词汇量急剧增加，几乎每天都在掌握新词，到3周岁的时候，幼儿掌握的词汇量是2周岁时的3倍多。也就是说，这一阶段仍然是幼儿新词涌现和不断使用的阶段。

幼儿开始更多地使用代词，其中最常用的是“我”和“我的”这两个代词，从而知道他们仍然是以自我为中心的。另外，幼儿逐渐喜欢听故事，能理解故事的简单情节，对文学语言也非常感兴趣，并且愿意模仿，如一个故事往往可以不厌其烦地听数遍；他们还喜欢朗通短小的儿歌。幼儿的这些新的兴趣和喜好，为他们学习知识、练习清楚地说话都提供了极为有利的条件。

2. 能说出完整的句子，出现多词句和复合句

此阶段的幼儿不仅词汇丰富了，而且说出来的句子也完整了，出现了多词句和复合句。他们能从成人所说的词语中推断出语言的规则，掌握语法和句子结构的基本要点。在口语表达方面，开始能用完整的句子与人交流，表达个人的要求和愿望，句子的含词量已达到5~6个单词。当幼儿能够说出比较完整的简单句时，就开始尝试着说复合句了。但是，该阶段的幼儿还不会把复合句用连接词恰当地连接起来。幼儿复合句的运用能力，是与简单句的运用能力平行发展起来的。在不断完善简单句的同时，其复合句的运用能力也在不断得到发展。

3. 说话不流畅，表达常有“破句现象”

这一阶段的幼儿经常会出现说话不流畅的现象，有时结结巴巴，有时一句话“破句现象”严重，显得气喘吁吁，往往在不该换气的地方换气，使人担心他是否口吃。实际上幼儿在这个阶段说话不流畅，不一定是语言上的缺陷。他们虽然学到了很多新词，但是要把这些新词有条理地组织成句子说出来，仍有一定困难。语言是思维的工具，此阶段的幼儿思维水平还比较低，说话跟不上思考，想表达的内容在脑子里不能立刻选出恰当的词汇或语句，但又急于表达，就会变得说话不连贯，看起来好像口吃一样。这是一个正常的、自然的现象，成人要正确看待这个现象。

4. 语言功能呈现出越来越丰富、准确的趋势

这一阶段的儿童已经能掌握语言系统和基本的语法规则，具有了一定的词汇量和语言运用技能，可以初步用词语来解释词语。同时，儿童的语感已经开始形成，能运用语言进行一般的日常语言交际（语言表达基本上是对话形式，自己创造性的语言独白非常少）。他们的言语已具有提问、回答、问候、告知、告状、争执、命令、请求等功能，呈现出越来越丰富、准确的趋势。

（二）2.5~3 岁幼儿的语言教育

1. 提供丰富的语言学习环境，丰富幼儿的语言经验

儿童语言获得是在一定的语言学习环境中进行的。语言学习环境一般可以分为四类：人文背景、学习情景、学习者的条件、教学条件。而幼儿语言学习环境最大的特点是“自主性”和“和谐性”。成人应当为他们创设一定的言语交际环境和机会，实际上言语交际是在一定的语言环境中进行的听说双方的互动行为。幼儿对语言的理解需要对言语交际的语言环境有一定的

认识，也就是幼儿言语交际和语言学习对语言环境有一定的信赖性，对于语言环境的信赖程度被称为“语境信赖度”。例如，“我们走”，走到哪里去？别人无法知道，可是交际双方之间的共知较多，就很容易明白一起到哪里去。幼儿的言语同成人相比，对语境信赖度明显要高。因此，幼儿语言的发展和训练，要在一定的语言环境中进行。

2. 在各种各样的游戏中发展幼儿的语言

游戏本身的活动性和广泛性符合儿童的身心特点，是儿童最喜欢的活动，所以成人采用游戏的方式可以较容易地把他们吸引到学习活动中来。家长或教师可以采用听说游戏活动来培养儿童倾听和表述的能力，可以专门组织练习听力、发音和用词的游戏，如“猜猜看”“词语接龙”等。通过游戏可帮助幼儿发展辨音能力和听觉注意，巩固和纠正发音，扩大和丰富词汇，培养他们语言交往的机智性和灵活性。

3. 组织幼儿进行谈话活动

谈话可以是幼儿学习在一定范围内用语言与人进行交流的活动。谈话常常围绕一个中心话题，运用已有经验，宽松自由地在一起交谈。话题常常是交谈的中心和主线。这一阶段幼儿的语言表达方式主要是对白语言，其独白语言发展较慢，尚不能独立叙述一件事情的过程，而交谈往往采用的是对白语言。所以组织谈话活动是幼儿语言发展的较好方式。成人可以和幼儿随机地进行日常谈话，也可以有目的、有计划地组织集体谈话活动。

4. 欣赏文学作品

文学作品是促进婴幼儿语言发展的重要手段。它可以让婴幼儿学习文学语言，丰富婴幼儿的词汇，提高婴幼儿的倾听能力。儿歌、故事一类儿童文学作品，用的都是经过作家提炼加工的文学语言，具有生动、形象、富有节奏感等特点，易于被孩子理解和接受。文学语言的早期输入，对提高婴幼儿对艺术的兴趣和敏感性，激发早期的“创作欲”，萌发艺术思维都具有积极的作用。

需要注意的是，在这一阶段对文学作品的欣赏应注重反复感受语言的美。俄国儿童文学奠基人别林斯基曾经说过：“儿童文学正面的、直接的影响，都应当集中于儿童的感性，而不应当集中于他们的理性。”也就是说，要反复地让婴幼儿欣赏感受儿童文学作品中美的语言、美的情节、美好的主题、美好的生活。婴幼儿往往很喜欢反复听同一个故事，百听不厌，正基于此。

5. 开展早期阅读活动

在家庭中，家长可在亲密氛围下开展亲子阅读，这将有利于家长根据幼儿的具体情况因材施教，强化他们对图画和文字的感受，培养其对书面语言的兴趣。这一阶段是幼儿形成良好阅读习惯的关键期。他们会正确翻书，会关注书中的细节，会进行简单的复述，能理解情节较为简单的故事。因此，在阅读中家长与幼儿可以就阅读内容展开有效的交流。需要注意的是，在阅读中家长与孩子的地位是平等的，应给予幼儿鼓励和积极回应，并通过幼儿在阅读中的言语表情和行为表现来判断幼儿对阅读内容的理解程度。在阅读方式上，家长应选取多样化的阅读方法，并根据幼儿的反应及时调整，提高幼儿的阅读理解力和阅读兴趣。家长可以固定每天的阅读时间，让阅读成为一种习惯。

在早教机构中，教师可开展有目的、有计划、有组织的早期集体阅读活动，帮助幼儿分享集体阅读的快乐，提高幼儿参与阅读的积极性，以获得最佳的阅读效果。在科学的早期集体阅读活动中，教师应尊重不同幼儿发展的差异性，在关注师幼互动、亲子互动、同伴互动的前提下，通过联系幼儿的已有经验或提供不同的情景支持激发幼儿阅读兴趣，采取适宜的阅读指导，增加集体阅读的丰富性和多样性，让每一位幼儿真正受益于阅读。

本章小结

儿童的语言发展既是一个连续的、有顺序的、有规律的过程，也是一个不断从量变到质变的过程。3岁前婴幼儿语言的发展可以划分为既有质的差异又有相互关联且时有交叉的三个阶段：前言语阶段；言语发生阶段；基本掌握口语阶段。

0~1岁是婴儿语言发生的准备阶段，又称为前言语阶段。这一时期主要包括新生儿期、简单音节阶段（1~3个月）、连续音节阶段（4~9个月）、学话萌芽阶段（10~12个月）。1~2岁是幼儿言语的发生阶段。这一时期主要包括单词句阶段（1~1.5岁）和双词句阶段（1.5~2岁）。2~3岁是幼儿基本掌握口语阶段。这一时期主要包括初步掌握口语阶段（2~2.5岁）和目标口语初步发展阶段（2.5~3岁）。

以上每个阶段都有针对性的语言教育策略。对于不同儿童个体而言，每个阶段发展的早晚既有普遍性又有差异性，因此在实施语言教育时要注意因材施教。

关键术语

简单音节阶段　连续音节阶段　小儿语　动作配合法　实物配合法　“平行式”阅读　点读法　学话萌芽阶段　单词句阶段　以音代物　双词句阶段　初步掌握口语阶段　接尾策略　目标口语初步发展阶段　破句现象

讨论与思考

1. 新生儿的语言教育规律和语言教育策略有哪些？
2. 1~3个月婴儿的语言发展有哪些规律？如何进行语言教育？
3. 试论述培养4~9个月婴儿的语言发展策略，并举例说明。
4. 请设计一个适合10~12个月婴儿家庭开展的亲子语言游戏。
5. 试论述1~2岁幼儿语言发展的阶段及特点。
6. 试论述培养1~2岁幼儿的语言发展策略，并举例说明。
7. 请设计两个适合1~2岁幼儿家庭开展的亲子语言游戏。
8. 试论述2~3岁幼儿语言发展的阶段及特点。
9. 试论述培养2~3岁幼儿的语言发展策略，并举例说明。
10. 请设计两个适合2~3岁幼儿家庭开展的亲子语言游戏。

建议的活动

1. 早期阅读是促进婴幼儿语言发展的重要途径之一，结合婴幼儿语言发展的阶段及特点，查找适合1~2岁和2~3岁幼儿的早期阅读材料，并与大家分享交流。
2. 走访早期教育指导机构或者婴幼儿家庭，通过观察，记录两名0~3岁婴幼儿的语言发展特点实例，并与大家分享交流。
3. 20个月大的欣欣最爱说的一个字就是“不”，这也是爸爸妈妈最不喜欢听她说的话，因为他们不管问欣欣什么，她都会回答“不”。爸爸妈妈甚至开始怀疑欣欣的智力有问题，听到欣欣说这个字，总是很生气地说：“你难道就不能说点别的吗？”他们虽然这样说，欣欣还是只回答“不”。请结合所学探讨欣欣喜欢说“不”的原因，并给出教养建议。

第四章 幼儿园语言教育的目标、内容、方法和途径

学习目标

1. 了解幼儿园语言教育的目标制定的依据。
2. 理解幼儿园语言教育的目标，初步制定出规范的语言教育活动目标。
3. 了解幼儿园语言教育内容选择的依据。
4. 理解幼儿园语言教育的内容。
5. 掌握幼儿园语言教育的方法和途径。

导入案例

有一天，小A老师在给幼儿讲完故事《老爷爷的帽子》后，要求幼儿逐句背诵故事内容。有很多幼儿没能流畅背诵，小A老师就在家长群中布置了任务，请家长在当天放学后指导幼儿背诵故事。第二天，全班幼儿都能将故事完整背诵下来，小A老师很高兴，在与同事交流此事时表示自己班的幼儿语言能力发展得都很好。

你认同小A老师的做法吗？幼儿语言发展到底要达成什么目标？幼儿园的语言教育应该选择什么内容？以什么方法和途径开展语言教育呢？

第一节　幼儿园语言教育的目标与内容

《幼儿园工作规程》总则第三条提出："贯彻国家的教育方针，按照保育与教育相结合的原则，遵循幼儿身心发展特点和规律，实施德、智、体、美等方面全面发展的教育，促进幼儿身心和谐发展。幼儿园同时面向幼儿家长提供科学育儿指导。"具体到语言领域，教育者必须明确幼儿园语言教育的终期目标。为便于针对学前各年龄阶段儿童的特点施以相应的语言教育，教育者还有必要确立年龄阶段目标。当教师依据年龄阶段目标选定语言教育内容、确定语言教育活动时，教师还需要就本次具体教育活动设计语言教育活动目标，以指导自己有目的、有计划地组织实施整个活动过程，使每个儿童通过每次语言教育活动都能有所收获、有所发展。

一、幼儿园语言教育的目标

幼儿园语言教育的目标，是根据幼儿园保育和教育的总体要求确定的，它是学前儿童教育总目标的重要组成部分。任何教育目标的制定都不是凭空产生的，都需要有一定的客观依据。

（一）幼儿园语言教育目标制定的依据

幼儿园语言教育目标是根据幼儿园保育和教育的总体要求确定的，它是幼儿园教育总目标的重要组成部分。任何教育目标的确定都必须有一定的客观依据。我国幼儿园语言教育目标制定的依据如下。

1．依据社会发展对人才培养的需要与要求

教育的本质就是教育者对受教育者实施有目的、有计划、有系统的影响，以便把受教育者培养成为社会所需要的人。每个社会都有其对社会成员的基本要求，这一要求必然反映在对人的教育中。在我国现有的条件下，语言教育目标的制定应该反映中国当前社会主义社会在现阶段的价值观念和价值取向。必须充分认识到语言是幼儿全面发展、不可缺少的组成部分，也是体现幼儿发展水平的一项重要指标。中华民族几千年的优秀文化传统需要从幼儿园教育阶段就开始传承，通过语言教育来传承优秀文化无疑是一条正确之路。语言教育目标应适应我国生产

力发展水平对人才培养的要求，近年来，我国的科学技术和生产力取得了快速的发展，对教育培养的人才也提出了更高的要求，要求教育所培养的人才不仅仅能掌握现代科学技术，具有良好的品德和心理素质，还要具备良好的交往能力、口语表达能力和语言表述能力。语言作为一种交际工具、思维工具和学习工具，其作用显得越来越重要，成为高素质、高效率的现代人才不可缺少的基本能力。教育目标还需要具有一定的针对性和前瞻性。幼儿园教育是基础教育的重要组成部分，是我国学校教育和终身教育的奠基阶段。因此语言教育目标的制定必须要考虑未来社会对人才的需要。幼儿园语言教育目标的制定还需要有一定的前瞻性，因为今天的幼儿是祖国未来的栋梁之材。所以，教育要为幼儿终身发展打下良好的基础。

2. 依据幼儿语言发展的特点与规律

教育的对象是人，教育目标的制定必须充分考虑到人的因素，幼儿园的身心发展规律，尤其是他们语言发展的特点和规律是语言教育目标制定的依据之一。教育的基本职能是促进教育对象的身心发展。因此语言教育目标的制定必须时刻关注教育对象的兴趣爱好与情感需要、认知与思维发展、社会化和个性养成等。这就要求教育工作者必须充分尊重幼儿身心发展的规律，这样社会的要求才能在幼儿身上得到较好的实现。语言发展的研究成果已经为教育工作者提供了各种信息，能够帮助教育工作者理解不同时期幼儿身心发展的特点和需要、幼儿的行为表现和原因、幼儿的兴趣和幼儿发展的普遍性特征以及个体差异。了解和掌握有关幼儿语言发展的进程、特点和机制等，可以使教育工作者在制定幼儿园语言教育目标时，根据幼儿的实际情况来确立促进他们语言发展的方向。

儿童的发展是整体发展的过程，包括身体的、社会的、情感的、认知的、品德的等多个方面，每个方面的发展都不是一个独立的，而是相互影响、相互促进的整合性发展过程。在进行语言教育的过程中，除了考虑语言方面的发展，还应考虑儿童其他方面的发展，所提出的教育目标应是全面的、综合性的，应包括情感态度、认知经验、能力技能等多方面的教育要求。儿童的发展具有明显的年龄特点和个体差异。儿童的认知不仅与成人有着质的差别，而且不同年龄阶段的儿童认知结构也不完全一样，每一年龄阶段都有其独特的认知结构，表现出与前后各阶段不同的认知能力。而同一年龄阶段的儿童，由于遗传、社会生活条件、早期学习经验等方面的不同，各个儿童在发展水平、发展速度、认知结构和学习风格等方面也都存在着很大的差异。因此教育者要针对不同年龄阶段的儿童提出不同的语言教育目标。同时还应针对儿童的实际发展水平和个体差异提出适宜的语言教育目标，以促进其在原有水平获得更好的发展。

3. 依据语言领域自身的性质与特点

语言领域有其独特的教育功能和价值，幼儿学习语言也有其特殊的规律。因此，教育工作者在制定幼儿园语言教育目标时必须充分考虑语言的领域特质及其对幼儿学习语言的教育价值。尊重幼儿语言学习的心理特点，制定符合幼儿语言学习特点的、适宜的教育目标。

语言既是儿童学习的对象又是儿童学习其他内容的工具，儿童语言是在个体与环境的相互作用中，尤其是在语言交流中获得和发展的。一方面语言是人类思维的工具，是交际的工具；另一方面它又承载了一定的思想和文化，而交际使语言的工具性和文化性有机地融合在一起。语言的本质是交际，通过语言交际来培养儿童的语言综合运用能力则成为幼儿园语言教育的根本目标。应该明确幼儿园语言知识的传授不是语言教育的根本目标，而儿童语言运用能力的发展才是根本目标。应注意语言教育目标的整体性，除了包括语言知识的学习、语言技能的训练外，还应关注儿童情感态度、学习策略以及文化意识等方面的综合发展。

只有遵循社会发展的要求以及儿童语言发展的特点与规律，并充分考虑语言教育的学科特性，才能保证制定出最科学有效的语言教育目标，从而促进儿童身心健康、全面的发展。我国幼儿园语言教育的实践已经证明，只有根据社会要求、幼儿语言发展与学习的规律以及语言的领域性质等制定教育目标，才能使这种教育真正成为有的放矢、有价值意义的教育。

二、幼儿园语言教育目标的结构

教育目标总是具有一定的可供分析的结构。幼儿园语言教育目标具有与其他领域一样的一般层次结构，主要包括幼儿园语言教育总目标、年龄阶段目标和具体活动目标三个层次。

（一）幼儿园语言教育总目标

幼儿园语言教育总目标也称作幼儿语言教育的终期目标，属于第一个层次的目标。它是语言教育所期望的最终结果，也是幼儿园语言教育任务要求的总和。幼儿园语言教育的总目标是幼儿园教育总目标在语言领域的具体化，它指出了幼儿园语言教育所要达到的预期效果，是实施幼儿园语言教育的方向和准则。幼儿园语言教育目标在幼儿园教育总目标中具有其独特而重要的地位。

1.《纲要》中语言领域的总目标

2001年7月颁发的《纲要》中，幼儿园语言教育总目标主要有以下内容：

①乐意与人交谈，讲话礼貌；②注意倾听对方讲话，能理解日常用语；③能清楚地说出自己想说的事；④喜欢听故事、看图书；⑤能听懂和会说普通话。

从以上总目标的表述中可以看出，总目标共有五条。第一条目标侧重于交往态度的培养；第二条目标侧重于语言理解能力的培养；第三条目标侧重于语言表达能力的培养；第四条目标侧重于早期阅读能力的培养；第五条目标侧重于表达与理解能力的培养。这些目标的实质是促进孩子语言素质的养成，强调语言教育过程中重视语言交际的功能，重视幼儿在使用语言的过程中学习语言。

拓展阅读 4-1

《纲要》中“语言”领域的教育目标分析

为了帮助教师更好地理解上述五个语言目标的具体含义，《纲要》在“内容与要求”中对五个语言教育目标的具体表现进行了更详细的解释。

1.“乐意与人谈话，讲话礼貌” 这一目标具体表现为“与教师、同伴或其他人交谈，体验语言交流的乐趣，学习使用适当的、礼貌的语言交往”。“乐意”主要表现为两个方面：一是要有语言交流的兴趣，幼儿要愿意进行语言交流，并觉得语言交流有乐趣；二是主动性，语言教育要激发幼儿与人交往和谈话的主动性。“他人”主要包括两类：一是同伴、教师、亲属等熟悉的人；二是陌生人，儿童不仅应能跟熟悉的人交流，还要学习如何与陌生人交谈。“讲话礼貌”也主要表现为两个方面：一是会使用礼貌用语；二是获得语言运用能力，在交流中能根据对象和情景，选用适当的词汇、声调、语气和表情等。

2.“注意倾听对方讲话，能理解日常用语” 这一目标具体表现为“养成幼儿注意倾听的习惯，发展语言理解能力”。“倾听”主要表现为两个方面：一是要有倾听的习惯，别人说话的时候会通过表情、姿态、语言等予以积极关注；二是要有听懂的能力，要能听懂他人话语的意思，抓住他人话语中的关键信息，理解他人话语中的多重含义。

3. “能清楚地说出自己想说的事” 这一目标具体表现为“大胆、清楚地表达自己的想法和感受，尝试说明、描述简单的事物或过程”。这个目标对“说出”的要求是“大胆、清楚”，要求幼儿掌握两种表达技能：“说明”和“描述”，在“自己想说的事”这一表达内容上，主要包括两个：一是“自己的想法和感受”；二是“简单的事物或过程”。因此这个目标主要聚焦在儿童的讲述能力上，要求发展幼儿的叙事性讲述或说明性讲述能力。

4. “喜欢听故事、看图书” 这一目标具体分解为三个子目标：①对优秀文学作品的感受、体验和理解，表现为能感受优秀文学作品中语言的丰富和优美，对文学作品有深入的体验与理解；②“前识字技能”，表现为“对生活中常见的简单标记和文字符号有兴趣”；③“前阅读和前书写技能”，主要表现为对“书籍、阅读和书写的兴趣”，喜欢阅读图书，并通过绘画等多种形式表达自己的想法和感受。

5. “能听懂和会说普通话” 这一目标具体表现为“熟悉、听懂并学说普通话”，对于少数民族地区的儿童来说，除了能听懂和学说普通话外，还要学习和掌握本民族的语言。

从对《纲要》中所规定的“语言”领域的教育目标及其表现的分析可以发现，《纲要》强调幼儿听说读写四种语言能力的培养，重视幼儿语言学习品质（如乐意、喜欢、大胆、主动等）的形成和培养，在语言内容上关注幼儿的生活、幼儿自身的想法和感受，同时也关注优秀文学作品在幼儿语言学习和发展中的作用；同时，《纲要》比较明确地提出“早期阅读”的三种成分：“前阅读”“前书写”和“前识字”，推动了21世纪以来我国幼儿园教育中图画书的阅读与教学应用。

（资料来源：刘宝根. 幼儿园语言教育与活动指导［M］. 上海：上海华东师范大学出版社，2014.）

2.《指南》中的语言领域的总目标

教育部于2012年9月颁布了《指南》。《指南》中有关语言领域的学习与发展目标是对《纲要》中语言领域目标的重申和发展。《指南》将幼儿语言学习与发展的目标分为两个范畴，共6个目标（图4–1）。

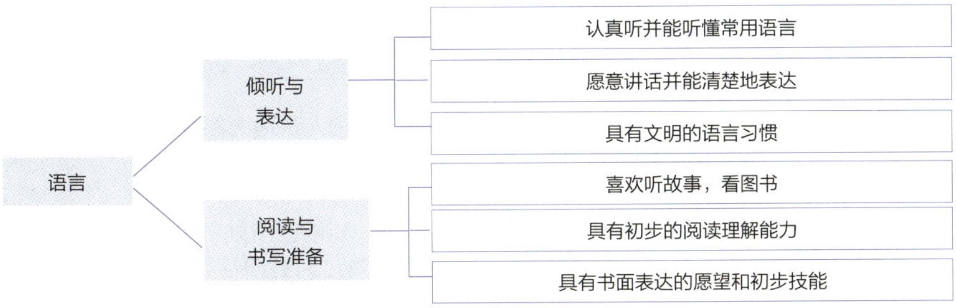

图4–1 《指南》中幼儿语言领域的学习与发展目标

（二）幼儿园语言教育的年龄阶段目标

幼儿园语言教育的年龄阶段目标属于第二个层次的目标，它是幼儿园语言教育总目标在各年龄段上的具体体现，也就是对幼儿园各年龄班儿童语言发展提出的具体要求。每一个年龄阶段的具体目标都建立在上一个阶段语言发展的基础上，并对这个阶段的儿童具有一定的挑战意义，使儿童在经过语言学习后能更上一层楼。

无论是《指南》还是《纲要》，其总目标都是对幼儿在经历了幼儿园教育之后所应达到的语言能力状态的期望，这种期望的实现需要分解到各个年龄段中，随着年龄的增长以阶梯式的方式来实现，因此，除了要了解幼儿园语言教育的总目标，还需要把握不同年龄阶段儿童语言教育的阶段目标。《指南》分三个年龄段在六个目标上列举了对幼儿语言学习和发展的期望，这些期望可以在教育实践中转化为幼儿园语言教育的年龄阶段目标，如表4–1至表4–6所示。

表4-1 “认真听并能听懂常用语言”的年龄阶段目标

3~4岁	4~5岁	5~6岁
1. 别人对自己说话时能注意听并做出回应 2. 能听懂日常会话	1. 在群体中能有意识地听与自己有关的信息 2. 能结合情境感受到不同语气、语调所表达的不同意思 3. 方言地区和少数民族幼儿能基本听懂普通话	1. 在集体中能注意听老师或其他人讲话 2. 听不懂或有疑问时能主动提问 3. 能结合情境理解一些表示因果、假设等相对复杂的句子

表4-2 “愿意讲话并能清楚地表达”的年龄阶段目标

3~4岁	4~5岁	5~6岁
1. 愿意在熟悉的人面前说话，能大方地与人打招呼 2. 基本会说本民族或本地区的语言 3. 愿意表达自己的需要和想法，必要时能配以手势动作 4. 能口齿清楚地唱儿歌、童谣或复述简短的故事	1. 愿意与他人交谈，喜欢谈论自己感兴趣的话题 2. 会说本民族或本地区的语言，基本会说普通话。少数民族聚居地区幼儿会用普通话进行日常会话 3. 能基本完整地讲述自己的所见所闻和经历的事情 4. 讲述比较连贯	1. 愿意与他人讨论问题，敢在众人面前说话 2. 会说本民族或本地区的语言和普通话，发音正确、清晰。少数民族聚居地区幼儿基本会说普通话 3. 能有序、连贯、清楚地讲述一件事情 4. 讲述时能使用常见的形容词、同义词等，语言比较生动

表4-3 “具有文明的语言习惯”的年龄阶段目标

3~4岁	4~5岁	5~6岁
1. 与别人讲话时知道眼睛要看着对方 2. 说话自然，声音大小适中 3. 能在成人的提醒下使用恰当的礼貌用语	1. 别人对自己讲话时能回应 2. 能根据场合调节自己说话声音的大小 3. 能主动使用礼貌用语，不说脏话、粗话	1. 别人讲话时能积极主动地回应 2. 能根据谈话对象和需要，调整说话的语气 3. 懂得按次序轮流讲话，不随意打断别人 4. 能依据所处情境使用恰当的语言。如在别人难过时会用恰当的语言表示安慰

表4-4 “喜欢听故事，看图书”的年龄阶段目标

3~4岁	4~5岁	5~6岁
1. 主动要求成人讲故事、读图书 2. 喜欢跟读韵律感强的儿歌、童谣 3. 爱护图书，不乱撕、乱扔	1. 反复看自己喜欢的图书 2. 喜欢把听过的故事或看过的图书讲给别人听 3. 对生活中常见的标识、符号感兴趣，知道它们表示一定的意义	1. 能专注地阅读图书 2. 喜欢与他人一起谈论图书和故事的有关内容 3. 对图书和生活情境中的文字符号感兴趣，知道文字表示一定的意义

表4-5 “具有初步的阅读理解能力”的年龄阶段目标

3~4岁	4~5岁	5~6岁
1. 能听懂短小的儿歌或故事 2. 会看画面，能根据画面说出图中有什么，发生了什么事等 3. 能理解图书上的文字是和画面对应的，是用来表达画面意义的	1. 能大体讲出所听故事的主要内容 2. 能根据连续画面提供的信息，大致说出故事的情节 3. 能随着作品的展开产生喜悦、担忧等相应的情绪反应，体会作品所表达的情绪情感	1. 能说出所阅读的幼儿文学作品的主要内容 2. 能根据故事的部分情节或图书画面的线索猜想故事情节的发展，或续编、创编故事 3. 对看过的图书、听过的故事能说出自己的看法 4. 能初步感受文学语言的美

表4-6 “具有书面表达的愿望和初步技能”的年龄阶段目标

3~4岁	4~5岁	5~6岁
喜欢用涂涂画画表达一定的意思	1. 愿意用图画和符号表达自己的愿望和想法 2. 在成人提醒下，写写画画时姿势正确	1. 愿意用图画和符号表现事物或故事 2. 会正确书写自己的名字 3. 写、画时姿势正确

（三）幼儿园语言教育具体活动目标

幼儿园语言教育活动目标又称为具体活动目标，属于第三个层次的目标，它是指在某一具体的教育活动中要达到的目的。具体活动目标一般由教师自己制定，是指在某一具体的语言教育活动中要达到的目标，或者是在一个主题教育系列活动中要达到的目标。

语言教育活动设计中为了能准确理解和把握教育活动目标，需要对具体的教育活动目标进行分析厘定。无论哪一种活动，都含有一定的要求并通过教师的活动计划和活动组织实施得以体现。具体活动目标与语言教育总目标、年龄阶段目标是保持一致的，是对语言教育总目标和年龄阶段目标的细化和分解，具有更强的可操作性。幼儿园语言教育的总目标正是通过每一个具体活动目标的实现而达成的。

拓展阅读 4-2

语言教育活动目标的表述要求

幼儿园语言教育活动目标是通过本次教育活动所期待幼儿获得的语言发展，所以，应根据幼儿的年龄特点、原有语言水平和能力、语言教育活动的内容和性质来确定具体的活动目标。在教育实践中，编写、表述教育活动目标应把握以下基本要求。

（1）表述时要从幼儿的角度出发

教育活动目标不应陈述“教师应该做什么”，因为教育活动目标预期的是幼儿的学习结果，用“教师应该做什么”的语句陈述，在逻辑上是讲不通的；再者，如果教育活动目标陈述的是“教师应该做什么”，如“教育幼儿对故事活动发生浓厚的兴趣”，那么教师“教育”过了，他的目标就达到了，至于幼儿的情感是否发生了变化，能不能经得起测量和检查，是不需要回答的。活动的主体是幼儿，在表述时一定要突出幼儿的主体地位。例如，从教师角度表述听说游戏活动的目标为“培养幼儿按照游戏规则说话的能力”，不如从幼儿角度表述为“能够按照游戏规则进行问答”更加贴切。

（2）语言教育活动目标应包含三个方面

首先是情感、态度的培养，包括兴趣、态度、价值观等方面的变化。例如，专注地倾听别人说话，愿意在集体面前讲述图片。其次是能力的培养，包括组词成句的能力和在具体语境中运用语言的能力等。例如，能用准确连贯的语言表达图片内容，掌握复述故事的方法。最后是认知能力的培养，包括所获语言知识的数量、种类，以及获得这些知识的技能和能力。例如，掌握什么词汇、句式，懂得在什么样的语境中运用这些词汇、句式。这三个方面的目标，并非每次活动都要平均兼顾，在具体活动方案中只需将该活动的主要方面的目标表述出来，次要的或隐性的目标在活动组织中予以重视即可。

（3）表述时要具体、明确，具有可操作性

活动目标是对幼儿获得的学习结果的预期，所以在表述时应尽量避免使用含糊的和不切实际的、大而空的语言表述语言活动目标。因为语言活动目标是以具体明确的表述方式说明幼儿完成学习任务以后要达到的“目的地”，如果不能清楚地表达幼儿要达到的目的地，那么幼儿很可能会抵达另一个地点，甚至走错方向。目标不明确，对确定教育活动内容、对教育活动过程与教育活动策略的安排以及对学习结果的评价都是不利的。

（4）表述时要清晰、准确、可检测，不能用活动过程或方法来取代

一个完整的目标表述包括行为、条件、标准等，其中的核心要素是行为的表述。有些教师在编写活动目标时有一种现象，就是用活动的过程或方法手段去代替行为的结果，混淆了它们之间的区别。

（5）表述时要通过多种活动实现一个目标，一个活动要指向多种目标

教育活动目标与相应的活动内容并不是一一对应的关系，换句话说，并不是一项活动只达到某一个目标，一个活动目标仅仅只能通过某一个活动来完成。幼儿园教育活动具有综合性和整体性等特点，所以，在确定教育活动目标时，教师应善于统整各个教育活动，围绕一个目标，协调各种活动为之服务，同时还应最大限度地发挥某一活动的教育功效，使得一项活动能实现多方面的教育任务。

（6）表述时应反映学习结果的层次性

语言教育活动目标的认知方面一般反映记忆、理解、运用三个层次，文学活动目

标一般反映感受、理解、体验、创造四个层次，不能把教育活动目标都笼统地陈述为“掌握……”，因为这样的教育活动目标不够具体，在教育活动过程中就不易操作。

（资料来源：胡仙鸽. 幼儿园语言教育活动设计与指导［M］. 北京：北京师范大学出版社，2016.）

三、幼儿园语言教育的内容

幼儿园语言教育的内容是实现语言教育目标的手段，是幼儿教师设计和实施语言教育活动的主要依据。《纲要》中指出：“教育活动内容的选择既要符合幼儿的兴趣和现有经验，又要有一定的挑战；既要贴近幼儿的生活，又要有助于拓展幼儿的经验。”因此，幼儿园语言教育的内容是从幼儿的实际出发，选择贴近幼儿生活的语言学习素材。

（一）确定幼儿园语言教育内容的依据

1. 依据幼儿园语言教育目标

幼儿园语言教育目标是培养幼儿的语言能力，也就是幼儿对语言的理解能力和表达能力。幼儿的语言理解能力和表达能力是有机融为一体的，这就要求教师在选择语言教育内容时，应全面分析语言教育的目标，并依据语言教育的目标科学选取语言教育的内容，并在教育过程中把这些语言教育的要素有机融合在一起。根据语言教育目标确定教育内容，就是把教育目标中的各级、各类、各方面的要求转化为幼儿学习语言的内容，使幼儿通过多种途径的学习获得语言经验。一个目标要通过多种内容来达到，而一个活动内容可能同时贯彻几个目标的要求。

2. 依据幼儿语言发展的特点

幼儿的语言学习是不断获得语言经验的过程，语言教育活动应为幼儿提供获得各种新的语言经验的机会。儿童时期语言的发展正经历从非语言交际向口语交际转换、从口语交际向学习书面语转换的过程，这两个转换过程是相互交叉的。在非语言交际向口语交际转换的过程中，儿童需要学习听说轮换、及时反馈；对词语的理解和应用；构词成句、表达意思三个方面的内容。在运用口语交际向学习书面语言转换的过程中，儿童需要学习口头语言与书面语言之间关系的内容。因此，在选择语言教育内容时，既要考虑非语言交际、口语交际和学习书面语各自的特点，又要考虑它们之间的交叉融合。

3. 依据不同活动领域的特点

幼儿是通过多种多样的活动进行学习而得到发展的。健康、科学、艺术、社会这四大领域的活动离不开语言的因素。教师需要运用不同的语言对幼儿进行各种活动的指导，幼儿需要根据不同的指导语进行活动。严格划清语言教育和其他活动领域的界限，孤立地开展语言，儿童获得的语言也会是僵化的、孤立的、缺乏生命力的。因此，教师应该打破学科领域的界限，深入研究各活动领域的特点，将语言教育内容有机地渗透其中，使幼儿潜移默化地获取语言经验，提高其语言能力。

（二）幼儿园语言教育的具体内容

1. 专门的语言教育内容

专门的语言教育内容，是为幼儿提供运用语言进行充分互动的环境，使他们有机会对在日常生活中获得的零碎语言经验进行提炼和深化，达到对语言规则的理解和有意识地运用。专门的语言教育内容分别蕴含在谈话活动、讲述活动、听说游戏、文学作品学习活动和早期阅读中。

（1）谈话活动

谈话是指两个或两个以上的人就某一主题进行交谈，包括个别交谈和集体交谈。谈话是人们运用语言的常见方式，也是幼儿交流能力发展的重要途径。谈话活动创设的是日常口语交往情景，要求幼儿调动自己已有的经验，围绕一定的话题，倾听他人的意见，表达自己的想法。幼儿园的谈话活动是一种有目的、有计划地组织幼儿学习的语言教育活动。谈话活动主要培养幼儿运用口头语言与他人交际的意识、情感和能力。

（2）讲述活动

讲述是幼儿独白言语的形式之一，主要是指运用完整的句子、连贯的语言，围绕一个主题描述事物、表达思想。讲述与谈话不同，谈话是对话语言，而讲述是独白语言，需要讲述者能够自己组织讲述内容，独立完成讲述过程。要使幼儿的语言能力有较大提高，必须根据幼儿的年龄特点，选择多种讲述内容。讲述活动主要为幼儿创设正式的口语表达情景，使幼儿有机会在集体面前表达自己对某一图片、实物或者情景的认识、看法等，学习表述的方法和技能。讲述活动主要培养幼儿认真倾听的习惯和完整、连贯、清楚的表述能力。

（3）听说游戏

听说游戏也称语言教学游戏，是一种由教师设计组织、以培养幼儿的倾听和表述能力为主要目标、用游戏的形式来实施的语言教育活动。听说游戏将游戏的形式和语言教育活动的内容以恰当的方式融为一体，为幼儿提供一种游戏情景，使幼儿在游戏中按一定规则练习口头语言。听说游戏主要培养幼儿在口语交往活动中的快速、机智、灵活的倾听和表达能力。

（4）文学作品学习活动

文学作品是幼儿语言学习与发展的重要载体，优秀的儿童文学作品能够帮助幼儿获得优美的语言，感受文学作品的意境，形成初步的文学素养。文学作品学习活动从某一具体文学作品入手，为幼儿提供一个全面语言学习的机会，使他们在感受、理解作品的过程中，欣赏和学习运用文学作品提供的有质量的语言。儿童文学作品主要包括儿歌、儿童诗、寓言、神话、童话、散文、谜语等。优秀的儿童文学作品展示的丰富的、优美的艺术语言和生动有趣的情节都是幼儿语言教育的重要内容。

（5）早期阅读

早期阅读是指幼儿对简单的文字、图画、标记等的阅读活动，其中包括知道图书和文字的重要性，愿意阅读图书和汉字，学习初步的阅读和书写的准备技能等。早期阅读利用图书、绘画，为幼儿创设一个书面语言环境，使幼儿有机会接触书面语言，了解语言的基本文化内涵。早期阅读是由口头语言向书面语言的过渡，通过早期阅读可以获得理解口语与文字之间关系的重要经验。按照《纲要》的内容要求，幼儿的早期阅读能力包括“前阅读”“前识字”“前书写”三种能力。

拓展阅读 4-3

“前识字”和“识字”的内容与目标比较

1. “前识字”和“识字”的内在联系与递进关系

幼儿的“前识字”经验与小学“识字”教学目标间具有内在联系并呈现出一定的递进关系。首先，两者都非常重视儿童对文字的兴趣，前者表现为对文字符号感兴趣，后者强调儿童具有主动识字的兴趣和习惯。其次，“前识字”中的“文字形式和结构意识”为后续的“构字规律”学习奠定了一定的感性经验基础，有利于儿童进一步学习汉字的偏旁和结构，并在掌握一定字音、字义和构字规律的基础上学习识字方法。最后，儿童从“前识字”阶段笼统地识别“汉字的细微差异”逐渐发展为“区分形近字”和“辨别相似笔画”，从而真正地识字。

与幼儿园相比，小学对儿童识字的要求逐渐提高。从具有文字意识，了解汉字的音、形、义具有对应关系真正转向将汉字的形、音、义对应起来；从具有文字再认的意识，发展到具有真正的文字再认能力，真正地识字；从对汉字形式、差异和结构具有一定的意识，向掌握一定的构字规律并学习基本的识字方法，进而能够自主识字发展；从“了解文字的产生和演变”这一具体内容向更深入地“了解汉字的文化内涵”发展。

2.“前识字”和“识字”存在一定的衔接错位和断裂

“前识字”和“识字”的内容和目标也存在一定的错位和断裂。一方面，部分“前识字”的经验要求高于一年级上册的识字内容和目标要求，表现为目标错位。例如，《学前儿童语言学习与发展核心经验》中提出的幼儿前识字经验包括“发展利用情景线索、语法线索、部件线索等汉字组成规律认识新字的策略”，但在小学一年级上册的识字内容和目标中，仅要求学生“借助图画，猜读不认识的字”，属于对情景线索的利用，而利用形声字的部件线索识字最早出现在一年级下册“青、清、请、晴”的“青”字族识字学习中。事实上，只有儿童的汉字积累达到一定的数量，他们才能识别出字理规律，因此，利用线索进行猜读需要以一定的识字量为基础。虽然儿童在幼儿园阶段已经可以在一定程度上识别汉字的结构和部件，但运用汉字的语法、部件线索来猜测和辨别汉字仍超越了他们的经验与能力。

另一方面，“前识字”和“识字”的内容和目标也存在一定的断裂，表现在幼儿园阶段缺少对幼儿字音学习经验的具体描述。字音学习是识字的重要组成部分，“前识字”虽然提及应让幼儿“理解文字与符号跟口头语言的对应关系”，但并未对幼儿字音学习经验进行具体描述。事实上，小学一年级学生对易混淆音节的辨析，平舌音和翘舌音、鼻音和边音的区分，认识多音字，读好轻声等内容均在幼儿园时期已有经验基础。例如，幼儿会发现，“李子同”和“彭梓涵”中都有一个“zi”，但两个字不一样；幼儿在做绕口令、顺口溜等语言游戏的过程中，也会积累易混淆字读音的经验。这些都为小学的字音学习奠定了重要的经验基础。可见，当前我国的“前识字”内容和目标表述并不完善，存在内容缺位现象。

（资料来源：刘晓晔，温伟，余珍有．幼小衔接如何双向协同？[J]．课程·教材·教法．2022(01)．92-95.）

2．渗透的语言教育内容

渗透的语言教育内容，就是充分利用幼儿的各种生活和学习经验，在真实的生活情境中为幼儿提供更加广泛的、多种多样的学习语言的机会，使幼儿可以更好地运用语言获得新的生活经验和其他方面的学习经验。

（1）渗透在日常生活中的语言教育内容

语言是日常生活中建立良好人际关系的工具，可以起到指导和调节人际关系的作用。日常生活中的语言交往，可以帮助幼儿学习在不同场合运用恰当的语言形式进行表述和交流，同时又将社会文化习俗的学习与语言的学习结合在一起。渗透在日常生活中的语言学习，主要是指教师充分利用各种生活环节给幼儿提供的自由宽松的环境，鼓励幼儿积极进行语言交流，增加练习听说和读的基本技能，养成对语言和文字的学习兴趣，得到语言和文学的熏陶。

（2）渗透在游戏活动中的语言教育内容

在游戏活动中，语言既是幼儿与同伴进行交往、合作、分享的工具，也是幼儿指导和调节自己选择游戏内容、游戏伙伴和游戏材料等行为的工具。游戏活动提供了幼儿与同伴随意交谈的机会，与同伴进行讨论与合作，共同开展游戏。幼儿还能结合游戏情节自言自语或进行恰当的人物对话。学习协商等语言方式，解决与同伴在游戏内容、游戏材料的选择以及游戏规则的制定过程中出现的矛盾冲突。

（3）渗透在其他领域活动中的语言教育内容

在其他领域的活动中，语言也是幼儿学习的工具，发挥着重要的作用。在参与其他领域活动时，语言能力的提升有利于幼儿正确感知和理解学习的内容，增强对学习内容的认知和表达能力。渗透在其他领域活动中的语言学习主要是指教师注重引导幼儿集中注意力倾听教师对各种学习内容的讲解和指导，理解学习的内容，学习运用语言指导观察和操作，并思考事物之间的相互关系，表达对观察到的事物或现象的认识和感受，理解语言与其他活动内容之间的相互关系，能用不同的符号来表征对认知内容和认知过程。

拓展阅读 4-4

在幼儿园日常生活中指导幼儿早期阅读的基本策略

1. 创设一个有实际意义的文字环境，引发主动读写的动机和目的

在日常生活中指导幼儿早期阅读的一个重点是，为儿童提供自在自由的、可爱有趣的、丰富多彩的早期阅读环境，让他们饶有兴趣地接触图书和文字，逐渐形成对文字的兴趣和阅读的动机，学习阅读的技能。一般认为，为幼儿创设的文字环境只是指在幼儿周围的重要事物上贴上一些说明性的文字标签。虽然这样的环境有利于儿童通过观察不同的文字符号了解文字的基本功能，并萌发自己使用文字的愿望，但是，这只是一种外部的物质环境，并不必然蕴涵幼儿早期阅读所需要的社会、心理、语言和认知的机能，如果环境中的文字幼儿不去经常使用，或不具有实用的功能，那么，这些文字只是一种幼儿难以理解的视觉符号，幼儿常常会忽视它们的存在。

有实际意义的文字环境应当与儿童的经验或当时的活动相关，如在娃娃家放置信件、账单、报纸，车票、家电使用说明书、食品包装纸或购物单等，在美工区放置工具分类目录、家具或摄影期刊、手工或拼图玩具的参考图等，在室外放置地图或标记说明、园艺手册、图标等，教师随机与幼儿一起阅读相关内容，也鼓励幼儿在自由活动时间里随机大胆地进行阅读和使用，使幼儿园成为一个小社会，使幼儿在各区的活动、游戏过程中充满情趣，同时也使幼儿随时随地有机会

看到书、摸到书，有机会画画或者写字甚至“制作”自己的图书，有机会与图书、文字进行有意义的“对话”。所有这些材料既可以是教师根据活动主题的需要准备或随时添加的，也可以是幼儿根据自己的兴趣或主题活动的需要带来的，使每一个幼儿都参与这个环境的布置，并自由使用其中的材料。

2. 以任务为中心开展活动，引发幼儿为了真实的任务而积极参与读写活动

真实的早期阅读需要活动围绕某一主题或问题来开展，这些问题不仅仅涉及阅读和书写，还可能涉及科学的、社会的或文学等方面的内容。每一个主题聚焦于一个核心问题，幼儿参与这些主题的选定、具体计划的制订和相关活动的选择。他们和老师一起计划将要干什么、什么时候怎么做、需要什么材料、由谁及如何获取这些材料。这样的活动能较好地将幼儿早期阅读活动与其他活动融为一体，使阅读成为完成任务的一种手段，而不是目的。

真实的早期阅读是幼儿心目中的真实活动，而不是老师以为的真实活动。在日常生活中指导幼儿的认读和书写时，教师应当让幼儿参与甚至主宰任务制定、任务实施等活动的过程，使他们明显感觉到，这是他们自己的活动，他们所做的事与他们本人相关，而不是老师强迫他们做或为了取悦于老师而做，也让幼儿感到，他们选择某种方式参与活动是有价值的，老师的指导是有趣的、有用的。只有这样的读写活动才是幼儿心目中的真实活动。

3. 主动参与幼儿的自发阅读活动，并给予积极的反馈

除了利用情境主动引发幼儿共同设计、共同参与早期阅读活动外，教师还需要关注幼儿自发形成的读写活动，对他们遇到的困难提供必要的示范和指导，对他们取得的点滴进步给予及时的鼓励，使他们有信心对读写进行新的探索，逐步超出他们原有的读写水平，朝着更高的水平发展。老师的支持对幼儿来说非常重要，因为幼儿的大部分书写只有在当时的社会互动的情境中才产生沟通的意义，阅读和书写是幼儿与老师关系的一个有机组成部分，是他们共同生活的一部分。在日常生活中指导幼儿进行真实有效的早期阅读活动的形式很多，而且不同的年龄班的幼儿适合采用不同的活动形式。

（资料来源：余珍有．日常生活中的早期阅读指导［J］．学前教育研究．2005（01）．31-34.）

第二节　幼儿园语言教育的方法与途径

一、幼儿园语言教育的方法

幼儿园语言教育的方法是为了引导幼儿发展语言，获得语言知识、技巧和能力而使用的方法，是教师教、儿童学的方法。开展幼儿园语言教育，需要教师选择恰当的语言教育活动类

型，运用科学的指导方法，有序地组织和实施语言教育活动。幼儿园语言教育的一般方法有示范法、游戏法、表演法和练习法。

（一）示范法

1．示范法的含义

示范法是指教师通过为幼儿提供规范化语言的学习范例，引导幼儿在良好的语言环境中模仿学习语言。示范的主体大多数为教师，也可以采用录音示范，甚至可以让语言发展较好的幼儿来示范。

2．运用示范法的注意事项

（1）示范语言应规范到位

示范语言的基本标准是：发音准确，表意清晰，语汇丰富，用词恰当，语法规范，响度适中，而且要富于表现力和感染力。教师的示范应具体可感，让幼儿明确知道该如何去做。对于语音有时甚至需要略带夸张地进行示范，让幼儿清晰地感知发音的微小差异并掌握发音要领。

（2）把握示范的时机与力度

由于幼儿注意的时间短，记忆容量有限，教师示范的内容分量要适中。在示范时要时机恰当，针对幼儿难以理解的内容，可以及时地进行反复示范、重点示范，让幼儿有意识地模仿。对于纠正性示范则要酌情处理，如果幼儿在讲述过程中发错了音，不要急于打断幼儿进行示范，以免打断幼儿的思路，影响其讲述的流畅性和完整性。教师在示范时，要语音清晰，使每个幼儿都能听到。对于有些动词的动作示范、方位名词的示范，要根据需要做镜面示范、侧面示范、正面示范、背面示范以及定格巡回示范，以便于每个幼儿观察模仿。

（3）综合运用显性示范和隐性示范

显性示范是指教师明白地告诉幼儿应该怎样做，要求幼儿仔细观察教师的语言和动作。隐形示范是指教师在活动过程中，以参与者的身份与幼儿平等地开展活动。例如，教师参与幼儿游戏，在谈话活动中教师谈论自己的经验等。如果教师一味地采用显性示范会使示范显得过于枯燥、单调。恰当地运用隐形示范时，教师并没有明确要求幼儿必须仔细观察教师的示范，而是主导活动方向和进程，通过暗示给予示范，潜移默化地影响幼儿。

（4）适当运用纠正性示范

教师在活动中，一方面要善于发现和纠正幼儿的语言错误；另一方面也不要过于挑剔，频频进行纠正性示范，以免使幼儿得不到成功的体验，降低幼儿模仿和学习的积极性。教师应善于发现幼儿语言发展的差异，因材施教，适当运用纠正性示范，多采用鼓励性强化方式，让幼儿树立学好语言的信心。

（二）游戏法

1．游戏法的含义

游戏法是指教师运用有规则的游戏，训练幼儿正确发音，丰富幼儿词汇和学习句式，发展幼儿语言的一种教学方法。游戏法能够照顾到幼儿的兴趣，符合幼儿喜爱游戏的天性，是幼儿园教育中常用的一种方法。

2．运用游戏法的注意事项

（1）明确游戏的目的和内容

教师在编制游戏活动时，应明确游戏的目的是练习发音还是练习词汇的运用，或是其他的语言训练，然后根据目的确定游戏的内容。

（2）准备充足的游戏材料

为了使幼儿更好地体验游戏的快乐，应准备充足的游戏材料，如字卡、图片和实物模型等。同时，还可以根据游戏的名称和玩法创设游戏情境。

（3）精心设计游戏的名称、玩法和规则

游戏应该具有趣味性，教师应精心设计游戏的名称、玩法和规则，以此吸引幼儿游戏的兴趣，体验游戏的快乐，在不知不觉中得到语言能力的发展。

（4）恰当选择游戏的时机

教师可以根据教育活动的目的和幼儿的实际表现确定游戏的时机。可以在语言教育活动开始时、过程中或结束前进行游戏，不必拘泥于在活动即将结束时或巩固性练习时才进行游戏。

（三）表演法

1. 表演法的含义

表演法是指在教师的指导下，幼儿扮演文学作品中的人物，根据作品情节的发展，通过对话、动作表情等再现文学作品，以提高口语表达能力的一种方法。

2. 运用表演法的注意事项

（1）选择适合表演的内容

教师选择的内容应具有一定的情节，适合表演，这样幼儿才会感到表演的乐趣，才能在表演过程中发展儿童的语言能力。教师要引导幼儿理解文学作品内容，在此基础上进行表演，才能让幼儿获得成就感。

（2）创设有利于表演的环境

具有代表性的场景布置会让幼儿以最快的速度进入角色并喜欢和观看表演。为了使幼儿充分感受表演的乐趣，应准备充足的化装用品和道具。

（3）鼓励幼儿大胆表演

表演时，幼儿往往带着自己对作品的理解，教师不应限定幼儿死记硬背台词，只要他们不偏离主题，就可以大胆地发挥想象，积极参与表演，从而真正体验到表演的快乐。

（四）练习法

1. 练习法的含义

练习法是指有意识地让幼儿多次使用同一个言语因素（如语音、词汇、句子等）或训练幼儿某方面言语技能技巧的一种方法。

2. 运用练习法的注意事项

（1）练习方式要多样化

由于练习是不停地重复相同的内容，极易引起儿童的疲倦和厌烦，因此要采用多样化、富有趣味的方式进行练习。

（2）练习分量要适当

由于幼儿年龄小，练习的分量不可过大，如果引起幼儿对语言学习的反感，失去对语言学习和表达的乐趣，则得不偿失。练习一定要根据幼儿年龄的发展阶段循序渐进，不可违背幼儿小肌肉运动的发展规律而盲目苦练。

（3）避免枯燥的重复

练习要在幼儿理解内容的基础上进行，避免简单枯燥的重复。这样不仅能提高练习效率，同时也会增强练习的兴趣和表达交流的成就感。

拓展阅读 4-5

幼儿期语言教育的有效策略探索

（一）尊重个性差异，探究教学技巧

在具体的教学方式上，老师可以结合幼儿的年龄和心理认知规律，创新教学方式，以绘本故事、儿歌说唱、谈话交流等形式逐步培养幼儿的语言感知能力，并创设有效的语言情境，引导幼儿根据自己的理解，尝试运用自己的语言进行表达，帮助他们构建起自己的语言词汇库。此外，在语言训练上要重视“读”的作用。在具体的语言学习过程中，可采用老师领读和学生跟读的方式，让幼儿在读的过程中体味到语言的魅力，然后训练他们连贯表达的能力。这里要注意的是，部分幼儿可能语言先天发展能力较弱，在读的过程中，不愿意配合老师或者跟不上老师的节奏。所以，家长和老师在教学过程中要有足够的耐心，尊重幼儿的想法，积极引导他们开口，对于读的过程中出现的错误，也要及时指出并更正，让他们学会在错误中求发展，从而逐步提高运用语言的能力。

（二）营造学习环境，培养语言交际能力

首先，老师要重视幼儿口语表达能力的培养，为幼儿提供适宜的口语表达环境，让他们有机会去说、敢说。其次，老师和家长可联手设计一些亲子活动，给他们创造一个舒适自然的环境，营造一种轻松愉快的氛围，让幼儿在语言交际的真实情境中进行表达。借助一句句亲切的语言，消除与人交流时的隔阂，拉近与他人之间的距离，使他们摆脱紧张、胆怯的心理，生发交流的自信，进而变得大胆，愿意主动开口说话。只有在这样的环境下，幼儿才能体会到交流的快乐，才能提高学习语言的兴趣。

（三）重视书面阅读，积累交流词汇

幼儿的早期阅读一定要与他们的心理认知相适应，家长切莫拔苗助长，以免适得其反。幼儿主要以形象思维为主，比较喜欢听家长和老师讲故事，阅读故事书籍，比如绘本故事。幼儿不但自己喜欢听故事，还喜欢把听到的故事讲给别人。老师和家长要抓住幼儿这一心理特征，选择内容精彩、图文并茂、富有童趣的书籍引导他们开展阅读。

因为幼儿的心智发育还不成熟，他们的注意力有限、耐心不足，所以家长和老师在选取图书时，题材要尽量多样化，与幼儿的生活建立联结，选取一些和生活相关的图书，比如表现亲情、友情和克服困难类的图书。这类图书不但能够吸引幼儿的注意力，激发他们的阅读兴趣，还可以让孩子在阅读中积累语言知识，丰富他们的情感体验，最终实现幼儿语言教育的目标。

同时，家长和老师要做好陪读和指导，为孩子营造轻松愉悦的阅读环境，培养其良好的阅读习惯，让他们真心地喜欢上阅读。家长和老师作为陪伴者，要指导幼儿掌握一定的阅读技巧，提升他们的阅读理解能力，让他们感受到阅读的乐趣，进而培养自主阅读意识。此外，还可以让幼儿在阅读的过程中，学习到严谨且有逻辑的书面表达方式，从而全面发展幼儿的语言交际能力。

（资料来源：石玉霞. 幼儿期语言教育的有效策略[J]. 甘肃教育研究. 2022（02）. 12-14.）

二、幼儿园语言教育的途径

语言是人类进行交往、沟通的工具，语言的获得是一个不断学习积累的过程。《指南》指出：幼儿的语言能力是在交流和运用的过程中发展起来的。应为幼儿创设自由、宽松的语言交往环境，鼓励和支持幼儿与成人、同伴交流，让幼儿想说、敢说、喜欢说并能得到积极回应。为幼儿提供丰富、适宜的低幼读物，经常和幼儿一起看图书、讲故事，丰富其语言表达能力，培养阅读兴趣和良好的阅读习惯，进一步拓展学习经验。幼儿园应该为儿童创设一个良好的精神环境和物质环境，给幼儿语言的发展提供良好的支持。

教师在开展语言教育时，首先要重视为幼儿创设良好的精神环境。精神环境就是心理环境。幼儿园的心理环境是指幼儿园教师与幼儿体验到的幼儿园或班级人际关系的性质。它构成了影响幼儿园教师与幼儿在园活动的心理气氛，它可以影响和制约教师与幼儿参与幼儿园和班级活动的主动性和积极性。精神环境是一种隐性的教育因素，它潜移默化地影响着儿童。教师营造的自由轻松的语言交往环境在语言教育中有着至关重要的作用。教师自身的高素质语言对儿童语言发展有着重要影响，教师要加强自身的语言修养，成为儿童良好语言的榜样。为幼儿提供良好的语言范例。同时教师更应有意识地营造一个有利于儿童听说的心理环境，即一种良好的心理氛围。教师应尊重幼儿，与幼儿展开平等、宽松地师幼对话，创造各种条件激发幼儿之间的言语互动。

总的说来，幼儿园语言教育可以通过多种途径来进行。凡是有语言参与的活动都可以对儿童进行语言教育。概括起来，学前儿童语言教育的主要途径有通过日常生活进行语言教育，通过区域游戏活动进行语言教育，通过专门的语言教育活动进行语言教育，以及在其他领域的教育活动中渗透语言教育等。

（一）通过日常生活进行语言教育

幼儿园日常生活活动包括晨间接待、早操、就餐、盥洗、散步、午睡、起床等。从到幼儿园见到教师说第一句话，幼儿就进入了建构新的语言经验的过程。教师可以充分利用一日生活的各个环节，随机进行听、说、读、写的训练，有意识地对儿童进行语音、词汇、语法等方面的教育。例如，每天早晨来园之后早操之前这段时间，请一名儿童向全班儿童预报当日的天气情况。为提高儿童对此活动的兴趣，丰富儿童的语言内容，教师还可以启发儿童根据当日气温和特殊的天气状况，结合自己的生活经验进行讲述。小播报员还可以粘贴相关的天气情况的标志，并根据标志进行讲述；午餐前后的故事讲述、猜谜、绕口令等形式，能使儿童在轻松、有趣的氛围中提高语言能力；午睡穿脱衣服时，引导幼儿说出各种衣服的名称。与人交往，也是幼儿一日生活的重要内容之一。幼儿在与同伴的交流中不受到任何限制，氛围更为轻松。一些口语能力较好的幼儿，还会在同伴言语沟通中起到模范作用。幼儿也喜欢模仿同伴的语言，当同伴说出一个新词或者一个新的句型时，他们就会跟着模仿。教师可借此机会倾听幼儿的交谈，及时纠正幼儿的错误发音或病句，促进幼儿口语的发展。

总之，在日常生活中，教师要努力为儿童提供良好的交流机会，引导儿童积极、准确地表达自己的愿望和想法，真正让儿童成为语言的主动学习者、建构者。

（二）通过区域游戏活动进行语言教育

区域活动是幼儿园课程中以幼儿主体活动为主，以教师指导为辅，旨在满足不同幼儿各方面发展需求的活动。区域活动更加重视幼儿的自主性，重视幼儿与环境、材料之间的相互作用，重视师幼互动，重视幼儿之间的个别差异，因此受到目前幼儿园的普遍重视，并成为幼儿的一种主要学习方式。

幼儿园可以开设语言区来发展幼儿的语言能力。可以在语言区准备一些图片或剪贴用具，旧日的儿童画报，以便幼儿练习讲述，或边制作边讲述。还可在语言区投放故事、诗歌等的音像制品与视听设备，以便儿童根据自己的需要，有选择地收听或收看文学作品和有关内容，为儿童提供丰富的语言练习的素材。语言区投放的材料不仅要有吸引力，还要便于操作和讲述，同时还能让儿童在操作中提高听、说、读、写的能力。材料可以是成品或半成品，或是废旧材料，如牛奶盒、牙膏盒、鞋盒、易拉罐；既可以是教师自制也可以是儿童参与制作的。

教师还可以创设一个有吸引力的阅读区，激发儿童的阅读兴趣。阅读区的采光要好，并且阅读区内的整体色调要有助于营造适合阅读的安静、舒适的气氛。还可以在阅读区适当地放一些绿色植物，消除视觉疲劳。在阅读区可以放些不同颜色、不同形状、不同材料、不同大小的沙发垫子、地毯、桌椅等。在这样宽松自在的环境中，儿童可以享受到阅读带来的快乐。阅读区充满童趣的装饰，特别是儿童熟悉的或者出现在故事中的场景，可以激发儿童的阅读兴趣。如果有新书推荐，教师可以用照片或自制海报的方式吸引儿童的注意，让阅读区充满童趣和吸引力。教师要在图书角中投入一定数量的适合本年龄段儿童阅读的阅读材料，并将阅读材料放在儿童伸手可及的地方。教师可以根据不同年龄段儿童的阅读兴趣提供阅读材料。为了激发儿童的阅读兴趣，教师应定期更换图书，提供难易程度不同、不同类型的阅读材料，包括教师和儿童自制图书等。

除了语言区和阅读区，表演区和试听区等区角也可以促进儿童听说能力的发展。表演区是儿童用动作、表情、语言表演自己对文学作品的理解和再现文学作品的场所。表演区可以创设在教室里面和教室外面，如可以在过道或在走廊设计表演区，投放头饰、服装道具等材料，让儿童自由地表演。投放的材料可以根据本阶段儿童语言学习的内容进行添置或更换。

另外，幼儿园可创设图书屋或阅览室，陈列大量各种类型的图文并茂、形象生动的图书，培养儿童早期阅读的兴趣。各班级的公共区域也可为儿童语言的发展创设有实际意义的文字环境。例如，在走廊、楼梯展示与语言相关的图片、文字，使儿童处于良好的语言学习氛围中。又如，有的幼儿园有较大面积的公共空间，可以在儿童户外活动、来园和离园的必经之地设置故事墙，充分利用较长的走廊墙壁，将儿童喜欢的故事内容以粘贴或绘制的方式进行展示。故事墙要经过加工处理，放大经典画面，这样有利于儿童对画面进行仔细的观察和发现，深入理解故事。还可以增加几张空白页，让儿童充分发挥想象力进行续编、仿编，并用绘画的形式自由地添加在空白页上。

（三）通过专门的语言教育活动进行语言教育

专门的语言教育活动是幼儿教师根据学前儿童语言教育目标，有目的、有计划地设计和组织幼儿系统学习语言的教育活动，是语言教育的基本组织形式。专门的语言教育活动会在语言教育的总目标和年龄阶段目标的基础上，根据本班儿童的实际情况制定具体而有可操作性的活动目标，由此选择恰当的活动内容、形式和方法展开活动，使学前儿童掌握规范的语言，形成良好的语言习惯和能力。专门的语言教育活动为幼儿提供与语言进行充分互动的环境，使幼儿有机会将日常生活中获得的零散的、琐碎的、不系统的语言经验进行提炼和深化，从而达到对语言规则的准确理解和有意识的运用。

一般来说，专门的语言教育活动包括谈话活动、讲述活动、听说游戏活动、文学作品学习活动、早期阅读活动。

（四）在其他领域的教育活动中渗透语言教育

幼儿园的教学分为语言、健康、科学、社会、艺术五大领域。除了语言领域以语言为主要内容外，其他四大领域中都包含着大量语言教育的因素。这些教育活动虽然不是以语言为主要内容，但其中部分活动包含着大量的语言教育因素，为儿童提供了语言活动的素材，为儿童的语言表达和交流提供了机会。其他领域教育活动中的各种符号学习还可以帮助学前儿童理解语言的符号功能。

健康领域的活动包括体育活动及其他活动。以体育活动为例，在教师示范动作的时候，需要儿童认真倾听，有时还需要请儿童重复教师的语言，并讨论教师的动作要领及注意事项。教师还可以让儿童说说其他的玩法，或对自己、他人进行评价。动静结合的活动既锻炼了儿童的身体，又发展了儿童的语言能力；科学领域活动中的语言信息交流主要包括描述和讨论两种方式。幼儿在描述和讨论中既可以提出自己的观点与想法，又可以交流自己的探索、操作过程和操作方法。在社会领域活动中语言发挥着极大的作用。例如，在随机的社会教育中，教师往往抓住偶发事件，捕捉时机，对儿童进行社会教育。教师利用提问、谈话等方式，启发、暗示儿童应该如何去做，引导儿童对事件进行讨论，发表个人见解，以达到强化良好行为、削弱不良行为的目的。艺术领域的活动包括美术活动和音乐活动。在美术活动中，幼儿可以在集体面前大胆地用语言讲述自己创造的作品，与同伴交流自己的作品。此外，教师也可以在绘画活动中进行故事创编，把美术活动与发展儿童的口语表达能力有机地结合起来。音乐和语言有着非常密切的关系。学前儿童常常能根据旋律和节奏的变化，想象画面并创编成故事。在音乐欣赏活动中，儿童会用语言描述自己欣赏之后的感受。在歌唱活动中，歌词就是儿童诗的一种形式，歌词同样可以丰富儿童的词汇。

总之，有机地把语言教育与其他领域教育活动相融合，是促进儿童语言发展的一个重要手段。只要教师在其他领域中一如既往地为儿童提供规范的言语示范，鼓励儿童积极表达，就能有效地增强儿童的语言表达能力。

本章小结

本章主要介绍了幼儿园语言教育的目标与内容，幼儿园语言教育的方法与途径。幼儿园语言教育的目标是实施语言教育的方向和准则。学前儿童语言教育目标一般可以分解为总目标、年龄阶段目标和具体活动目标三个不同的层次。

幼儿园语言教育的内容是为幼儿提供的语言形式、语言内容和语言运用的基本知识、基本态度和基本行为方式的总和，是幼儿学习语言、获得语言经验的载体。具体分为专门的语言教育内容、渗透的语言教育内容。幼儿园语言教育的内容是实现幼儿园语言教育目标的重要手段，只有内容充实丰富、新颖有趣，符合幼儿心理特点和语言发展规律，将语言领域的内容有机地融入幼儿的日常生活中，才能使幼儿潜移默化地获取语言经验，从而提高其语言能力。

学前儿童语言教育的方法是为了引导学前儿童发展语言并获得语言知识、技巧和能力而使用的方法，是教师教、儿童学的方法。学前儿童语言教育的一般方法包括：示范法、游戏法、表演法。学前儿童语言教育是通过一定的途径进行的。教师可以通过日常生活、区域游戏进行语言教育，也可通过专门的语言教育活动进行语言教育。专门的语言活动具有目的性、计划性和科学性的特点，主要包括谈话活动、讲述活动、听说游戏活动、文学作品学习活动和早期阅读活动。另外，教师还可以通过其他领域教育活动渗透语言教育，主要体现在科学教育活动、健康领域的活动、社会教育活动以及艺术活动中。

关键术语

幼儿园语言教育的目标 专门的幼儿园语言教育内容 示范法 练习法
幼儿园语言教育的途径

讨论与思考

1. 幼儿园语言教育目标制定的依据是什么？
2.《纲要》中语言领域总目标有哪些具体内容？
3.《指南》中语言领域总目标共有几条？分别是什么？
4. 简述专门的语言教育内容与渗透的语言教育内容的不同特点。
5. 幼儿园语言教育的方法有哪些？
6. 简述幼儿园语言教育的途径。

建议的活动

1. 阅读故事《胆小先生》，以该故事为内容，设计一个语言活动目标。

胆小先生

有一位先生，住在一座漂亮的房子里。因为他的胆子很小，大家都叫他胆小先生。一天，一只大老鼠闯进了他的房子。胆小先生马上去捉，结果在地下室捉住了它。“你放了我！”大老鼠挣扎着说，“我要是一跺脚，整个房子就塌了。”胆小先生害怕了，连忙放开了它，还允许它住在地下室里。地下室里吃的东西真多，大老鼠吃呀、喝呀，真开心。后来，大老鼠生了一窝小老鼠，小老鼠又长成大老鼠……很快，地下室住满了老鼠。“不行，不行！”大老鼠冲着胆小先生嚷嚷：“这么多老鼠住这么一个小小的地下室，而你一个人住那么多房间，太不合理了，得换房子。”“换房子？”胆小先生住在地下室，老鼠们住进各个房间，它们在宽大的客厅里唱呀，跳呀，在厨房里喝呀，吃呀，每天都像过节一样。“你应该搬出去！”大老鼠又冲着胆小先生嚷嚷，“你干嘛住在地下室？这么好的地下室，你配住吗？”“什么？”胆小先生气愤得跺了一下右脚，“咚——”老鼠们害怕了，它们个个抱头乱窜，以为地震了。“哦，原来我是很有力量的！”胆小先生抓起旧扫帚，这儿一扑，那儿一打，这儿一戳，那儿一捣，老鼠被打得“吱吱”叫，全逃走了。胆小先生后来怎么样了？小朋友能猜到吗？

2. 观察一个幼儿游戏活动中的语言交往，并做好记录，分析幼儿语言的特点。如果你要参与幼儿游戏，你会如何指导幼儿语言发展？
3. 观察一下你见习幼儿园班级中的老师，看看他们在一日生活中是如何与孩子进行语言互动的，并思考这位教师是如何促进幼儿语言学习和发展的。
4. 观察一个幼儿园的语言区，分析该语言区设置和材料投放上的特点，并提出改进建议。
5. 设计一个语言区的游戏材料。

第五章 学前儿童语言教育评价

学习目标

1. 了解学前儿童语言教育评价的概念与原则。
2. 掌握学前儿童语言教育评价的内容与方法。
3. 能够结合幼儿园的教学实际对学前儿童语言活动进行评价。

导入案例

新入职幼儿园的小C老师最近很苦恼。在开展语言教育活动时，她发现幼儿经常对她组织的活动不感兴趣，她很想提高自己的水平，但不知道问题出在哪里。在幼儿园开展语言教研活动时，她感觉老教师组织的活动很好，但具体又说不出好在哪里，她不知道应该从哪些方面反思自己的语言教育活动。

教育评价是针对教育活动做出科学的价值判断的过程，它既是教育活动的组成部分，也是检验和提高教育活动质量的重要途径。语言教育评价是学前儿童语言教育过程中一个不可缺少的环节，它调节、控制着整个教育过程，使之朝着语言教育的预期目标前进并最终达成目标。

第一节　学前儿童语言教育评价的意义与原则

学前儿童语言教育评价是指以语言教育目标为准绳，运用科学的评价方法，按照一定的评价程序，对语言教育活动的整个过程和语言教育活动的效果做出价值判断和事实描述，并将结果反馈于语言教育实践活动，为教育对策制定科学依据的过程。

一、学前儿童语言教育评价的概念与意义

（一）学前儿童语言教育评价的概念

评价就是引出和阐发价值或进行价值判断。就本质而言，评价是为判断事物的价值而系统地收集资料和分析资料的过程。教育评价作为一种价值判断活动，是对教育活动现实的（已经取得的）或潜在的（还未取得，但有可能取得的）价值的判断，以期达到教育价值增值的过程。教育评价是指在教育过程中人们收集与教育活动有关的各方面的信息，依据一定的客观标准，对教育活动的整个过程、内容、方法、效果等做出客观科学的评价的过程。教育评价强调“评价不是为了证明，而是为了改进”。进行教育评价最为核心的目的是促进学生的全面和谐发展。

学前教育评价是学前教育体系的重要组成部分，指对学前教育的社会价值做出判断的过程。在《纲要》中指出：“教育评价是幼儿园教育工作的重要组成部分，是了解教育的适宜性、有效性，调整和改进工作，促进每一个幼儿发展，提高教育质量的必要手段。”同时，《纲要》中强调“平时观察所获得的具有典型意义的幼儿行为表现和所积累的各种作品等，是评价的重要依据”，评价要“在日常活动与教育教学过程中采用自然的方法进行”。

学前儿童语言教育评价就是收集语言教育活动的设计、组织和实施过程中各方面的信息，并依据一定的客观标准对教育活动及其效果做出客观的衡量和科学的判定的过程。

（二）学前儿童语言教育评价的意义

学前儿童语言教育评价的意义主要体现在以下三个方面。

1. 学前儿童语言教育评价是学前儿童语言教育活动的重要组成部分

学前儿童语言教育活动，包括了语言教育活动目标、语言教育活动内容、语言教育活动过程和语言教育活动评价四个要素，由此可见，语言教育评价是学前儿童语言教育活动的一个不可或缺的重要组成部分，是连接一个语言教育活动和另一个语言教育活动的中间环节。在设计语言教育活动时，虽然一般不在活动过程中呈现活动评价，但是，它却对语言教育活动的设计、实施以及活动的改进等都起着重要的作用。

2. 学前儿童语言教育评价对整个语言教育活动起着调节、控制和引导的作用

随着教育理论的不断发展，现代教育评价的功能也在发生着改变，其主要的功能之一就在于检查教育目标的达成水平，取得反馈信息，以便调整教育教学过程，及时针对缺陷和问题进行补救和矫正。一个教学活动是否有效是通过教育目标的达成情况来进行判断的，而教育目标的达成情况离不开教育评价的反馈作用，通过教育评价能够将教育活动的信息返回给教师，从而使教师能够意识到自己在教育活动中存在的优点与不足，从而判断出自己选择的教学方法是否恰当、教学内容是否适合儿童的年龄特点、教学环节的安排是否合理等。一方面能够激发教师参与教学活动的积极性；另一方面有助于教师不断地自我改进，完善教学过程，提高教师教育教学的能力和分析问题的能力。

无论是在理论研究中，还是实际的教学过程中人们都非常重视教育评价。其原因之一就是在教育评价的过程中人们能够发现存在的一些问题，如本班儿童对语言活动的兴趣、语言表达能力的差异、已有的语言经验等。通过对这些问题进行分析，在下次进行语言教学活动的选择、准备及实施的过程中，教师就能够做到真正意义上的因材施教和进行有效的个别指导。通过对每次语言教育活动进行评价，发现其中存在的不足，然后根据这些不足改进教学方法、调整教学内容，对以后的语言教育活动起着引导的作用。

3. 学前儿童语言教育评价有助于提高语言教育活动的质量，完成语言教育活动目标

进行教育评价有利于减少教育活动中的很多“无效劳动”，使教师和幼儿能够将更多的时间花在有效的教育活动中，提高教育活动的质量。从短期情况来看，每节教育活动结束后进行教育评价可能会暂时地增加教师的负担，但从长远发展来看，进行教育评价不仅让教师在遇见同类问题时能选择最优的方法进行教学，还能加强幼儿对整个教育活动的参与性，同时有利于提升教师的教学能力。随着教育评价体系的不断完善和评价工具的不断改进，教师只需花少量的时间用于教育评价，就能取得长久的教育效应。

二、学前儿童语言教育评价的原则

所谓教育评价的原则，是指教育评价主体在进行教育活动评价时人们必须遵循的最基本的要求，是指导教育评价活动的一般原理。学前儿童语言教育是研究学前儿童语言发生、发展规律及其如何对学前儿童进行语言训练和教育的一门科学。它与健康教育、艺术教育、社会教育和科学教育既相互联系，又相互区分。因此，进行学前儿童语言教育评价必须遵循相应的原则。

（一）科学性原则

科学性原则要求在进行语言教育评价时必须从客观的教育事实出发，正确地反映被评对象的性状和特征，准确地做出价值判断。具体需做到以下几点：①科学的评价态度。在进行语言教育评价时评价主体必须端正自己的态度，将教育活动本身作为评价的客体，做到以事实为依据，以评价标准为准绳。②科学的评价标准。教育评价并不是一种“想当然”的行为，进行教

育评价必须按照相应的指标和标准进行。③科学的评价方法。教育评价是针对具体的教育内容进行的，评价是否有效很大程度上取决于评价方法的选择是否科学。选择的评价方法在理论和实践上都要求必须具有科学性。同时，科学性原则还要求在进行教育评价时要避免主观成见和个人感情色彩，否则会导致不良后果的出现。

（二）可行性原则

可行性原则强调进行教育评价时必须立足于实际情况的需要和可能使教育评价既符合实际，又简易可行。在进行教育评价时首先要制定一个可行的评价方案。具体体现在：①评价指标的可行性。评价的指标要简明不失其关键、全面不失其重点。简明保证了评价的高效率；全面保证了评价的科学合理性；关键则突出了评价的重点。②评价标准的可行性。评价标准的可行性是指评价的标准和被评对象的发展水平之间存在一个“合理区间”，从而保证评价标准既不是高不可攀，又不是唾手可得，而是必须经过被评者不断的努力才能达到。③评价方法的可行性。教育评价方法必须具有可操作性，即教育方法的选择必须是有用的，能达到评价的目的，同时又必须是可行的。

（三）整体性原则

教育评价应是一个不断发展的，包含各个组成部分的整体。在评价目标的确定、评价标准的制定、评价指标体系的设计等方面，都必须注意到整体性。这就要求评价者在对学前儿童语言教育进行评价时必须考虑到各个方面的因素，既要对学前儿童的语言发展情况进行评价，又要对幼儿教师的语言教育情况进行评价；既要对语言教育的目标进行评价，又要对语言教育的内容、方法等进行评价；既要对进行语言教育的物质环境进行评价，又要对教师的态度、幼儿参与活动的积极性及师幼互动进行评价；既要单纯从语言领域方面进行评价，又要整体从幼儿园的五大领域进行评价；既要注重有关语言教育活动中静态要素的评价，又要注重从动态要素方面进行评价。

（四）多主体原则

儿童不是成人所谓的“小大人”，他们有自己特殊的生理结构，有自己独特的思想体系。这种认识渗透到幼儿园教育活动过程中，教育评价也从教师是评价主体，儿童是评价客体转变为多元化主体评价，包括教师评价、儿童自评和互评、儿童与教师互动评价等，同时多元化主体评价还强调家长评价、社会评价和幼儿园评价三者的有机结合。这种评价不再是一种单向的评价者与被评价者的刺激反应，而是评价者与被评价者之间的一种连续互动的过程。

拓展阅读 5-1

推进幼儿早期阅读活动评价的路径

1. 建立评价机制，增强评价意识

针对幼儿园开展早期阅读活动评价意识缺乏的问题，需要建立“行政—园所—教师”三位一体的行之有效的评价机制，作为秩序用于规范及促进评价的开展，使活动评价成为例行性或常态化的行动。教育行政部门负责评价机制的制度安排，在制度中明确指导、约束、规范、鞭策等要求，发挥引导、激励和推动作用。园所负责评价机制具体程序的制定、组织与实施，明确评价的主体、要素、频次、考核以及研究改进等。教师则在相关的制度安排与规范下开展早期阅读活动评价活动，负责活动准备、过程观察、行为记录、引导介入、分析评价、结果反馈等，并参与对评价机制框架的完善改进。在评价机制与评价意识的框架互动中，不断强化实践与认识，推动早期阅读活动评价实践的广泛开展。

2. 引入多元评价，提高评价客观性

美国心理学家加德纳提出，人类有多种智力，不同的人所擅长的智力领域并不相同。学习者依靠自己的经验去建构真实世界并解释真实世界存在，其个体认知结构和外界的积极交互中产生新的认知结构，而这一交互则需要通过充分的活动与问题解决来实现。幼儿的阅读学习是依据自己的已有经验来建构个体的主观世界，个体背景与经验的差异，对阅读的内容认知也会不同。对于幼儿早期阅读学习的效果评价而言，需要在实际活动和学习情境中，透过多主体、多方面、多角度、多层次来观察、记录、分析幼儿的优势与不足，容许幼儿采用差异化的方式展示其学习成效。因此，教育行政部门、园所、教师以及社会、家庭等多元主体参与到幼儿早期阅读活动的评价之中，可为阅读活动的开展和发展提供全新的切入点与实践路径，弥补单一主体评价客观性不足的缺陷，为幼儿早期阅读活动评价提供新的视野。

3. 优化评价方式，注重整体过程评价

传统的量表评价方式往往只重结果忽视过程，无法完整评价整个活动过程。整体过程评价是对整个学习活动过程的价值、成效、影响进行综合评价，这一评价有助于对园所、教师及幼儿在活动开展期间的功用发挥进行综合判断。学前教育无须面临考试和升学压力的特点，使其开展整体过程评价比义务教育领域有更加适应和宽松的环境。幼儿园在开展幼儿早期阅读活动评价时应包括以下几个维度：①对园所支持的评价。包括园所开展幼儿早期阅读教育的目标设定、观念模式、情境创设、读物选择、规范指导、策略支持等。②对幼儿参与活动所产生的成效评价。包括幼儿字词掌握情况、语言表达情况、兴趣培养情况、阅读愉悦体验、逻辑思维能力以及想象力情况等综合维度，以此了解幼儿早期阅读活动教育对幼儿阅读核心素质的提升程度。③对教师实施活动的评价。包括教师个人阅读理念认知、阅读活动主题设置、阅读活动开展频次、阅读过程的指导情况等。整体过程评价，有助于准确判断幼儿早期活动的增值效果。

4. 优化评价内容，建立动态评价体系

每个幼儿的成长过程，虽然有着相似的身心发展规律和特点，但并不代表着所有幼儿成长的脚步都是一致的。每个幼儿的成长都受到来自社会、家庭教育、个性特点影响，存在较大差异性。因此，在活动评价过程中应建立幼儿活动动态评价体系：①评价内容要以幼儿为中心。开展幼儿早期阅读活动的出发点和归宿点都是为了更好地促进幼儿发展，要根据每个幼儿不同的优缺点，引导幼儿发扬长处，补齐短板。②评价内容要因人而异。要适应幼儿个性化发展特点，允许幼儿之间存在学习背景差异、学习能力差异、学习进度差异。根据幼儿在不同时段呈现的阅读兴趣记录、阅读习惯记录、表达能力视频等动态指标，进行对比分析，发现幼儿在不同时段的增值成长。③评价内容要关注育人价值。要将落实立德树人这一根本任务的理念贯穿到幼儿早期阅读活动评价之中，评价的内容不仅要包括园所组织情况、教师指导情况、幼儿知识增长情况，还应包括幼儿的情感、信念、意志、价值观等发展情况相关内容。

（资料来源：陈冬冬. 幼儿早期阅读活动评价的现实困境与推进路径. 福建教育学院学报. 2021（08）. 115-117.）

第二节　学前儿童语言教育评价的内容

对学前儿童语言教育活动进行评价应包括三个方面：对学前儿童学习与发展的评价；对教师的评价；对语言教育活动本身的评价。

一、对学前儿童学习与发展的评价

进行语言教育评价时对学前儿童的评价主要包括两个方面的内容：一是对学前儿童语言发展状况的评价；二是对学前儿童参与语言教育活动情况的评价。

1. 对学前儿童语言发展状况的评价

随着先进教育理论的不断涌现，我国的教育目标从单一的强调知识与技能，转变为“三维目标”，即知识与技能、过程与方法、情感态度与价值观。围绕“三维目标”，《纲要》将语言教育的目标分为了五小点，分别是：乐于与人交谈，讲话礼貌；注意倾听对方讲话，能理解日常用语；能清楚地说出自己想说的事；喜欢听故事、看图书；能听懂和会说普通话。因此，在对学前儿童的语言发展状况进行评价时，必须结合学前儿童的年龄特点考虑到学前儿童语言目标的达成情况。

2. 对学前儿童参与语言活动情况的评价

在进行教育评价时，学前儿童参与教育活动的状态是进行评价的一个重要指标。在语言教育活动中，如果幼儿注意力集中，表现积极活跃，具有强烈的参与活动的兴趣，能主动地提出疑问，对教师发起的互动行为能给予积极的反馈，能主动地创编、改编诗歌、故事等就说明幼儿真正地投入了活动中。反之，如果幼儿不理睬教师，自己做自己的事情，对教师发起的互动行为不予理睬或消极抵抗，自己也不主动发起互动行为等就说明幼儿并未投入到活动中，这就要求教师进行反思，是教学内容太难，还是教学方法不恰当，或者是没有符合幼儿的兴趣。这些都是进行教学评价时必须考虑的重要因素。

二、对教师的评价

教育评价本身的目的当中包含着促进教师教学行为的改变。因此，对幼儿教师的评价是语言教育评价的一个重要方面。对幼儿教师的评价主要包括了对幼儿教师教案的评价、对幼儿教师教学态度的评价、对幼儿教师自身语言表达能力的评价三个方面。

1. 对幼儿教师教案的评价

教案是教师进行教学的一个重要物质载体，教师在进行教学之前，必定会花一定的时间，参照相关的书籍，收集有关的资料编排教案。教案目标的表述是否全面、教案内容是否新颖、教案结构的设计是否合理等都在一定程度上反映出了幼儿教师的教学观、教师观和儿童观。因此，在对幼儿教师进行评价时，首先要对幼儿教师所编排的教案进行评价。

2. 对幼儿教师教学态度的评价

态度决定行为，幼儿教师在教学活动中采取什么样的态度，决定了教学过程中教师和儿童所处的位置，也决定了教学活动中师幼互动的情况。在教学活动中，教师是否充分尊重儿童的主体地位，是否积极地对儿童进行语言教育，在创设语言教育活动时是否充分地考虑到儿童的兴趣、爱好、特长等，都涉及教学活动中教师所采取的态度，因此，在进行教学评价时应关注幼儿教师的教学态度。

3. 对幼儿教师自身语言表达能力的评价

语言教育活动对教师本身的语言素质提出了较高的要求，特别是对于幼儿来说，由于年龄小，身心发展不成熟，理解能力极其有限且易受到外界环境的影响。这就要求幼儿教师必须具备较强的语言表达能力。幼儿园的语言教育活动本身就在于给幼儿创设一个“纯正”的语言环境，培养幼儿良好的语言表达能力。对幼儿教师的语言表达能力进行评价主要有以下方面：幼儿教师的普通话是否标准，包括发音是否清楚、字词表达是否清晰；幼儿教师的口语表达是否流程，用词是否准确，语音、语调是否符合儿童的年龄特点等。

三、对语言教育活动本身的评价

语言教育活动是教师对学前儿童实施语言教育的重要物质载体。对语言教育活动本身的评价主要从以下几个方面进行考虑。

1. 对活动目标的评价

在评价教育活动的目标时，主要分析这一活动目标的提出是否以《指南》和各个活动类型的核心经验为依据；是否结合幼儿已有的知识经验，从幼儿的年龄特点出发，提出恰当的教育要求；在目标中是否包含了认知、情感、能力三个方面的内容；整个活动的设计与组织是否围绕教育目标而进行。

2. 活动内容的评价

语言教育活动是根据一定的目标，围绕一定的内容进行的，语言教育活动的内容可以是诗歌、故事、儿童散文等。在评价教育活动的内容时，主要分析内容的选择与目标的要求是否相一致；活动内容是否符合科学性和教育性；内容的分量是否恰当，有无过多或过少的情况；内容的组织是否分清了主次、突出了重点，是否抓住了关键内容；内容的分布是否合理，各要点之间的衔接是否自然流畅；与幼儿的发展状况是否适合。

3. 教育方法的评价

在评价教育活动的方法时，主要分析方法的运用是否刻板划一；方法的选择与运用是否随着活动目标、活动内容及幼儿实际而变化；各种具体活动的方法与幼儿学习方式的适合情况如何；有没有采用有效的方式保障幼儿积极参与教育活动。

4．组织形式的评价

在评价教育活动的组织形式时，主要分析在活动展开过程中，是否适当地进行了集体活动、分组活动、个别活动等的组合与变换；是否只是局限于采用一种特定的活动形式；在活动的组织过程中，有没有考虑到因材施教的问题；在分组时，是否考虑到人际关系以及幼儿的情感因素。

5．环境材料的评价

在语言教育活动中，常常要创设和利用一些有助于幼儿学习的环境、材料、教具和学具。在对其进行评价时，主要分析是否创设和选择了适合于活动内容和幼儿实际的环境材料；利用这些环境和材料是否适合于教育活动的展开；选择的材料、学具等是否适合于幼儿的操作；教具和学具能否做出若干组合；是否最大限度地利用了环境、材料、教具和学具的所具有的功能。

6．师幼互动评价

教师与幼儿的互动情况，对教育活动的效果有直接的影响。在评价教师与幼儿的互动关系时，主要分析是否正确发挥了教师的主导作用；是否创造条件使幼儿成为活动的主体；教师与幼儿在活动过程中的交往是否和谐融洽，是否积极主动地相互交往；幼儿的注意力、兴趣、情绪、意志、性格等非智力因素是否得到充分的激发。

拓展阅读 5-2

幼儿园中班语言领域集体教学活动的对策及建议

1．充分了解幼儿需求，制定切合幼儿实际的活动目标

语言活动目标的制定，需要在教师充分了解幼儿的实际发展情况的前提下进行，了解幼儿现有的程度，预测幼儿受教育后能够达到的程度。如果目标设置较低，幼儿容易因为觉得过于简单而失去学习的兴趣；若目标设置过高，则可能导致幼儿由于压力过大而拒绝接受。设置教学目标，应尽量避免随意的、笼统的、不完整的表述，应当用简洁清晰但完整的语言进行描述，这样更加有利于教师明确自己的活动目标，在进行活动的时候思维更加清晰。此外，制定活动目标应将幼儿作为主体，尽量使用可以观察的行为的动词，而不是抽象的词语。

2．反复推敲演练，选择合适的活动内容

活动内容的确定，不能只看教师的个人喜好，也不能仅仅根据所谓的“教材”“模板”，而应当考虑幼儿的整体情况和发展差异。因此，教师可以在活动之前就向幼儿提出问题，搜集幼儿的具体情况，了解他们对活动的感兴趣程度和可接受程度。活动内容的设计应做到充分尊重幼儿，内容也应当是有益于儿童身心健康发展的、适合于幼儿开展的。

3．提高幼儿参与度，加强师幼互动有效性

在活动实施的过程中，教师应当尽可能地引导幼儿主动参与到活动中去，提高幼儿活动的积极性。同时，教师应注重全方面地观察幼儿，关注全体幼儿的优点和兴趣点，在活动过程中恰当地根据实际情况进行修正。在师幼互动方面，教

师不能只关注幼儿发言人数等外在表现，更应该着重注意幼儿在与教师互动时的真实情感情绪，了解幼儿所关注的事物，对他们进行及时的鼓励和赞扬，对有问题的幼儿给予启发，尽可能地提高幼儿参与活动的热情，使师幼互动更加积极有效。

4. 合理安排活动时间，有效设计活动环节

由于幼儿的精力有限，注意力集中的时间不长，教师更应该注重活动的效率。教师在准备活动的时候，应当做到对各个环节心中有数，比如时间的分配，导入环节如何能快速但有效地进行；中心环节应当有多少时间，完成哪些目标；总结环节应当怎样启发幼儿进行思考；延伸环节又该如何，等等。此外，教师还应当注意各环节之间的联系，不能单纯地为了讲解而讲解，将各个环节机械地分离，而应当做好衔接工作；最后，还应当注意衔接时候的时间利用，避免时间上的浪费。

5. 促进教师专业成长，加强教学技能培训

虽然一次有效的集体教学活动应当是教师和幼儿共同完成的，但是不可否认的是，由于幼儿教育的特殊性，教师的教学能力是活动能否顺利进行的关键因素。教师对一堂课活动时间、节奏的把握，影响着幼儿对活动的感兴趣程度、注意力集中程度、可接受程度等。因此，对教师进行技能培训，提高教师教学能力，是提高教学质量的重要手段。

（资料来源：夏蔚. 幼儿园中班语言领域集体教学活动质量评价——基于对10次录像课的分析［J］. 成都师范学院学报. 2016（12）. 38-46.）

拓展阅读 5-3

对语言活动“我最喜欢的玩具（小班）”的评析

一、活动：我最喜欢的玩具（小班）

（一）活动目标

1. 能认真倾听同伴说话。

2. 能围绕话题说出自己的感受。

3. 愿意和同伴交换自己最喜欢的玩具。

（二）活动准备

1. 将活动室布置成一间“宝宝玩具屋”，鼓励幼儿从家中带来自己最喜欢的一件玩具，装扮“宝宝玩具屋”。

2. 幼儿已在活动前与同伴一起玩过带来的玩具，有与同伴分享玩具的体验，对全班幼儿带来的玩具的名称、外形、玩法等有了初步了解。

（三）活动过程

1. 幼儿在“宝宝玩具屋”自由游戏。

（1）幼儿自由玩玩具或与同伴结伴游戏。

（2）教师巡回观察幼儿游戏情况并引导幼儿与同伴交谈，说一说自己玩的玩具的名称和玩法。

（3）教师以游戏者的身份和幼儿边游戏边交谈，引导幼儿描述自己的玩具。

2. 引导幼儿围绕话题“我喜欢的玩具”进行谈话。

（1）请部分幼儿说一说自己最喜欢的玩具。幼儿谈完后，教师可帮助其概括并整理谈话的主要内容，如玩具名称、玩法等，以便为其他幼儿的谈话提供线索。

（2）教师通过提问引导幼儿介绍自己喜欢的玩具，如：你最喜欢的玩具是什么样子的?是谁买的?怎么玩?你为什么喜欢它?等等。

3. 引出新话题，扩展谈话内容。

教师：“你还见过什么样的玩具?你在哪里见到的?”鼓励幼儿与同伴相互交流。

二、活动评析

学前阶段是幼儿口语交往能力快速发展的时期，幼儿园应当为幼儿创设让他们有话想说、敢说、能说的机会，锻炼他们的口语交往能力。活动“我最喜欢的玩具”的设计符合谈话活动设计的一般规律，并将不同语言经验的学习进行了整合。

活动目标第一、二条直接指向幼儿日常交谈经验的获得。谈话话题的选择、环境的创设和已有经验的准备都是幼儿熟悉的，所以幼儿愿意说并且有话可说。

活动过程的第一个步骤包含了谈话活动的两个环节。第一个环节是利用“宝宝玩具屋”游戏，激发幼儿参与活动的兴趣，集中他们的注意力，从而自然引出谈话话题。第二个环节是教师以游戏者身份引导幼儿之间进行自由交谈。在活动过程的第二个步骤中，教师以部分幼儿的谈话内容为例，通过“递词”和提问等方式引导幼儿学习延续谈话的技能。在活动过程的最后一个步骤中，教师的主要任务是引出新的谈话话题，引导和鼓励幼儿运用和锻炼新获得的谈话技能。

（资料来源：余珍有. 幼儿园语言领域教育精要——关键经验与活动指导［M］. 北京：教育科学出版社，2017.）

第三节　学前儿童语言教育评价的方法

一、观察评价法

观察评价法主要通过对幼儿行为表现的观察了解，来对整个教育活动的效果进行分析，包括分析活动目标的达成情况，活动内容和方法的适合程度，以及了解幼儿通过活动之后在语言方面产生的变化。如果把观察评价法与其他评价法结合起来使用，将会取得较好的评价效果。

通过观察可以获得大量的评价信息，可以及时了解教育活动的运行状况，还可以通过观察得来的反馈信息，随时调整活动的内容、方法和组织形式。这一方法主要通过对儿童行为表现的观察了解，来对整个教育活动的效果进行分析，这是一种行之有效的评价方法。

观察评价法最常见的是在自然情景下的观察，即在日常教育活动中，做密集性的连续性的观察。有时，教师也可以通过提问来观察儿童语言表述情况。在分组活动和个别活动中，教师可以通过巡视来观察幼儿的语言表述情况。也可以与幼儿个别交谈，借此来了解幼儿的语言情况，稍微复杂一点的是按照教育活动的目标和内容，创设某种语言情境，让幼儿在这种语言情境中进行语言交流，教师从中观察幼儿是否了解与掌握了有关的语言知识和语言技能。

二、自由叙述法

自由叙述法是将对教育活动的意见、判断、感想等自由地写下来，通过口头语言或文字叙述对教育活动加以评价的方法。这种方法既适合于自我评价，也适合于对他人的评价。

自由叙述法的最大特点是不做定量分析，不需要专门的测量工具和复杂的评价程序。自由叙述法有利于综合反映活动过程中的情况。既可以对静态的因素（如活动目标、内容、方法、材料、环境布置等）进行分析，又可以对动态的因素（如儿童在活动中的行为表现）加以分析。为了清楚地用文字表述对某一活动的评价，在叙述时应该分类。叙述中的分类可以有多重维度，可以按照活动的要素将叙述的内容分为对目标的评价、对内容的评价、对方法的评价、对师幼关系的评价等，也可以按照优缺点分成两大类。还可以分为对幼儿的评价，对教师的评价。

三、综合等级评定法

为了在评价中获得对语言教育活动的总体印象，在语言教育活动的评价中还可以采用综合等级评定法。这一方法是从纵向和横向两个维度确定评价指标的，既对活动的各种因素进行分析和评价，又对活动的各种状态进行分析与评价，从而能够得到综合的评价信息。纵向包括构成语言教育活动的各种因素，主要有目标、内容、形式、儿童参与活动程度、材料利用情况、师生互动。横向包括教育活动各因素在运行过程中的状态及其等级，根据这两个维度制成综合等级评定表。教师在活动评价中，只要在相应的位置打“√”即可。使用此方法，可以获取多重评价信息，评价者借助于这些信息材料，既可以对教育活动进行定量分析，又可以对教育活动进行定性分析，还可以对教育活动进行因子分析。

拓展阅读 5-4

多彩光谱评价体系在幼儿教育中的实施途径

多彩光谱评价项目与传统的斯坦福—比奈智力测试相对，是基于加德纳多元智能理论基础上在幼儿期对幼儿进行的测评项目。开发多元智能领域的儿童活动以及不同于传统标准测量的儿童智能评价工具等。多彩光谱评价方案强调个体智能发展具有差异性，在不同智能领域中认知能力发展也不同，故而在幼儿教育阶段智力评估的目的应该是发现幼儿的强项智能，引导幼儿进一步发展其强项智能。

多彩光谱评价方案由7个智能领域即运动、社会活动、语言、视觉艺术、数学、音乐、科学以及15个评价活动和18种活动风格构成。并对7个智能领域设计一整套的活动，包括活动发展的关键能力、活动目标、活动材料及准备、活动具体步骤、活动延伸等，每个活动配有具体的观察指标、观察表，方便教师的观察。

1. 扩大评价范围

“多彩光谱”项目选择学龄前儿童作为评测对象，从科学角度看，研究的重点是有效检测出个体之间智能的差别最早在什么时候，以及这种早期差别鉴定的价值。从实用角度看，幼儿期人的大脑可塑性最强，若能尽早发现幼儿的智能特长，对幼儿多元智能的发展将会更好。虽然多彩光谱教育评价项目最初的目的是为了了解智能的早期标志，但在后期的研究中研究者更多的是注重每一项智能里所能被识别出的几种核心能力。例如，音乐智能的核心能力是音乐感知与创作能力；语言智能的核心能力是虚拟叙述和描写叙述的能力；身体动作智能的核心能力是表达感情的动作和单纯的运动的能力，故而测评者在进行单元智能测评时会特别重视核心智能。当然，抛开学校教育训练的实用技能外，作为一个正常的社会成年人所必需的各方面技能也在评估范围中。最重要的是，多彩光谱教育评价体系所着重研究的是最终导致科学发明的能力，即创造力、想象力。同时，还要对儿童不同的认知风格与行为方式进行观察，意识到不同儿童有不同的行为方式才能够做出最为有效的教育干预。

2. 创设评价环境

“多彩光谱”的实施主要是在“多彩光谱”教室里进行，教师为儿童设置丰富的活动来激发幼儿的各种智能组合。比如“博物学之家”“故事角”“建筑角”等十几个各式各样的活动角用以激发儿童各个方面的智能以及智能组合。在这些活动角内，测试者们会为儿童提供“师徒式”的观察机会，同时也建立了学习中心，为儿童提供丰富的素材，让儿童自己动手，创造出自力更生的环境特征，具有培养认知和个人成长的潜在功能。在这样的环境下，儿童需要学习一年的时间，充分地接触不同的学习领域，而在不同的学习领域内不同的素材可以激发儿童不同的智能与潜力。经过一年的特别训练，教师可以轻松地观察到每个儿童的兴趣和才能，只要将资料汇集成为册，做成系列报告，描述清楚儿童的优缺点，就可向家庭、学校乃至社区提出教育性建议，他们可以依据这些数据帮助学生及其家长对儿童未来的课程和学业做出决定。

3. 创新评价方式

创新评价方式，在评价时除了关注传统智能，更应该关注其他智能的发展，全方位促进幼儿多元智能的发展。测评人员应该在实际的观察中给予正确的评估。并且无论何种领域内的评估，评估者都会给儿童提供丰富的可操作的素材。例如在“多彩光谱”教室的设置中，评估者会将儿童同伴与老师的小模型放置其中，并且布置场景，在这样的情况下再进行观察和评估，从中可以观察到儿童对朋友及社会的责任感和在教室的活动能力。从多彩光谱教育评价活动方案所评估的诸多智能活动可得知，多彩光谱教育评价体系的评估范围不仅包括目的明确且规范程度较高的活动，也有诸如大自然观察活动这般结构化程度不明显的活动。与传统的测试不同，“多彩光谱”的评估时间是在全学年里持续进行的。评估记录包括成绩册、观察记录一览表等，并做出一系列报告，此外还有家长活动手册，告诉家长对孩子的智能发展不可急于求成。“多彩光谱”强调个体差异性，评估中评估者对于幼儿的记录应该给予重视并提出可行性建议，包括强项智能如何带动弱势智能的建议。

（资料来源：董培，尹江倩. 多彩光谱评价体系在幼儿教育中的应用研究［J］. 广西教育学院报. 2019（05）. 190−193.）

本章小结

学前儿童语言教育评价是指以语言教育目标为准绳，运用科学的评价方法，按照一定的评价程序，对语言教育活动的整个过程和语言教育活动的效果做出价值判断和事实描述，并将结果反馈于语言教育实践活动，为教育对策的制定提供科学依据的过程。对语言教育活动中幼儿教师、幼儿和语言教育活动本身三个方面进行评价，主要是为了引导学前儿童语言教育活动的顺利开展、增加学前儿童语言教育的有效性并为学前儿童语言教育活动的实施提供反馈。学前儿童语言教育的评价必须遵循科学性、可行性、尊重差异性、整体性、多主体等原则。学前儿童语言教育评价的方法主要有观察评价法、自由叙述法、综合等级评定法等。

关键术语

教育评价　学前儿童语言教育评价　观察评价法　自由叙述法　综合等级评定法

讨论与思考

1. 阐述学前儿童语言教育评价的含义。
2. 试述学前儿童语言教育评价的原则。
3. 试述学前儿童语言教育评价的内容和方法。

建议的活动

1. 观摩一次语言教育活动，运用不同方法进行评价。
2. 持续观察一位幼儿，评价其语言发展水平。

第六章 幼儿园谈话活动的组织与实施

学习目标

1. 了解幼儿园谈话活动的内涵。
2. 理解幼儿园谈话活动的基本特征和主要类型。
3. 掌握幼儿园谈话活动的目标、内容选择和过程。
4. 掌握设计和组织幼儿园谈话活动的基本方法，学会组织实施幼儿园谈话活动。

导入案例

幼儿园李老师组织了一次主题为“小时候的故事”的大班谈话活动，她对小朋友们说：“小朋友们，你们记得小时候的事情吗？”小朋友们茫然地看着她不说话。李老师又说：“快点，谁先来讲讲小时候的事！”小朋友们相互看看还是不作声。李老师点名：“小丽，你说说，你小时候个子是不是比现在矮？”小丽回答了一句“是的”便不再讲话了。之后，老师又指定了几个小朋友发言，但是都没有达到预期的效果。

通过此案例的描述可以看出，此次谈话活动是失败的，这位幼儿园老师不了解什么是幼儿园谈话活动，未能掌握组织和设计谈话活动的方法，缺乏组织实施幼儿园谈话活动的经验。那么，幼儿园谈话活动到底是什么？幼儿园谈话活动又该怎样设计与指导呢？本章将围绕幼儿园谈话活动开展论述。

第一节　幼儿园谈话活动概述

谈话活动是幼儿园语言教育中不可缺少的一种类型，它可以充分发展幼儿倾听和口语对话的能力，具有独特的促进幼儿语言发展的功能。《指南》中指出：“幼儿的语言能力是在交流和运用的过程中发展起来的”，这就要求教师认识、理解并掌握幼儿园谈话活动的内涵、特点、类型、目标、内容和设计组织。

一、幼儿园谈话活动的内涵

谈话是人类交流最基本的方式，它是以对话形式进行的言语交往，也称对话、交流、会话，是人与人之间思想和情感交流、传递的过程，是人际交往的必备技能。

幼儿园谈话活动是语言领域的重要内容，对幼儿的语言发展具有深远的价值和意义。幼儿园谈话活动是指教师有目的、有计划地组织幼儿围绕一定的话题，学习运用口头语言与他人进行交流的语言教育活动。这一活动旨在创造一个良好的语言环境，帮助幼儿学习倾听他人谈话，习得与他人交流的方式和规则，培养与人交往的能力。

1. 幼儿园谈话活动与日常交谈

幼儿园谈话活动与日常交谈都能发展幼儿的语言交流能力，日常交谈为幼儿参加谈话活动打下语言基础，谈话活动有助于进一步提升幼儿日常交谈的水平，两者相互促进、互为基础，但两者也存在一定的差异。

①有无预期目标和计划方面：幼儿园谈话活动是有目的、有计划地为幼儿创造交流的机会，它是有目的、有计划、有组织的；日常交谈则是幼儿在日常生活中的随机谈话，是无预期目的和计划的随机谈话。

②话题方面：幼儿园谈话活动的话题是教师根据教育目标、计划精心设计的，是以一定内

容为主题的，是固定的；日常交谈的话题随意而灵活，大多就事论事，谈话中心可以随时转移，话题不固定，具有较大的随意性。

③场合方面：幼儿园谈话活动一般是在集体场合下进行的，主要发生在活动室；日常交谈没有固定的场合，可以是集体性的谈话，也可以是个别单独的交流，不受场合的限制。

④时间方面：幼儿园谈话活动是利用正式活动时间专门进行的；日常交谈一般发生在自由活动中，可以是晨间、饭后、睡前等，不受时间的限制。

2. 幼儿园谈话活动与幼儿园讲述活动

幼儿园谈话活动和幼儿园讲述活动都是语言教育活动开展的主要形式，它们的不同点主要体现在以下几个方面。

①活动目标方面：谈话活动的目标主要是给幼儿创造运用口头语言与他人交流的机会，鼓励幼儿大胆地与他人交谈、积极说话、善于表达自己的想法；讲述活动主要培养幼儿清楚、完整、连贯地表述一件事物或者事件的能力。

②活动内容方面：谈话活动主要围绕幼儿已有经验的话题进行交流；讲述活动主要针对幼儿需要认识的图片或者情境进行讲述。

③活动形式方面：谈话活动主要以对话的方式展开，是一种互动的形式；讲述活动主要以幼儿在集体面前的独立讲述形式展开，是一种独白的形式。

④语言规范要求方面：谈话活动的语言是一种对话，可以归纳到非正式场合语言运用的范畴，其语言不要求幼儿运用准确无误的句式和完整连贯的语段；讲述活动是一种独白，语言要求类似正式场合的语言，在语言的规范性、准确性、条理性上有一定的要求。

3. 幼儿园谈话活动与科学领域中的总结性谈话

幼儿园科学领域中有一个重要的环节是“总结性谈话”，它与这里讲述的谈话活动也是有一些区别的。总结性谈话的目的主要是帮助幼儿巩固加深有关科学内容的认识，谈话活动则是注重培养幼儿的语言能力，不特别考虑话题内容的认识范畴。需要注意的是，幼儿园各领域教育内容之间存在相互渗透的特点，在教育活动中可以将两者适当结合以取得更好的活动效果。

二、幼儿园谈话活动的基本特征

（一）有一个具体、有趣的中心话题

谈话活动是教师有目的、有计划、有组织的语言教育活动，该活动着重一个“谈”字，谈什么即选择什么中心话题就显得尤为重要。中心话题主导了幼儿谈话的方向，限定了幼儿交流的范围，使得谈话有核心并具备一定讨论的性质。一般来讲，教师选择有趣的谈话中心话题时应该考虑三个因素：熟悉、新鲜、共同关注。

1. 幼儿对中心话题有一定的熟悉度

谈话活动的话题应该密切关注幼儿已有的认知经验，是幼儿所熟悉的，符合幼儿的年龄阶段特点的内容。如果谈话的话题脱离幼儿的知识经验，在活动过程中，幼儿的参与度自然会降低。只有话题与幼儿认知经验有一定交叉，幼儿才会有自己的想法，才会主动思考，才会认真倾听同伴的谈话，积极参与表达自己的观点，想说、乐意说。例如，谈话活动“我的妈妈”，幼儿在教师的指导下，可以说说自己的妈妈是什么样子的，妈妈在家会做什么事情，妈妈有哪些本领，如何表达对妈妈的爱等。这一话题就贴近幼儿生活，幼儿往往比较感兴趣。

2. 幼儿对中心话题具有一定的新鲜感

谈话活动的话题对幼儿要有一定的新鲜感和刺激性，新颖、新鲜、刺激，这样才能调动幼儿参与谈话的积极性。例如，谈话活动“恐龙乐园”“卡通世界”“热点动画”等话题就具有较好的新鲜感。反之，如果谈话的话题被反复提起，就不会引起幼儿的强烈关注了。

3. 与幼儿生活中共同关心的内容有关

谈话活动的话题与幼儿生活中共同关心的内容有关，这样的话题才可能引起幼儿的注意，让谈话在幼儿之间有效地进行下去。例如，谈话活动“快乐的儿童节”“我最喜欢的玩具”等，这些话题能够使幼儿产生交流和分享的愿望，引起他们的共同关注。

（二）有较丰富的谈话素材

组织幼儿谈话的内容须是幼儿知识经验范围之内的，幼儿的知识经验越多，谈话的内容越丰富。知识经验的积累是开展好谈话活动的基础，只有对谈话内容具有一定的经验积累之后，幼儿在谈话中才能有话可说，谈话素材才能完整、丰富，才能触及所谈事物的本质特征。一方面，可以通过多次、多方面的经验、体验和感受，多种感官的感知，获得丰富的感性经验，积累丰富的体验；另一方面，也可以通过参观、游览、日常生活中的观察、教育活动、游戏、电影或电视获得相关的知识经验。例如，组织幼儿谈美丽的秋天，教师就可以组织幼儿在秋季开展一个月左右的观察，观察秋天的气候、植物、动物、人的衣服和活动等方面的变化，在充分观察的基础上，幼儿会积累丰富的素材，谈话自然就滔滔不绝、生动形象了。

（三）注重谈话的多方交流

谈话活动注重幼儿的交往语言或对白语言，侧重于师生间、同伴间的信息交流与补充。当幼儿围绕中心话题进行交谈时，交谈思路呈辐射状，他们围绕中心话题展开各自不同感受的谈话；由于不同幼儿的个体经验是多种多样的，因此，每个幼儿获取的信息量都比较大；谈话活动中交流的对象多样，幼儿可以与小组同伴交流，可以与邻组同伴交流，可以与老师交流，也可以在集体面前交流；谈话活动中交流的形式也较多，一般包括幼儿与教师之间、幼儿与幼儿之间、教师与幼儿之间的不同交流模式。

（四）有宽松自由的交谈气氛

谈话活动的交谈氛围是宽松自由的，无论幼儿的原有经验如何，他们都可以在活动中畅所欲言，将自己想讲的话说出来。宽松自由的交谈气氛一般体现在以下两个方面。

1. 谈话活动话题的扩展和见解自由，不要求统一认识

谈话活动没有统一的答案和看法，也没有一致的讲述经验和思路。活动中，教师允许幼儿根据自己的感受发表见解，针对谈话话题说自己想说的话，表达自己的内心感受和意愿。例如，在谈话活动“我的爸爸”中，幼儿可以根据自己的经验感受，可以谈谈爸爸的模样，可以谈谈爸爸在家里做的事情，可以谈谈对爸爸的爱，还可以谈谈和爸爸一起做过的事情等。只要是话题范围内的，幼儿都可以进行交流和分享。

2. 谈话活动语言自由，不强求规范

谈话活动重在给幼儿提供开口说话和与人交流的机会，让幼儿在交流中不断操练和巩固自己的语言经验，通过提高自己的语言敏感程度来发展其语言表达能力。因此，谈话活动不特别强调幼儿使用准确无误、完整连贯的规范化语言进行表达，只要能够鼓励幼儿愿意交谈、积极说话、大胆交谈、敢于表达自己的见解和看法就可以了。

（五）教师起间接引导作用

教师是谈话活动的设计者与组织者，但在谈话活动中，教师一般以参与者的身份参加活动，其作用是间接的。教师在谈话中以参与者的身份出现，并不意味着谈话就是无计划的交流。教师仍需要按照预定的目标内容，紧扣谈话的中心话题，有效影响谈话活动的进程。

教师的间接引导往往通过两种方式得以体现：一是用提问方式引出话题或转换话题，引导幼儿谈话的思路，把握谈话活动的方式。例如，谈话活动“我的快乐五一”，教师可以通过提问“这个五一你去了哪里？你和谁去的？在那里发生了什么有趣的事情？”来引发幼儿自由交谈。二是用平行谈话的方式对儿童做隐性示范。例如，谈话活动“我的快乐五一”中，教师可以谈自己的“快乐五一”和自己旅游时的感想，向幼儿暗示谈话时组织交流内容的方法。

三、幼儿园谈话活动的主要类型

谈话活动实际上是通过一定的话题引发多方的言语交往活动，凡是符合此特征的言语交往活动都应该列入谈话活动的范畴。从内容和组织系统性上来看，谈话活动一般可分为日常生活中的谈话和专门的集体谈话；从内容的指向和基本性质上来看，谈话活动一般可分为回忆性谈话和概括性谈话；另外，在幼儿园还有一种特殊的谈话形式，即开放性的讨论活动。

（一）日常生活中的谈话

日常生活中的谈话是发展儿童口语的重要途径，是谈话活动的一种重要形式。日常生活中的谈话话题丰富，情境性强，谈话可以在任何时候开展。它主要包含两种形式：

①日常个别谈话。日常个别谈话可以在日常生活的各个环节中进行，如来园、晨间活动、盥洗、游戏时，活动过渡的间隙，离园时等。日常个别谈话通常是教师经过一定的计划和准备，将谈话对象、谈话内容、谈话方式等列入一日活动计划，而不是随意的日常交谈。日常个别谈话的主要目的在于培养个别儿童主动大胆地与人交流的能力，增强个别儿童的交流兴趣和信心。

②日常集体交谈。日常集体交谈形式活泼、对象多样，可以是师生间的谈话、可以是同伴间的谈话，也可以是师生或同伴间的讨论。

（二）专门的集体谈话活动

专门的集体谈话活动是指教师围绕幼儿感兴趣的话题，事先制定一定的计划和教育活动方案，运用生动有趣的方法，引导幼儿围绕主题进行交谈，是一种有目的、有组织的集体谈话活动。与日常生活中的谈话相比，集体谈话活动是以集体教学活动的形式进行的。

集体谈话活动的话题多样，话题可以是教师拟定的，也可以是请儿童参与拟定的。一般来说，主要话题有：喜欢的事物，如动物、玩具、图书、衣服、动画片的内容等；周围的人，如爸爸妈妈、爷爷奶奶、老师及同伴等；周围环境，如花草树木、建筑物、道路、居住环境等；各类节日，如六一国际儿童节、国庆节、中秋节、春节等；一般活动，如春游、参观、访问、旅游、探亲访友等；重大社会活动，如申奥成功、神舟系列航天载人飞船的成功等。

需要注意的是，小班、中班、大班选择的话题应有所侧重，要考虑到幼儿的年龄特点。一般来说，小班的话题可以关注实物，如好玩的、好吃的；中班的话题可以增加关注人物的内容，如我的妈妈；大班的话题可以增加描述现象的内容，如我的愿望。有计划的谈话活动对幼儿的有意注意、有意记忆和言语能力要求较高，因此不太适合小班初期幼儿，可以从小班下学期开始。

（三）开放性的讨论活动

讨论活动的话题一般都是开放性的，这类话题没有固定的答案，可以让幼儿发挥想象，用自己的观点与他人进行充分的语言交往。开放性的讨论活动对幼儿的语言能力、思维能力都有很高的要求，对幼儿来讲有一定的难度，一般在中班以后才可以开展。

第二节　幼儿园谈话活动的设计与组织

一、幼儿园谈话活动的目标

谈话活动着重培养幼儿运用口头语言与他人交往的意识、情感与能力。《纲要》中提出了幼儿语言教育的总目标，包括："注意倾听对方讲话，能理解日常用语""能清楚地说出自己想说的事""乐意与人交谈、讲话礼貌"，这些都是需要在谈话活动中进行培养的。

（一）幼儿园谈话活动的总目标

1. 帮助幼儿学习倾听他人的谈话，并及时从中捕捉有效的语言信息

倾听是有意识地、专注地、认真地听，是儿童感知和理解语言的行为表现，是幼儿学会谈话的第一步，是幼儿学习与他人交谈时一种不可或缺的行为能力。

婴幼儿学习语言就是从"听"开始的。婴幼儿说话一般要经历两个过程：先是"学听话"，婴儿一出生就处于口语的语言环境中，用耳朵接受信息；随着幼儿语言器官的发育，会逐步进入到第二个过程——"学说话"，即用嘴巴来表达信息。婴幼儿学习语言要经过先听后说、先理解后表达的过程。幼儿通过耳朵听获得语言的体验和刺激，了解声音、意义，感知语音、词汇和语法。只有懂得倾听、善于倾听，才能理解语言形式、语言内容和语言运用的方式；只有理解语言才能与别人进行交流和沟通。

然而，通过观察发现3岁左右的幼儿在自由交谈时存在自说自话的现象，他们不太懂得耐心倾听别人的讲话，其社会性发展和语言交往水平存在着一定的局限。因此，在幼儿园谈话活动中，教师应培养幼儿良好的倾听习惯，使幼儿能够安静地倾听别人说话，让幼儿知道认真倾听是尊重他人的表现。

通过有目的、有计划、有组织地开展谈话活动，教师可以逐步引导幼儿建立几种倾听技能：①有意识倾听技能，即有主动倾听他人谈话的愿望、态度和习惯。当他人说话时，能集中注意力耐心地倾听，从而去感知、接受他人谈话的信息；②辨析性倾听能力，即学习从仔细地倾听中分辨出不同的言语声音，感受说话人声音的不同特点、声音所表现出的不同情绪等；③理解性倾听能力，即能够在倾听时迅速地掌握别人所说的主要内容，把握一段话的关键信息，连接谈话上下文的意思，从而能够获得谈话的中心内容，交流自己的见解。

2. 帮助幼儿学习围绕一定的话题谈话，充分表达个人见解

帮助幼儿学习"谈话"，实际上是指导幼儿按照社会交往过程中约定俗成的方式进行交流。谈话活动虽然没有统一的答案，但也不是随心所欲地东拉西扯，谈话往往有一个中心话题，参与谈话的任何一方都要围绕中心话题交流个人想法，这是谈话的最基本的思路。

（1）谈话活动要求儿童学会围绕中心话题进行交流，避免“跑题”现象

谈话活动应给与幼儿机会，让幼儿在倾听他人谈话的基础上，围绕中心话题思考自己的想法，然后说出与主题有关的，适合这一场合的话语。例如，谈话活动“特别的我”，教师可创设宽松的谈话环境，引导幼儿围绕“我”的特别与同伴幼儿积极交谈“我”和别人不一样的地方，让幼儿在“长得跟别人不一样”“做的事情跟别人不一样”等方面展开交流，幼儿必须在“我跟别人不一样”这个中心问题的框架之下，根据自己的经验进行表达，避免跑题现象。

（2）围绕中心话题不断扩展谈话内容，层层深入地表达见解

围绕中心话题不断扩展谈话内容，幼儿才能够充分表达自己的想法，使得谈话更加深入。

3. 帮助幼儿学会基本的运用语言进行交谈的规则，提高语言交往水平

幼儿学习谈话，需要懂得一定的语言交往规则。掌握了规则，幼儿才能正确地与人交流，才能不断提高自己的语言交往水平。一般来说，幼儿需要掌握的谈话规则一般有以下几个方面。

（1）用适合角色的语言进行交谈

生活中人们会在不同的场合与不同的人谈话，每个人在谈话中都有特定的角色，需要用相应的方式来交流。这些方式包括与不同人谈话时会有不同的语音、语调，不同的音量，不同的组词造句方法等。

（2）用轮流的方式进行交谈

许多幼儿在刚开始学习谈话时，会出现抢着讲、乱插嘴、光说不听等现象，这就需要教师进行引导。谈话活动中，教师要有意识地培养幼儿轮流交谈的习惯，让幼儿学会耐心听别人讲完后再发表个人意见。如果是两个人交谈，需要一一对应地讲话；如果是多人交谈，则需要按照潜在的顺序逐个讲话。

（3）用修补的方法延续谈话

谈话不是瞬间结束的交流方式，参与者需要就交流内容做一定时间的交谈。为防止谈话内容的中断，谈话过程中参与者要用修补的方法来延续谈话。教师需要培养幼儿修补延续谈话的意识和能力，可通过示范、提问或引导，使幼儿学习延续谈话的修补方法，增长这方面的敏感性。

另外，谈话活动的目标还可以体现在情感态度、认知和能力三个方面，具体分解如下。

情感态度方面：

①有主动倾听他人谈话的愿望、态度和习惯；

②有礼貌地倾听别人谈话，能根据话题做出相应的反应；

③积极与他人交谈，乐意说出自己的意见和感受；

④主动运用适合自己角色的语言，自觉运用听说轮换等基本交谈规则进行交谈。

认知方面：

①知道要倾听他人的谈话；

②知道与他人谈话时要围绕话题，不跑题；

③知道围绕中心话题不断扩展谈话内容；

④知道交谈的基本规则，并知道在谈话中运用这些规则进行交谈。

能力发面：

①能够倾听他人的谈话，及时从中捕捉有效的信息；

②能够围绕一定的话题谈话；

③会不断扩展谈话内容，充分表达个人见解；

④能在合适的场合主动热情地运用基本交谈规则与他人进行交谈。

（二）幼儿园各年龄段谈话活动的目标

幼儿谈话活动的年龄段目标是谈话活动针对不同年龄段的具体要求和发展方向，年龄段目标就是期望通过这个阶段幼儿的整合学习使他们在谈话方面达到一定的水平。

1．小班（3~4岁）

①学会安静地听同伴说话，不随便插嘴。

②喜欢与同伴交谈，愿意在集体面前讲话。

③能听懂并愿意说普通话。

④在教师的引导下，学习围绕主题谈话，能用短句表达自己的意思。

⑤初步学习常见的交往语言和礼貌用语。

2．中班（4~5岁）

①能集中注意力，耐心地倾听别人谈话，不打断别人的话。

②乐意与同伴交流，能大方地在集体面前说话。

③能说普通话，较连贯地表达自己的意思。

④学会围绕一定的话题谈话，不跑题。

⑤学会用轮流的方式谈话，不抢着讲，不乱插嘴。

⑥继续学习交往语言，提高语言交往能力。

3．大班（5~6岁）

①能主动、积极、专注地倾听别人谈话，迅速地掌握别人谈话的主要内容，并从中获取有用的信息。

②能主动地用普通话与同伴交流，态度自然大方。

③能围绕话题谈话，会用轮流的方式交谈，并能用恰当的语言表达自己的情感，与同伴分享感受。

④逐步学会用修补的方法延续谈话，进一步提高语言交往水平。

二、幼儿园谈话活动的内容选择

谈话活动的内容选择是实现教育目标的手段，是将教育目标转化为幼儿发展的中间环节，也是活动设计和活动组织的主要依据。因此，活动内容的选择是幼儿园谈话活动设计的核心。一般来说，在幼儿园的谈话活动中，内容选择可从以下三个方面考虑。

（一）内容要与幼儿感兴趣的、熟悉的生活紧密相关

谈话只有与幼儿熟悉和感兴趣的内容结合，他们才能就相关的经验交流和讨论。因此，组织幼儿谈话的内容必须是幼儿感兴趣的、知识经验范围之内的，是根据幼儿的观察、参观、教育活动、游戏、看电影或电视中所获得的知识经验进行的。比如幼儿喜欢的玩具、爱看的动画片、好玩的游戏、刚刚发生的有强烈体验的重大事件等。幼儿越感兴趣，知识经验越多，谈话的内容就越丰富。相反，如果幼儿不感兴趣，对某个地方或某件事物只观察了一次，所获得的印象只是初步的，幼儿就谈不出什么；同时，完全陌生的话题更是无法使幼儿产生谈话的兴趣，比如“海啸的形成”这一谈话主题，幼儿就无法进行饶有兴趣的谈话。只有当幼儿对某种事物或某种现象进行多次观察，从不同的角度比较细致地了解它以后，再组织幼儿谈话，他们才会谈得完整、丰富。

1. 谈话活动的内容可以与幼儿家庭生活密切相关

家庭生活中的相关内容是幼儿所熟知的，围绕这些内容进行交谈，幼儿有话可说，如我的爸爸（妈妈）等。

2. 谈话活动的内容可以与幼儿园生活密切相关

在幼儿园，生活活动是最常态的活动，幼儿在生活中经常会处于一种放松自然的状态，因此，可以根据幼儿园一日生活的各个环节开展谈话活动，让幼儿积极、自由地发表个人见解。比如：在入园时，谈谈怎么样做才是一个文明有礼貌的好孩子；在进餐时，请幼儿做小小的食物介绍员，谈谈食物的色泽、味道和营养等；在进行游戏活动时，请幼儿从游戏的规则、玩法和游戏开展情况和发生的趣事等方面进行谈话；离园的时候更可以谈一谈一天的收获以及进步等。这样的谈话能够给幼儿极大的自由，能够让他们的潜能充分释放出来。

3. 谈话活动的内容可以与节日活动密切相关

现代人非常重视节日，春节、端午、中秋、元旦等，幼儿耳濡目染，也都会有所了解。因此，把节日作为谈话的主题能引起幼儿的兴趣和共鸣。例如，端午节的谈话，可以从端午节的传说、端午节的风俗习惯、说说我的端午节等方面开展系列谈话活动，这样既可以丰富幼儿的知识，也可以增强幼儿的参与意识。每一次节日谈话都可以分成两到三次进行开展：节日前一天的预热了解，节日当天的热情参与，节日过后的回忆升华。通过开展不同层面的谈话活动，让幼儿在谈话中把节日深深印在脑海里。

4. 谈话活动的内容可以与社会生活密切相关

幼儿眼中的世界是多彩的、多元的，他们渴望认识了解整个世界，因此可以把社会生活的大主题、职业、场所、活动作为谈话的主题。例如，奥运会中的比赛项目和金牌榜；世界杯足球赛的规则和热情；说说你去过的城市是什么样的；对父母的职业了解；看电影的感受；坐飞机和坐火车的不同之处；你最爱看的电视节目；我知道的广告；等等。谈话内容丰富多彩，幼儿可以畅所欲言，教师要鼓励幼儿多听多看多说，增长见识。

（二）内容可依据近期教育的主题内容来确定

1. 根据科学教育的内容来确定

通过科学教育，幼儿可以了解大量的自然知识和社会知识，这些知识都需要通过谈话活动将其条理化，形成正确的概念。因此，这些内容也是谈话活动的选题范围，尤其是观察后的谈话和总结性谈话的题目，更要从这些内容中选择。

2. 根据品德教育的内容来确定

对幼儿品德教育的内容是广泛而细致的，从爱父母、爱家乡到爱祖国、爱社会，从培养对他人的同情心到关心别人、帮助别人，从克服自私、撒谎的坏品质到养成无私、宽容、诚实的好品质，从培养文明礼貌的行为到培养乐观向上的性格等，这些也都是谈话内容的选题范围。

总之，谈话活动的内容既要适合幼儿的现实水平，又要有一定的挑战性；既要符合幼儿的现实需要，又要有利于其长远发展；既要贴近幼儿生活，又要有助于拓展幼儿的经验与视野。

三、幼儿园谈话活动的过程

幼儿园谈话活动的过程一般包含以下四个步骤，依据这一结构序列去设计组织活动，可以取得良好的语言教育效果。

（一）教师创设环境和情境，引出话题

设计和组织谈话活动的第一步，是创设谈话环境和情境，引出谈话话题。教师在谈话活动的开端，通过创设一定的环境和情境，激发学前儿童的兴趣，启发学前儿童对话题有关经验的联想，打开言语表达编码的思路，这是谈话活动不可缺少的一个环节。

1. 创设能调动幼儿“想说、敢说、喜欢说”的环境

（1）物质环境的创设

在创设谈话活动的物质环境时，必须以主题活动开展的需要为线索，创设丰富多彩的活动环境。例如，在进行“我喜爱的小动物”主题活动环境创设时，先请幼儿从家里带来自己喜爱的小动物的玩具或模型，然后在班级的一角布置一个与小动物有关的活动区角。如贴上各种各样的小动物简笔画、照片、剪纸等，放几种不同类型的手工作品，比如有彩泥捏的大象、彩纸卷的乌龟、废旧纸杯做的小猪等。幼儿步入这样精心设计的情境中，如同走进了一个动物王国，每个孩子都被吸引着、激励着，迫切等待着与同伴分享自己喜爱的小动物。创设物质环境时，既可以有教师的作品，也可以有幼儿的作品；既可以有平面的作品，也可以有立体的作品；既可以有观赏性的作品，也可以有操作性的作品。

（2）精神环境的创设

精神环境主要是指一种心理氛围，具体表现在教师与幼儿、幼儿与幼儿之间的相互作用和交往方式等方面。在谈话活动中，要想使每个幼儿敢谈、乐谈、畅谈，就要建立民主、平等的师幼关系和友好合作的同伴关系，创设和谐自由、健康安全的心理环境。例如，在开展“我喜爱的小动物”谈话活动中，教师让幼儿自由组合，分成若干小组。这样的分组，符合幼儿的意愿和需要，他们在进行谈话和交流时不会感到拘谨和陌生，会有一种亲切、自由和安全的感觉。教师在和幼儿谈话时，要多用积极的语言鼓励幼儿。总之，在谈话活动中，教师要多一些鼓励、肯定和欣赏的态度，尽量给幼儿创设一个自由、宽松、融洽、有序的谈话氛围，让幼儿多交流、多合作。

2. 创设生动有趣的谈话情境

（1）用事物或直观教具创设谈话情境

教师可以利用挂图、幻灯、墙饰、玩具等可视形象，激发幼儿参与活动的兴趣，启发幼儿的谈话思路。例如，谈话活动“快乐的国庆节长假”，活动开始时，教师可引导幼儿观察国庆节长假后小朋友带来的照片，或用旅游物品布置展览区。

（2）用语言创设谈话情境

教师自己说一段话，提出一些问题来调动幼儿的经验，以便适时切入话题。例如，教师在展览区说：“小朋友们，今天我们的展览区展示了一些小朋友带来的纪念品和照片。大家过来看看，可以边看边与你身边的小朋友说说这个国庆节你去了哪里，和谁去的，发生了什么开心的、难忘的事情。”

（3）用游戏或表演的形式创设谈话情境

教师通过开展一些游戏或表演活动，创设与谈话内容有关的情境，在情境再现中开展幼儿谈话活动，引发幼儿表述的愿望。

在谈话情境创设时，需要注意两个问题。

（1）注意创设谈话情境的目的

无论以实物的方式或语言的方式创设谈话情境，都必须以有利于幼儿谈话为前提，教师要充分认识创设谈话情境的目的。一般来说，对幼儿谈话难度较大的话题，才需要考虑创设具体的谈话情境。

（2）注意创设的情境与谈话话题之间的关系

谈话情境的创设是为引出话题服务的，一要避免过多与谈话内容无关的情境，二要避免过于热闹而产生喧宾夺主的情境。谈话的情境创设应尽可能地简单明白，以便直接连接话题内容。教师在创设谈话情境时，必须记住情境只是谈话话题的“助手”，教师应以达到引导谈话话题的目的为基本标准来衡量情境创设的量和度，既要充分利用谈话情境启发、引导学前儿童，又要尽快导入话题引发幼儿谈话。

（二）幼儿围绕话题，运用已有经验自由交谈

在幼儿就谈话话题开始之后，教师接下来要向幼儿提供围绕话题自由交谈的机会。这一步骤的目的在于调动幼儿个人对有关谈话中心话题的知识储备，运用已有的谈话经验交流个人见解。

1. 让幼儿自由讲述内心的真实感受

这一环节中，教师要放手让幼儿围绕话题自由交谈，以三三两两自由结合的小组或一对一的小组形式，让每个幼儿积极参与谈话，真正形成双向或多向交流。教师在指导中要尽量做到“一个围绕”“两个自由”。“一个围绕”指的是教师指导幼儿围绕中心话题交谈；“两个自由”指的是交谈的内容自由、交谈的对象自由。

这一活动阶段教师的职责和任务主要是观察了解幼儿的谈话情况并视情况参与谈话，教师不必过多的干涉，一般不做示范，不给提示，不纠正幼儿交流中的用语错误，只要幼儿积极参与交谈，充分表达内心的真实感受，就符合教学要求。

2. 注意自由交谈中的个别差异

自由交谈中，教师应鼓励每位幼儿积极参与谈话，形成双向或多向的交流，为幼儿提供很好的表达机会，但在这一过程中，也会有一些语言能力较弱的幼儿得不到很好的锻炼。因此，教师要有意识地关注交谈中的个别差异，可以将语言能力弱的幼儿与语言能力较强的同学安排在一起，形成一种带动和影响；同时，还要认真倾听语言能力较弱的幼儿的谈话，不断给予他们鼓励，增强他们表达的信心。

3. 适当增加幼儿“动作”的机会

在自由交谈的活动过程中，适当增加“动作”的机会。谈话是口头语言操作，也是动脑的操作。根据幼儿活动的特点，在谈话活动中幼儿动嘴动脑的同时，适当增加一些动手动脚等其他方式的操作活动因素，将更有利于调动幼儿的兴趣，增进他们说话的积极性。在各种谈话活动中，教师均可根据话题内容适当增加幼儿“动作”的机会。

在这一环节中，教师需要注意的事项：教师当幼儿进入围绕话题的自由交谈时，教师必须在场，要观察幼儿谈话情况，做全面的了解。教师不能袖手旁观，不能将幼儿的自由交谈视为一种“放羊”的时机，不能让幼儿随便谈话而自己去做与谈话无关的事情。教师要观察幼儿谈话情况，了解他们运用原有谈话经验进行交谈的状态，了解幼儿谈话的水平差异，为下一阶段活动的指导做准备。

（三）教师引导幼儿围绕中心话题逐步拓展谈话范围

经过让幼儿围绕话题自由交谈的活动阶段之后，教师要引导幼儿围绕话题逐步拓展谈话范围。在此阶段教师通过逐层深入的谈话，向幼儿展示并帮助他们学习运用新的谈话经验，使幼儿谈话水平进一步提高。这一过程是谈话活动的重点内容和核心。

1. 中心话题的拓展是逐步进行的

中心话题的拓展有一定的顺序：对话题对象的描述和基本态度→为什么会有这种态度→对

话题对象的独特感受。例如，在谈话活动“我的好朋友”中，教师可以先让几名幼儿谈论自己的好朋友；接着教师帮助幼儿拓展谈话范围，让幼儿说说好朋友的优点，找他做好朋友的原因，对好朋友的感受等。用这样的方式设计话题的扩展，可以帮助幼儿开拓思路或唤起更多的回忆和内心体验，在此基础上再帮助幼儿学习新的交谈经验。而对中班、大班的幼儿来讲，这种话题扩展模式也给他们提供了一种谈话的思路，这种宝贵思路的习得无论是对他们有条理地进行讲述，还是对他们今后的书面语言的学习都是非常有意义的。

2. 正确地看待谈话技能、态度和规则的学习

教师在指导过程中应充分地认识到谈话技能、态度是需要幼儿经过一段时间才能逐渐培养起来的，教师在引导幼儿学习新的谈话经验时，不要有急于求成、立竿见影的想法。态度和规则的形成需要一定的时间，而谈话技能也需要在一段时间的练习中才能掌握。因此，若教师在活动中让幼儿机械地练习某一技能，甚至将某些交往词语背诵下来一遍遍地重复，就违背了谈话话题不断扩展、活动气氛宽松自由的特点，违背了谈话活动的基本宗旨。

（四）教师有重点地进行引导、隐性示范新的谈话经验

教师通过逐层深入的谈话，帮助幼儿学习运用新的谈话经验，促进幼儿谈话水平的提升。这里需要指出的是，幼儿新的谈话经验是每一次谈话活动目标在活动中的具体化，教师要仔细琢磨“怎样让幼儿学会谈话”的问题，不能呆板理解“谈话经验”的问题，不能误认为“谈话经验”等于一个句式或几个词汇。

教师每一次设计谈话活动时都应当重视根据语言教育的要求和谈话活动的特点，寻找本次活动目标与新的语言经验点，力图从宏观层面帮助学前儿童整理谈话思路，掌握一定的谈话规则，获得一些适用于谈话的交往方式。教师在引导幼儿学习新的谈话经验时，不是用示范、指示的方法直接告诉幼儿，而是通过深入拓展的谈话范围将这种经验逐步传递给幼儿。教师可以用提问、平行谈话等方式，将新的谈话经验引入，让幼儿潜移默化地应用新的谈话经验。

教师向幼儿提供新的语言经验，必须注意以下两点：①每个年龄班学前儿童的谈话水平，应在学前儿童原有谈话经验的基础上进一步扩展他们的经验范畴。例如，培养学前儿童倾听谈话的意识、情感和能力，在小班、中班和大班都应有不同的要求，落实到每一次活动中、应逐步加入新的倾听经验要求；②各个谈话活动设计的新语言经验可能有所侧重。例如，这次谈话活动可重点帮助学前儿童学习围绕中心话题谈话，下次可能是重点学习围绕中心话题深入拓展小话题，在之后的谈话活动中还可能学习学前儿童自己提出话题谈话等。

总之，教师在设计这一步骤的谈话活动时，应当特别注意思考自己“说什么”和“怎么说”，因为此时教师说话的内容和方式直接关系到学前儿童有关新的谈话经验的学习。在这一阶段谈话过程中，倘若教师准备不够充分，出现信口开河、随便说说的现象，或是干巴呆板、无话可说的局面，都将直接影响此次谈话活动的教育质量。

要特别需要注意的是，教师在引导幼儿进行谈话活动时，要注意对幼儿进行即时的心理观察。幼儿的个性不同、生长环境不同、在集体活动所表现出来的“宣泄方式”也是不一样的。有的幼儿热衷于在集体环境中用语言和肢体积极表达自己的内心情绪，而有的孩子或许更钟情于“独处空间”。虽然教师要尽量引导每一个孩子都能够在集体的环境下尽力展现自己，但作为老师也一定要尊重个体差异，一定要给予这些渴望“独处空间”的个体儿童一段适应的时间。

此外，教师要注意观察幼儿在日常的交往中是否主动运用新经验，教师还要进行及时的评议，对做得好的幼儿要给予表扬、鼓励，对做得不好的幼儿要给予提醒、帮助，使幼儿能真正地将学到的经验运用到实践中，真正做到促进幼儿创造性语言的发展。

四、幼儿园谈话活动的具体指导

在谈话活动中，教师要鼓励每个幼儿都能积极参与到谈话活动中，真正形成双向交流，或是多向交流。教师既要关注交谈中的个别差异，又要教会幼儿学会创造性地谈话。因此，教师在开展谈话活动时要弄清自身的角色定位，并且使用一些谈话策略，谈话活动的具体指导策略有以下几种。

（一）巧用各种谈话法

1. 提问法

提问是谈话活动的基本方法。谈话中，教师所提的问题要适合幼儿的经验和思维水平，尽量提得具体，避免抽象笼统；同时问题要富有启发性，能够启发幼儿正确理解事物之间的相互关系，发展幼儿分析综合的能力；另外，提问还要能够调动幼儿谈话的兴趣，能够调动其思维的积极性和学习的主动性。

2. 拼凑法

当幼儿因周围生活的话题都已经谈过而缺乏谈话兴趣时，教师可以借助语言活动、音乐活动中用过的动物图片或人物图片来进行七拼八凑、组合联想创作的方法来进行谈话。这是幼儿非常感兴趣的，比如老师出示小老鼠、大象、小猴和小白兔的图片，让幼儿给这些动物加上一个形容词，如可爱的小白兔、淘气的小老鼠、笨重的大象等，也可以让幼儿根据图片来编一编动物之间可能发生的故事。就这样，幼儿在拼拼凑凑的过程中碰撞出思想的火花，谈出自己的想法，发掘幼儿的创作潜能。

3. 情境假设法

幼儿的思维常常有一定的局限性，有很多自由想象的成分。教师要根据幼儿的思维特点为他们提供各种假设情境，让幼儿去想一想，为什么会发生这样的事情，应该怎么办等问题。通过情景假设，让幼儿自己去想去谈解决问题的办法，以提高幼儿解决问题的能力。如在讨论“有陌生人要带你走”时，幼儿有的说不跟他走，有的说赶紧找老师保护自己，有的说给爸爸妈妈打电话，还有的说报警。这样的谈话会使幼儿的思维变得更加有活力，更加积极主动，而且提高了幼儿解决实际问题的能力。

4. 游戏谈话法

幼儿园谈话活动，尤其是集体谈话活动，是有一定难度的活动。一般来说，在谈话活动中积极发言的总是少数幼儿，让每个幼儿都能积极发言是一件比较困难的事情。为了提升谈话活动的趣味性，教师可采用游戏形式的谈话，这样会容易取得良好的效果。游戏谈话法，即设定一个游戏，把需要幼儿说的话定到游戏规则中去，在游戏中完成谈话的全过程。比如谈话活动“认识动物”，可以由幼儿带上动物头饰扮演各种小动物，教师充当“猎人”来捕捉小动物。游戏可以这样玩：“猎人”捕捉一只动物后，提问被捉到的“动物”，让他来说一说这个小动物的名称、外形、习性等。由于幼儿对游戏本身的兴趣，他们会努力克服困难，积极发言。

5. 直观材料法

谈话中，运用直观材料可以起到很好的促进作用，可以集中幼儿的注意力，可以唤起幼儿对某些事物的回忆，可以使得幼儿的知识更加准确和丰富。谈话活动中的直观材料形式多样，可以是实物，也可以是模型、玩具、图片等。

（二）教师的角色定位——引导与支持

1．智慧发问、多元讨论

陶行知先生曾说过："发明千千万，起点是一问。智者问得巧，愚者问得笨，人力胜天工，只在每一问。"在组织谈话活动中，教师的角色定位就是发问者。这个看似很容易的事物其实一点也不简单，就其难度而言，一点也不亚于回答问题、解决问题。谈话活动中教师提出的问题必须是高质量的、开放式的，能引发幼儿思考和讨论的好问题，而不是简单地通过"是"与"不是"，或是一句话就能回答上来的封闭性问题。在谈话活动中教师要通过多发问、多元讨论，了解幼儿参与学习、掌握学习的状况和水平。

2．隐性示范、间接指导

在谈话过程中，教师应以参与者的身份参与到谈话中，通过间接的指导，通过师生间平等的对话来为幼儿做隐性的示范。比如在谈"我喜欢看的动画片"时，教师可以首先谈论自己爱看的动画片《黑猫警长》，说说为什么喜欢这部动画片，在这个动画片里有哪些人物，动画片有哪些有趣的情节等，让幼儿在倾听教师谈话的过程中了解此次谈话的方式和要求。教师通过暗示法让幼儿了解谈话时的交流方法，并鼓励幼儿在模仿教师谈话的基础上进行大胆创新，能更好地表达。

3．适当管理、创造机会

谈话活动中，教师决不能对幼儿进行高控管理，而是应该适当管理，营造宽松的氛围，创造有利的条件，让幼儿有表现自我和与人交往的机会，有表达自己想法和交流信息的机会。

4．耐心倾听、随机调控

在谈话活动中，尊重幼儿、注重幼儿自主发展并不等于放任自流，教师应耐心倾听并随机调控，促进幼儿语言逻辑性、切题性的发展。

总之，谈话活动应在教师有效策略的引导下，使得幼儿学会在不断的积累中想说就说，越说越好，从而真正促进幼儿语言表达能力的发展。

案例 6-1

小班谈话活动：好吃的水果

一、活动目标

1．愿意参与集体谈话活动，并能做到谈话声音响亮。

2．了解不同的水果名称、形状及味道。

3．学习安静地倾听别人谈话，能用简单的句子围绕话题进行交谈。

二、活动准备

1．每名幼儿带一个自己爱吃的水果，教师将其用保鲜膜包好并放在幼儿椅子下面。

2．另买几个水果，切成块状、上面插上安全水果叉，用盘子装好。

三、活动过程

（一）引出话题

1．请幼儿品尝切好的水果，向幼儿提问："水果好吃吗？你们喜欢吃水果吗？"

2．让幼儿轮流说出自己爱吃的水果名称，请幼儿从座椅下拿出自己带来的水果。

（设计意图：根据小班幼儿的特点，在"引出话题"这一过程中，教师采用"品尝水果"的方式导入，同时提出问题："水果好吃吗？你们喜欢吃水果吗？"通过提问旨在引起幼儿对话题的有意注意，帮助其集中注意力倾听所要谈论的话题，并通过味觉的参与，唤起幼儿对水果的已有经验，为下面的谈话做好准备。）

（二）围绕话题，自由交谈

1．教师用提问的方式引发幼儿的自由交谈。问题：“你带来的水果是什么颜色、什么形状的，有什么味道？”

2．让幼儿手拿着水果与旁边的小朋友自由交谈。

3．教师巡回参与谈话，提醒幼儿安静地听对方谈话，等别人说完自己再讲。

4．对跑题的幼儿给予指导，用插话的方式将幼儿谈话的内容集中在自己带来的水果上，教师注意倾听，发现讲得好的幼儿，为下一步集体谈话做准备。

（设计意图：这个环节针对幼儿手中的水果提出问题，创设出亲切、温馨的谈话气氛，针对小班幼儿具有明显的“以自我为中心”的谈话特征，教师在这个环节中要帮助幼儿学习结伴谈话，逐步养成“有意识集中注意力倾听”的习惯。）

（三）拓展话题，深入交流

1．集体谈论

请自由交流中讲得好的幼儿在集体面前介绍自己带来的水果，教师用语言提示幼儿围绕“水果”说话。要求讲话声音响亮，让大家都能听见。教师还要注意请语言表达水平较差的幼儿参与谈话，为他们提供在集体面前讲话的机会，帮助他们提高语言表述能力。

2．教师用提问方式提出新的话题

（1）你还吃过哪些水果？

（2）吃水果有什么好处？

（3）让幼儿围绕新话题思考自己的谈话内容。

3．教师用平行谈话的方式参与谈话，给幼儿提供一定的谈话经验，注意提醒幼儿用普通话谈论。

（设计意图：这个环节的活动是话题的拓展，从个别水果到一般水果，再谈水果的益处，其目的在于帮助幼儿拓展思维方式和言语表达内容。通过逐层深入的谈话，向幼儿展示并帮助他们学习运用新的谈话经验，使幼儿谈话水平进一步提高。）

（四）总结收尾

1．教师进行小结，使幼儿懂得吃水果有益身体健康的道理。

2．让幼儿一边品尝水果盘中的水果，一边欣赏歌曲《苹果歌》，结束活动。

案例 6-2

中班谈话活动：我的家人

一、活动目标

1．关心和热爱自己的家人。

2．增进对家人的了解。

3．认真倾听同伴讲话，学习用简短句式介绍家人。

二、活动准备

1．事先要求幼儿观察自己家人的日常生活，了解家人在家做些什么事情。

2．每个幼儿带一张自己与家人的合影。

3．小兔子头饰和兔子家人的图片。

三、活动过程

（一）创设情境

教师戴头饰扮演小兔子角色，向大家介绍兔爸爸。通过语言情境，激起幼儿谈论“家人”的兴趣。

（二）提出中心话题

教师：“我们每个人都有家人，每个人的家人都不一样。今天请小朋友来说说自己的家人是什么样子的？他在家里做些什么事情？”

（设计意图：由于幼儿对自己的家人比较熟悉，所以此活动中谈话情境的创设采用了提问的方式来创设情境，引出谈话话题。）

（三）围绕话题，小组交谈

将幼儿分成几个小组或两两结伴，要求幼儿拿着自己带来的照片向同伴做介绍。教师轮流参与幼儿的小组谈话，了解他们的谈话内容，间接引导幼儿围绕话题谈话。

（设计意图：这一步骤要求幼儿借助照片在小组和集体面前自由交流对“我的家人”的认识。通过照片既能够避免幼儿谈话时跑题，又能够引发幼儿对“家人”的记忆，使幼儿有话可说。）

（四）围绕话题，集体谈话

幼儿自由交流后，教师请个别幼儿在集体面前谈谈自己的家人。要求幼儿围绕以上两个问题，大胆地讲出自己对家人的认识。教师对幼儿的谈话给予赞许，对认真、专心倾听同伴谈话的幼儿给予鼓励。

（设计意图：这一步旨在引导幼儿相互学习谈论“家人”的不同方法，分享同伴的经验。每一个在集体面前谈话的幼儿谈话结束后，教师需要进行简单的评析。）

（五）拓展话题，深入交谈

1．教师可以提出如下问题：你喜欢你的家人吗？为什么喜欢他？你愿意为你的家人做哪些事情？鼓励幼儿发表意见。

2．在幼儿谈话过程中，教师用平行谈话的方式，为幼儿提供新的谈话经验。

如：“我的爸爸是一名工程师，爸爸的工作很辛苦，每天晚上都要看书、写文章。他会说很多有趣的故事。我经常和爸爸在一起整理图书，还帮爸爸做其他事情。我喜欢我的爸爸……”

（设计意图：教师通过三个提问：“你喜欢你的家人吗？”“为什么喜欢他？”“你愿意为你的家人做哪些事情？”启发、引导幼儿逐步拓展谈话范围，使幼儿在谈话过程中不知不觉地学到新的谈话经验。）

（六）教师总结

引导幼儿想一想：你们的家人都很爱你们，希望你们成为好孩子。小朋友们也应该关心家人、爱家人。

（七）活动延伸

1．在区域活动中延伸。

教师在各个区域投放不同的相关材料，请幼儿在各个区域活动时给家人制作一件礼物，送给家人，表达自己对家人的爱。

2．在家庭生活中延伸。

让幼儿把自己喜欢的家人的照片带来张贴在语言角，运用已有的谈话经验进行自由交谈，谈谈自己最喜欢的人。

（设计意图：这部分的学习内容为幼儿提供了更多实践机会，将自己的想法在现实生活中进行尝试，帮助他们思考和检验解决问题的实际效果，在进一步合作学习和交流的同时，将语言转化为行动。在语言角张贴家人的照片，是让幼儿应用在教学活动中习得的新的谈话经验，将新的谈话经验引入，让幼儿在不知不觉中沿着新的思路去说，潜移默化地应用新的谈话经验，最终学会这种新的谈话经验。）

案例 6-3

大班谈话活动：有用的绳子

一、活动目标

1．用连贯的语言，围绕“有用的绳子”进行谈话。

2．学习用轮流、修补的方式进行自由、有序的交谈。

3．激发谈话兴趣，大方地向同伴、老师表达自己的想法。

二、活动准备

1．各种绳子（毛线、尼龙、扎头发的发带）若干。

2．幼儿每人自带一根绳子。

三、活动过程

1．通过“故事”引出谈话话题。

（1）教师讲故事：有一个人，常常忘事，他就用绳子打结帮助自己记事，大事打大结，小事打小结，结果呀……

（2）与幼儿讨论如下问题：你在哪里见过绳子？绳子可以做什么用？找一找，自己身上有没有绳子？

（设计意图：话题用“讲故事”的方式引入，可以提高幼儿的积极性，引起幼儿都来寻找“我用绳子干了些什么”的欲望。）

2．运用“玩一玩，说一说”的方法，让幼儿自由地交谈。

（1）让幼儿自由组合，将自己带来的绳子创造性地玩一玩，说一说它的作用。在这一过程中，教师可以与幼儿共同活动。例如：将绳子圈在椅子上跳、爬；把绳子放在地上，在绳子上面走、玩蹦蹦绳的游戏。

（2）教师指导幼儿边玩边说。通过插话，帮助那些只玩不说的幼儿与同伴进行交谈。

（设计意图：这一环节有两个作用。一是给幼儿充分体验、表达的机会，因为全班几十个孩子，不可能每个幼儿都有在集体面前谈话的机会，通过玩耍和自由交谈，使每个幼儿都享受谈话的权利；二是通过集中谈话，可以了解幼儿对轮流、延续谈话方式的掌握情况，以帮助幼儿更有效地捕捉别人谈话的信息进行对话。）

3．运用假设，拓展谈话范围。

教师提出假设：假如我们的身体是一根绳子，躯干是粗绳子，四肢是不粗不细的绳子，手指、脚趾是细绳子，头发是细细的绳子，它们又能干什么用？启发幼儿围绕这些假设，有兴趣地与旁边的小朋友进行交谈，也可以用集中谈话的方式进行有趣的谈话活动。

（在“拓展谈话范围”这一过程中，教师提出一连串有趣的“假设”让幼儿进行谈话，可以激发幼儿无限的想象，还可以引导幼儿将绳子的用途向着生活需要、自我保护等方面去拓展，这样可以引出更多、更有趣的谈话。）

本章小结

本章主要阐述了幼儿园谈话活动的内涵、特征、主要类型，明确了谈话活动的目标、内容选择，结合具体的案例分析了谈话活动的设计与组织方式。

幼儿园谈话活动是培养幼儿学习在一定范围内运用语言与他人进行交流的语言教育活动类型，它通过创造良好的语言环境，培养幼儿与人交往的能力。谈话活动要有一个具体、有趣的中心话题，具有较丰富的谈话素材，注重信息的多方交流，具有宽松、自由的交谈氛围，教师在其中往往起着间接引导的作用。

幼儿园谈话活动包括日常生活中的谈话活动、专门的集体谈话活动、开放性的讨论活动。谈话活动的目标分为总目标和各年龄段的目标；其内容的选择需要从两方面考虑：一是要与幼儿感兴趣的、熟悉的生活紧密相关；二是可根据近期教育的主题进行指定。

幼儿园谈话活动的过程一般包含四个步骤：一是教师创设环境和情境，引出话题；二是幼儿围绕话题，运用已有经验自由交谈；三是教师引导幼儿围绕中心话题逐步拓展谈话内容；四是教师有重点地进行引导、隐形示范新的谈话经验。在具体指导谈话活动时，教师可采用提问法、拼凑法、情境假设法、游戏谈话法、直观材料法等多种谈话法，鼓励、引导并支持幼儿形成双向或多向交流，从而真正促进幼儿口语能力的发展。

幼儿园谈话活动是培养幼儿学习交流语言的教育活动类型，对促进幼儿语言发展有着独特的优势，因此，学习和掌握本章节内容是非常重要也是非常必要的。

关键术语

谈话活动　日常生活中的谈话　专门的集体谈话活动　开放性的讨论活动

讨论与思考

1. 什么是谈话活动？它与日常交谈和讲述活动之间的差别是什么？
2. 谈话活动的基本特征有哪些？
3. 谈话活动的主要类型有哪些？
4. 谈话活动的总目标和各年龄段的目标分别是什么？

建议的活动

1. 观摩、评析幼儿园谈话活动

（1）去幼儿园观摩各年龄段班谈话活动各一节，进行观察记录，并分析活动的组织过程。重点关注活动的组织形式、环节的构成与过渡、教师准备的谈话材料、教师的指导语、教师的教学方法等。

（2）对所观摩的活动从目标达成、内容形式适宜程度、幼儿参与程度、活动效果等方面进行评析。

2. 幼儿园谈话活动设计与组织

设计一个幼儿园谈话活动的方案并进行模拟试教。

第七章 幼儿园讲述活动的组织与实施

学习目标

1. 了解幼儿园讲述活动的内涵。
2. 理解幼儿园讲述活动的基本特征和主要类型。
3. 掌握幼儿园讲述活动的目标、内容选择和过程。
4. 掌握设计和组织幼儿园讲述活动的基本方法。
5. 设计幼儿园讲述活动方案并进行试教。

导入案例

王老师组织中班讲述活动“气球飞起来了”，活动中有一张图片是兔妈妈把一串气球递给小白兔。有的幼儿认为是小白兔过生日，妈妈送给小白兔一串气球；有的幼儿认为是过儿童节，妈妈送气球给小白兔；还有的幼儿则认为小白兔在回家的路上看到卖气球的，要妈妈给它买了一个……小朋友们各持己见，吵作一团。王老师提高嗓音说：“好了，大家不要吵了，这明明是兔妈妈送给小白兔的生日礼物！”教室里安静了，争论被老师制止了，可很多幼儿一直显得沮丧不堪，整个讲述活动都无法积极参与进来。

讲述活动是什么？教师在设计和组织幼儿讲述活动时又需要怎么做？本章将对这些内容进行讲述，从而使大家对幼儿园讲述活动有一个较全面的认识和理解。

第一节　幼儿园讲述活动概述

讲述是发展幼儿口语表达能力的重要形式。在幼儿园，讲述活动曾是语言教育的重要方式。幼儿园讲述活动是一种有目的、有计划地培养幼儿语言表述能力的教育活动，它要求幼儿围绕一定的主题，用比较完整连贯的语言进行讲述，它对幼儿言语的目的性、独立性、创造性和连贯性，对幼儿的思维、记忆、想象等都有很好的促进作用。幼儿园语言教育活动要求幼儿积极参与命题性质的讲述实践，要求幼儿更加准确地运用词汇和句式，它是一种比谈话活动更为复杂的口头语言表达形式。

一、幼儿园讲述活动的内涵

讲述活动是以培养幼儿独立构思和表述一定内容的语言能力为基本目的，要求幼儿借助一定的凭借物，独立构思，在相对正式的语境中完成完整、连贯的语言表达。其着眼点在于促进幼儿独白语言的发展。

讲述活动能够有效提高幼儿的语言水平。在讲述活动中，幼儿需要独立构思讲述内容、讲述顺序、讲述重点，需要考虑怎样能让别人理解自己的话，这一过程能够帮助幼儿掌握一定的讲述方法；同时，幼儿需要在集体面前独立讲述自己的想法，连贯、完整、清楚地讲述人、事、物。因此，讲述活动有助于幼儿语言讲述能力和独白能力的发展。

二、幼儿园讲述活动的基本特征

（一）讲述活动要拥有一定的凭借物

幼儿园的讲述活动，一般要有一定的凭借物。幼儿因生活经验较少，头脑中积累的表象经验不足，这就导致他们不能像成人一样凭借记忆在大脑中顺利组织语言并准确地表述内容。因此，教师需要为幼儿提供一定的凭借物。这里所说的凭借物是指教师为幼儿准备的或幼儿自己参与准备的图片、实物、玩具、情景、动画片、多媒体课件等。教师通过提供讲述活动的凭借物，给幼儿划定讲述的中心内容，使他们的讲述语言具有明显的指向性。可以说，在讲述活动中，一定的凭借物往往成为幼儿讲述的客体，为幼儿指出讲述的中心内容，对幼儿的讲述起着重要的作用。例如：讲述活动“小熊的气球”中，教师先要准备相关图片和道具，幼儿才能理解并进行讲述。需要注意的是，凭借物对于不同的年龄班也要有所区别。比如，小班可以通过实物或简单的图片让幼儿清楚、完整地描述主要特征，中班、大班可以通过实物、图片、情景等，让幼儿讲述人物心理状态、对话、内在动机等，这样，讲述会更加充分并具有创造性。

（二）讲述活动要有相对正式的语境

语言是人类最重要的交际工具，从交际场合的角度来看，言语交际的实质是利用语言传递信息、交流思想感情。当语言被用来表达某种特定的意义时，离不开具体的语言环境。反过来说，不同的语言环境也要求人们使用不同的语言。在一定场合中说话，说什么和怎样说，既与这个场合下所说的内容有关，也与这个场合参与说话的人有关，还与这个场合里其他人说话的方式方法有关。人们在这些因素的影响下，调节自己的说话范围、说话方式和说话风格，以期适应这一特定场合的要求。

讲述活动为幼儿提供的是一种学习和运用比较正式的语言运用场合，幼儿既要能在宽松的气氛中与别人交谈，又要能够经过比较严密的组织，使用比较正规的语言完整、连贯、清楚地来表达个人对某物、某人或某事的认识，这就需要培养幼儿在不同的语言环境中运用不同的方式来表达自己的能力。幼儿在讲述活动中不能像谈话活动中那么宽松自由地交谈，需要慎重考虑后才能发表个人见解；讲述不能有很大的随意性，应该经过比较完善的构思，有头有尾地说出一段完整的话来；用词造句方面，要尽量注意正确性、准确性，合乎规则。可见，运用正规的语言风格说话，是讲述活动的一个重要特点。

（三）讲述活动旨在锻炼一种独白语言

讲述活动锻炼的是幼儿的独白语言。讲述中的独白指的是需要说话的人独自构思和表达对某一内容的完整认识。在谈话活动中，幼儿的语言交流是双向或多向的，交谈的对象是明确的，交谈的话语是简短并相互紧扣连接的。而在讲述活动中，幼儿的语言交流对象是不明确的，往往由一个人讲给多人听，说话的话语相对较长，彼此所说的一段话并不需要上下紧扣，而是相对独立、各成篇章的。讲述是一种复杂、周密的口头语言表达形式，其语言要求比谈话的语言要求高，需要儿童用完整、连贯的语言将内心的感受和体验准确无误地表达出来，并能得到他人的理解。讲述是建立在一般交谈的语言基础之上的，是培养、锻炼幼儿独白语言的特别途径，它有别于其他各类语言教育活动。

（四）讲述活动需要调动幼儿的多种能力

讲述活动中，幼儿需要感知理解凭借物，借助对凭借物的认识和已有的生活经验，构思自己的独白语言，用比较完整、连贯的语言表达思想、叙述事物。不同的讲述内容有不同的思维方式和逻辑顺序，这对于幼儿的各种能力的要求极高。

1. 讲述活动需要调动幼儿的认知能力

幼儿在利用凭借物讲述时，必须先认识所要讲的凭借物，清楚其名称、形状、材质、用途等基本特征，清楚讲述的顺序（如时间、地点、人物、事件等），在大脑中用准确的词汇对其进行概括，从而使自己的讲述完整、清晰。在这个过程中，需要幼儿既能直接认识事物，也能间接地、概括地认识不能直接感知的事物。

2．讲述活动需要调动幼儿的口语表达能力

在讲述活动中，幼儿需要独立构思讲述的内容、顺序、重点，考虑怎样让别人理解自己的话等。例如，在中班讲述活动“我最喜欢的季节”中，幼儿讲述前需要思考讲述哪一个季节，先讲什么，再讲什么，重点讲述喜欢这个季节的原因，用什么句子来描述这个季节等。

3．讲述活动需要调动幼儿的观察力、记忆力、思维力和想象力

在讲述活动中，幼儿需要观察和分析事物的特征、事件发生的原因和顺序，领会人物在不同状态下的思想感情。例如，在看图讲述时，图片中的人物、事物之间都有一定的因果关系或者存在前后顺序，幼儿要经过一定的分析、推理、判断，才能认识自己所要讲述的内容，然后语言连贯地表述出来。此外，在看图讲述中，幼儿要对画面以外的事情展开丰富联想，这也有助于培养幼儿的想象力和创造性思维能力。

三、幼儿园讲述活动的主要类型

讲述活动是一种以发展幼儿口语能力为目的，并调动幼儿多种能力的综合性活动，它的形式是多样的，可以根据多种不同的分类标准，分成不同的类型。

（一）从语言运用特点的角度

1．叙事性讲述

叙事性讲述是用口头语言把人物的经历、行为或事情发生、发展、变化过程讲述出来。叙事性讲述要求说清楚人物、事件、时间、地点和原因，并且要求说明事情发生、发展的先后顺序。在学前阶段，幼儿的叙事性讲述能力得到迅速的发展，但总体水平仍不太高。因此，叙事性讲述一般要求幼儿能简洁清楚地按顺序讲述事件即可。叙事性讲述有两种形式：一种是按照第一人称“我”的口气，把事情经历和个人见闻讲给别人听；另一种形式是以第三人称叙事，讲述“他”“她”或“他们”经历的事情。

2．描述性讲述

描述性讲述是用生动形象的语言，把人物的状态、动作或物体以及景物的性质、特征具体讲述出来。幼儿学习描述性讲述的重点在于初步尝试使用具体、生动、形象的词语说话，同时抓住事物的主要特征进行描述。比如讲述“秋天的银杏树”，要求幼儿描述秋天里的一棵银杏树，要具体说出树叶的颜色、形状和小朋友拣银杏叶可以做什么等，能够传递有关秋天银杏树的信息。

3．说明性讲述

说明性讲述是用简单明了的语言把事物的形状、特征、功用等解说清楚的讲述形式。说明性讲述不需要使用生动形象的形容词，只需表述明白事物状态，交代清楚它的特点、来源即可。

4．议论性讲述

议论是讲道理或论是非，议论性讲述通过摆观点、摆事实来说明自己赞成什么或者反对什么。在幼儿阶段，尽管幼儿的逻辑思维水平不高，议论能力还不强，但是仍然可以进行初步的议论性讲述。议论性讲述对于培养幼儿语言逻辑水平，发展他们的逻辑思维能力极为有益。

（二）从凭借物特点的角度

1．看图讲述

图片是通过色彩、线条反映现实生活的，是幼儿所喜爱的艺术形式。幼儿年龄越小，对直观性的要求越高，但是具体事物不可能样样出现在幼儿面前，因而教师就需要利用图片，使它在现实的感觉和过去的经验之间起桥梁作用，帮助幼儿将语音与事物建立起联系。

看图讲述是使用图片来帮助幼儿讲述的一种讲述活动方式，它是讲述活动中最常见的，也是最重要的方式。讲述活动中，幼儿通过观察图片，根据不同的教育要求，能够准确、完整地表达图片的主要内容。为了让幼儿更好地表达自己的所见，教师在指导幼儿观察、理解和进行讲述时，需要帮助幼儿联想静止之外活动的形象和连接的情节。

（1）看图讲述的形式

根据图片的类别和对幼儿语言上的不同要求，常用的形式有以下三种。

①看图谈话。看图谈话是看图讲述中最简单的一种形式，它一般以简单的问答形式进行，要求幼儿在观察图片的基础上，根据教师的提问，学会用恰当的词讲清楚图片上有什么、在干什么、图片上主要对象的简单特征是什么，简单呈现图片上所表现的对象、现象或事件。

②描述性看图讲述。描述性讲述要求幼儿不仅能观察到图片上的对象和现象的主要特征，而且能观察到细节部分、事物之间的关系和联系，恰当地运用形容词和不同的句子去进行细致的描述，讲清图片上表现的内容。例如，讲述图片上的人，幼儿就要讲出是什么样的人，长相、表情怎样，他在做什么和怎样做等，进而根据画面描述对象的心理状态。

③创造性看图讲述。创造性看图讲述要求幼儿不仅能讲出图片的主要和次要内容的特征和关系，而且要根据图片上提供的线索，编成简短的有情节的故事，即要求幼儿根据自己的想象，创造超出画面的内容，并用连贯性语言把这些事件表述出来。创造性看图讲述对幼儿来说有一定的难度，需要教师用生动形象的示范，使幼儿具体了解它的要求和结构。教师组织这种讲述时，要注意积极发挥幼儿的主动性和创造性。

（2）看图讲述图片的选择

看图讲述中的图片，可以是成品，也可以是半成品；可以由教师制作，也可以由幼儿画成；可以是一张，也可以是几张。一般来说，教师选择的图片在表现形式上要有艺术性，人物要简单、突出、形象鲜明；背景不宜复杂、结构布局匀称，情节一目了然；色彩要鲜明协调、感染力强；篇幅要大，讲单张图片最好是对开纸，连环画最小是4开纸。主题画的主题一般要易于幼儿理解，情节简明；背景不要过于复杂，细节较少，以利于幼儿在观察图片时不被次要因素干扰；画面的内容应为幼儿提供想象的线索，图画在人物的动作、表情及彼此之间关系上，要能提供使人联想画面内容以外的线索。

2．拼图讲述

教师提供各种拼图材料，如各种动物、几何形体的图形卡片，以及拼板积木、雪花积木等结构型玩具，让幼儿根据一定主题自由构思，自己创意拼插成各种立体结构，自由组合画面，然后进行讲述。由于拼图讲述的内容是由幼儿自己创作设计出来的，幼儿用语言表达出来，既容易又具有浓厚的兴趣。创意拼图讲述是以玩具作教具，幼儿边玩边讲，幼儿自己设计讲述内容，自己决定讲述顺序，有利于调动幼儿的学习主动性和创造性，能促进幼儿口语表达能力的提高；同时，拼图讲述符合幼儿好奇、好问、好动手的心理特点，手、脑、口同时并用，能促进幼儿的全面发展。

3. 与美术活动结合进行的讲述

（1）绘图讲述

这种讲述将绘画与讲述结合起来，一般是先绘画，再由幼儿讲述个人绘画的内容。绘画都是画自由画（意愿画），教师让幼儿自己构思画的内容，启发他们画出一定情节，可以反映自己的见闻，也可以反映文学作品中的故事、图画书、动画片中的情节，以使讲述有一定情节为依托。绘图讲述是让幼儿讲自己构思的画，难度较小，因此基本上是让幼儿独立进行的，绘图讲述对提高幼儿的绘画和讲述能力都有积极作用。

（2）捏泥讲述

这种讲述把泥工与讲述结合进行。捏泥时需要捏出两个以上的物体，并构成一定的情节，为讲述提供内容。

（3）染纸讲述

教师让幼儿先做染纸手工，然后对纸上映出来的形象进行描述，发展幼儿的联想能力。

（4）手工制品的讲述

幼儿自己制作立体的手工制品，而后以其为凭借物讲述自己创编的故事。手工制品的讲述是一种充分发挥幼儿想象能力和动手能力的讲述，能充分发挥幼儿的自主性和创造力，具有一定的难度。

与美术活动结合进行的讲述形式和其他讲述活动的形式相比，有许多独特之处。首先，讲述的凭借物都是由幼儿凭想象自己动手制作出来的，这些道具易于激发幼儿活动的兴趣，为创造性思维的发展提供了内在动力。其次，幼儿在摆弄"道具"的过程中，易于唤起相应的表象，将已有的知识经验重新组合，构成进行创造性讲述的基础。"道具"是帮助他们进行想象、思维的支柱。最后，幼儿自己制作"道具"进行讲述，是在自由、轻松和愉快的气氛中进行的，这为他们创造性思维发展提供了良好的心理环境。

4. 实物讲述

实物讲述是使用具体的物体来帮助幼儿讲述的一种活动，具有真实可感的特点。这里的实物主要包含真实的物品、玩具、教具和外在自然景物等。教师在指导幼儿感知理解实物并进行讲述时，最重要的是帮助幼儿把握实物的特征、用途、使用方法等。实物讲述应该在幼儿已经熟悉这种实物的基础上进行，否则幼儿会因缺乏经验而难以讲述。

5. 情景表演讲述

情景表演讲述是要求幼儿凭借对情景表演的理解来进行讲述的一种活动。情景表演讲述先由扮演的角色来实地演出一系列动作、发展情节，表现连续性的事件，在表演之后，幼儿将表演中的情节、内容较完整连贯地表达出来。情景表演生动形象，往往能激发幼儿的兴趣和积极性。但这种讲述对幼儿的要求比较高，需要幼儿在表演过程中集中注意力和观察力，需要有一定的记忆力，还要有一定的想象力和思维力，对幼儿来说，具有一定的难度。

6. 情景再现讲述

放录像展示一段情景事件，向幼儿展示可供讲述的内容。比如：拍摄幼儿在游戏活动中的活动场景，引导幼儿回忆某一有趣经历，与同伴分享自己的活动体验。这种讲述形式可以更加直观地再现活动情景，提高幼儿的观察力，为讲述活动提供丰富的内容。

（三）从讲述内容的角度

1. 生活经验讲述

生活经验讲述是引导幼儿将自己经历的、见到的、听到的事情中记得最清楚、最感兴趣的部分，有条理地讲出来。这种讲述不仅可以培养幼儿独立、连贯的讲述能力，而且有利于幼儿正确地理解社会生活，了解人与人之间的关系。幼儿讲述自己的生活经验，虽然是根据已有印象和亲身经历，但他们在讲述时并不是一成不变地将其再现，他们有时会根据自己的理解组织材料，有时会把多次见到的事情、现象组织在一起，这有助于发展幼儿的概括和组织能力。当幼儿对自己的见闻有了表达愿望时，他们就会更细致地观察生活，这对发展幼儿的观察力，扩大他们的知识领域，都有着积极的作用。

生活经验讲述可分为以下两种情况。

（1）幼儿共同生活经验的讲述

这种讲述与观察后的谈话类似，也是在教师有目的、有计划地组织幼儿观察后进行的。讲述大都是“我们在动物园看到了什么”“我们在超市看到了什么”一类的内容，但是在语言表达方面，讲述要求有更多的独立性，要运用独白的形式。教师组织这种讲述比较容易，因为教师对幼儿将要讲述的内容心中有数，便于指导。

（2）幼儿个人生活经验的讲述

这种讲述需要幼儿从自己的经验中独立选择适合讲述的内容，需要幼儿自己安排好内容的顺序，选择好适当的词和句子，能比较连贯地表达出来。对幼儿来讲，这种讲述的难度较大，一般在中班后期和大班才能进行，但这种讲述对幼儿是非常有益的，它可使幼儿的记忆、思维、语言得到全面的锻炼。个人生活经验讲述的题目必须是幼儿生活范围之内的，是他们熟悉的、印象深刻的，同时还必须是具体的，是他们感兴趣的。例如：“我最喜欢的玩具”（是什么样的、怎么玩，在哪儿买的），“我最喜欢的动物”（它叫什么、长得什么样、爱吃什么、它什么地方最可爱、你为什么喜欢它），“假期中我最高兴的一件事”（是什么事、为什么使你高兴），“我最喜欢的人”（是谁、长什么样、为什么喜欢他），等等。由于这些题目在幼儿感知事物的过程中，是能触动他们感情的事物，幼儿容易记住、保持和再现。为此，教师应该通过日常生活中的谈话，熟悉幼儿的生活范围，了解他们经历的事情和喜爱的事物，以便能更好地确定讲述的题目或范围，做到及时地指导、纠正和补充。

2．创造性讲述

创造性讲述分为续编故事讲述和推理讲述两种。

（1）续编故事讲述

续编故事讲述，最初使用时是只编结尾，后来在使用过程中有所发展，即只给幼儿提供一个故事开端，要求幼儿编出故事的发展过程和结尾。这种讲述对幼儿的想象力和创造性要求比较高，一般只在幼儿园大班进行。对于续编故事的开端主要有以下要求：续编故事所需要的故事开端可以从文学作品中选，也可以由教师自己编；故事开端的题材、主题应是幼儿熟悉的，是幼儿凭已有的知识经验能编出来的；故事开端的内容应是生动有趣的，以引起幼儿把故事编下去的欲望；故事的开端一定要交代清楚时间、地点、主要人物和事件，并且要有伏笔，为幼儿多方面发展情节提供线索，起承上启下的作用；故事开端一般在故事情节转折的地方，即故事出现矛盾的时候中断。

（2）推理讲述

推理讲述是教师给幼儿提供一组不按情节发展顺序排列的连环画，图画一般是4~6张，先让幼儿不按顺序讲述单张图片，在明确每张图片的内容后，教师让幼儿根据自己的理解，将其按生活逻辑排列好顺序，再按顺序进行讲述。这种讲述形式既给幼儿提供了可讲述的内容，也注意了在讲述过程中发展幼儿多方面的能力。

第二节　幼儿园讲述活动的设计与组织

一、幼儿园讲述活动的目标

（一）讲述活动的总目标

根据讲述活动的特点和幼儿语言发展的需要，讲述活动总目标表现在以下三个方面。

1. 感知、理解方面

幼儿语言发展过程中，不仅需要学会说自己的想法，也要学会按照主题要求去构思和说话。这就需要幼儿懂得积极地感知理解“要求说”的内容，充分调动自己的观察能力，运用分析、综合和判断能力理解讲述的对象，最后才能清晰、完整连贯地表达。

幼儿感知理解讲述对象、获得有关讲述内容要求，是一个综合信息汲取的过程。它不仅要求幼儿听懂指示，还要观察讲述对象——凭借物，然后通过运用概念、想象、判断、推理等多种思维形式的活动，获得一定的认识。这个过程并非简单地听和说，还有各种语言和语言之外的认知，如社会能力的参与、加工和协调工作。因此，将活动的目标之一放在培养幼儿感知理解讲述对象，把握获得有关讲述内容要求方面，将有益于幼儿不断增强这种综合信息汲取的能力，这对幼儿语言和其他方面发展都会产生极大的促进作用。

2. 表述方面

讲述活动为幼儿提供了独立构思和清楚完整表述的好场所。表述方面的目标是讲述活动重点要完成的内容，主要可以培养三个方面的语言表达能力。

（1）在集体场合自然大方地讲话

3岁幼儿萌生了在集体面前讲话的意识，但其在集体面前讲话的能力需要通过不断的学习才能得到提高。比如，讲话音量很小、不够大方等。通过教师指导，幼儿可以在讲述活动中逐步学会如何在集体面前自然大方地讲话。在集体场合自然大方地讲话，具体包括以下几点要求：①勇于在许多人面前说出自己的想法；②乐于跟别人分享自己的观点，积极地说话；③在集体面前说话不忸怩作态，不脸红害羞，不胆怯退缩；④用大于平时讲话的音量和正常的语调、节奏在集体面前说话。

（2）使用正确的语言内容和形式进行讲述

幼儿处于语言学习过程之中，他们的表达还会出现语音、语法、词汇方面的错误。但是通过尝试错误，错误可以不断得到修正，一步一步地向正确的方向靠拢。讲述活动要求幼儿使用规范化的语言，这就要引导幼儿不断地纠正错误，提高使用正确语言内容和形式的水平。

（3）有中心、有顺序、有重点地讲述

在讲述活动中要求幼儿使用独白语言，以发展幼儿有中心、有顺序、有重点地说话的意识和能力。有中心地讲述，要求幼儿敏锐地感觉说话范围，在讲述时不“跑”题，不说与中心内容无关的事；有顺序地讲述，教幼儿学习按照一定逻辑规律来组织表达自己的口语语言，增强他们说话的清晰度、条理性；有重点地讲述，要求幼儿抓住事件或物体的主要特征，传达最重要的信息，而不是讲话时漫无目的。幼儿在讲述活动中，独立进行构思和清楚完整表达的语言能力，可以提高他们的表述行为水平，促进其语言发展。

3. 倾听方面

这一目标是针对听者而言的。讲述互动中讲述者是重点，表述方面的目标是主要目标，但同时也不能忽略倾听方面的目标。按照儿童心理学家皮亚杰的观点，4岁前儿童的语言主要是以自我为中心的，他们之间没有真正的相互交流，即使在一起游戏他们也常常各说各的话。每个儿童在讲到自己正在做或准备做的事情时，既不注意别人在说什么，也不关心别人是否在听自己说。因此，他们对听者的特征是不敏感的。

幼儿园的讲述活动，要求幼儿在所处的集体中说话、交流，并且这种说话有共同指向的内容。这样的活动可促使幼儿关注别人的言谈，以及自己所说与别人所说内容之间的关系，努力使听众对自己所讲内容产生兴趣，并能为他们所理解。

倾听的目标主要包含两点：①能安静、耐心地在集体中倾听他人讲述，不随便打断别人的话语；②能在集体中专注地听他人讲述，并将倾听的主要内容记忆并理解。

4．其他方面

除了上述目标之外，讲述活动还要渗透以下方面的目标：情感方面的目标、动手能力方面的目标、生活能力方面的目标、劳动教育的目标等。

（二）各年龄段的目标

1．小班

①能有兴趣地运用各种感官，按照要求去感知讲述内容。

②理解内容简单、特征鲜明的实物、图片或情景。

③愿意在集体面前讲述。

④能正确地说出讲话内容的主要特征或其中的主要事件。

⑤能安静地倾听老师或同伴讲述，并用眼睛注视讲述者。

2．中班

①养成先仔细观察，后表达讲述的习惯。

②逐步学会理解图片和情景中展示的事件顺序。

③能主动地在集体面前讲述，声音响亮，句式完整。

④学习按照一定的顺序讲述实物、图片或情景的内容。

⑤能积极地倾听别人的讲述内容，发现与自己讲述内容的不同，并从中学习好的讲述方法。

3．大班

①通过观察，理解图片、情景中蕴涵的主要人物关系和思想感情倾向。

②能有重点地讲述实物、图片和情景，突出讲述的中心内容。

③在集体面前讲话态度自然大方，能根据场合的需要调节自己讲话的音量和语速。

④讲话时语言表达流畅，没有明显的停顿现象，用词、用句较为准确。

二、幼儿园讲述活动的内容选择

（一）内容选择要贴近幼儿生活

《纲要》指出，营造一个与学前儿童生活本身一致的高度综合的课程形态，这与现代教育的发展趋势是一致的。讲述活动的内容要有机联系、相互渗透，注重综合性、趣味性、活动性，寓教育于生活、游戏之中，力图要从幼儿喜闻乐见的生活事件中汲取有用的部分作为讲述活动的内容，培养幼儿流畅有序地进行讲述的能力。

（二）内容选择要符合讲述活动的要求

讲述活动旨在锻炼幼儿的独白语言能力，要求有相对正式的语言环境。处于学前阶段的儿童，独白语言发展的水平较低，教师在选择讲述内容时要考虑所选内容的适宜性，创设相对正式的语言环境，从而促进幼儿独白语言的发展。

（三）内容的选择要符合幼儿的身心发展水平

讲述活动的内容选择应与幼儿的身心发展水平相符合，要考虑到幼儿知识经验和语言经验的局限性，符合幼儿的年龄特点、知识经验水平、兴趣和能力等。

三、幼儿园讲述活动的过程

虽然讲述活动的类型多种多样，但其拥有共同的要求和特点，即要求幼儿围绕某一对象用一定的方式方法进行连贯、清楚、完整地讲述，因此在设计和实施时讲述活动存在相对稳固的活动步骤，遵循相对稳定的结构和规律。一般来说，幼儿园讲述活动可以按照以下几个步骤展开。

（一）创设情境，引出讲述主题

讲述活动开始时，创设一定的情境能够调动幼儿学习的主动性和积极性，能启发幼儿的思维，帮助幼儿集中注意力，引发其讲述的兴趣。创设情境的方法主要有以下几种。

1. 运用直观教具引出主题

教师以展示讲述活动的部分或全部教具，如图片、实物或电子课件等，作为活动开始。教师借助与主题有关的可视形象，借助直观形象的特点抓住幼儿的注意力，使幼儿关注讲述活动的主题内容，引起幼儿讲述的兴趣和愿望。教师可以出示直观教具，与幼儿一起观察、讨论，如教师展示大熊猫的玩偶，请幼儿讲讲大熊猫的外形特征，说说自己对大熊猫的了解，逐步引出本次看图讲述活动的主题内容“大熊猫在做什么”；教师还可以在活动之前布置相关的图片或物品展览，让幼儿在观赏中激发讲述的兴趣，如讲述一些生活经验的话题。

2. 以游戏或情境表演方式引出主题

教师通过开展游戏、观看表演或进行简短的情境表演等活动把幼儿带入与主题相关的情境，引出主题，引起幼儿参与活动的兴趣。例如：小班看图讲述活动“小老鼠运鸡蛋”中，教师用两只小老鼠的手偶表演了一个小片段，引出两只老鼠要运鸡蛋的主题，在生动形象的表演之后，幼儿观察故事图片，再进行故事讲述。

3. 以直接要求或提问引出主题

直接要求是教师在活动之初直接抛出活动内容，并提出一定的要求。例如：讲述活动“森林音乐会”中，教师直接介绍情境“今天小动物们在森林里举办音乐会，邀请我们班的小朋友一起参加，我们一起去看看吧”；再如：讲述活动“小兔子为什么来晚了”中，教师直接提出要求“今天老师要和小朋友一起编故事，教师来编开头和结尾，中间的部分请你们来编”，这样的方式直入主题，能够明确提出活动任务。

提问是教师在讲述活动前结合教具等材料采用提问的方式，启发幼儿从多角度去思考和主题有关的问题，为幼儿的讲述做好导入。例如：讲述活动“最后一个苹果”中，教师在黑板上用简笔画的方式画了一棵树，树杈上只有一个苹果，向幼儿提出问题：“小朋友们猜猜看，这棵苹果树为什么只有一个苹果?”幼儿在老师的引导下做了很多不同的猜想。这样的导入方式对后续的讲述起到了很好的铺垫作用，幼儿的讲述会更有创意和想象力。

（二）感知、理解讲述对象

讲述活动的中心内容是讲述的凭借物（讲述对象），幼儿要对凭借物非常熟悉和了解。因此，引导幼儿感知理解讲述对象是在正式讲述前的一个重要环节。

感知、理解讲述对象指的是幼儿通过各种感官进行观察、感知、理解，以获得对事物的认识。在讲述活动中，幼儿感知理解讲述对象的主要途径是通过观察进行的，即通过视觉汲取信息。比如：看图讲述、情境讲述都是通过让幼儿仔细观察图片、实物或者情境表演来感知理解讲述对象。当然，除了观察以外，也可以通过其他感觉通道去获取信息。例如：讲述“夏天的雷声”，可以让幼儿听取夏天下雷雨时的风声、雨声和雷声；讲述“过新年”时，可以让幼儿听取一段有鞭炮声的录音。

感知理解讲述对象的方式多种多样，教师要根据实际需要进行研究和选择。同一个讲述内容，采用不同类型的讲述，感知方式会有差异；同一讲述对象在活动中要求的不同，讲述方式也有区别；每一次讲述活动的目标不一样，感知理解对象时也不一样。因此，教师要依据讲述类型、具体活动要求以及讲述对象的特点，采用适当的方式让幼儿进行感知和理解。①教师可以依据讲述类型的特点引导幼儿理解感知讲述对象。如：叙事性讲述着重感知理解事件发展的过程、顺序以及人物在其中的作用；描述性讲述重点观察物体或人物的状态、动作、特征等；说明性讲述重点感知事物的形状、特征、功用；议论性讲述可以让幼儿结合自己的生活经验和个人喜好感知理解讲述对象。②教师可以依据凭借物的特点来感知理解讲述对象。讲述活动中的凭借物是多种多样的，有的是相互有关系的图片，有的是实物，有的是听觉信息组成的活动情境等。对于不同的凭借物，幼儿感知的侧重点是不同的。如：对图片的感知重在事件的过程上，表演的感知主要在人物的表情、动作及语言上。③教师可以依据具体活动要求的特点来感知理解讲述对象。每一次活动的目标和要求都是不一样的，所以在感知理解讲述对象时的要求也是不一样的。例如：情境讲述中，如果要求幼儿有重点地讲，教师可以让幼儿感知完整的表演内容；如果要求幼儿有顺序地讲，可以让他们分段观看表演内容。

（三）运用已有经验自由讲述

在幼儿感知、理解讲述对象的基础上，教师要调动幼儿学习的积极性，启发他们思考，给他们创设讲述活动环境并引导他们运用已有经验自由讲述。组织学前儿童运用已有经验讲述的方式，一般有幼儿集体讲述、分小组结伴讲述、个人之间互相讲述等。集体讲述时，虽然是集体活动的状态，但需要保障每个幼儿都有围绕感知对象充分而自由地发表个人见解的机会；分小组讲述时，一般每组4人为宜，幼儿有更多的机会围绕同一感知对象轮流进述，这种方式具有直接交流的特质，能保证每个学前儿童都有讲述的机会；个别交流讲述是幼儿一对一地讲述，教师可让幼儿就近与邻座同伴结成对子，轮流进述，也可让幼儿对着假想的对象进行讲述。

教师在指导幼儿运用已有经验进行讲述时，需要注意以下几点：①在幼儿自由讲述前，教师要交代要求，提醒幼儿围绕感知理解的对象进行讲述，能抓住事件或物体的主要特征讲述，不“跑题”；②在幼儿自由讲述的过程中，教师要注意倾听幼儿讲述的内容，及时发现他们讲述中的闪光点和存在的问题，并给予适时的纠正和评价；③在活动中，教师要注意倾听，可以用提问等方式引导幼儿讲述，鼓励幼儿大胆运用语言表达自己的已有经验，但教师不要过多指点幼儿讲述，以免干扰他们的思维，降低他们讲述的积极性。

（四）引入新的讲述经验

经过上一阶段的自由讲述之后，教师要根据幼儿的讲述水平和讲述主题为幼儿引进新的讲述经验。新的讲述经验是每次讲述活动的学习重点，它主要是指讲述的思路和讲述的方式。教师在示范新的讲述经验时要注意以下几点：①需要帮助幼儿厘清讲述思路，使得讲述具有顺序性和条理性；②需要帮助幼儿认识讲述的基本要素，如人物、地点、事件过程、结果，教师让幼儿掌握这些基本要素，使得讲述更具完整性和连贯性；③要帮助幼儿学习基本的讲述方式，这些方式包括观察、感知理解讲述对象的重点内容、次重点内容，注意讲述的详略安排，这种方式对幼儿思维能力的要求较高，一般在中班后期培养；④帮助幼儿形成按照一定顺序讲述的能力，比如看图讲述中的从上到下、从左到右、从大到小、从表面到本质的描述。这些都有助于幼儿清楚、有条理地讲述。

引进新的讲述经验的方式是多种多样的，概括起来主要有以下几种。

（1）教师示范新的讲述经验

引入新的讲述经验最直接的引出方式就是示范，在讲述的过程中，教师在幼儿自己讲述的基础上提出一种新的讲述思路，就同一讲述对象发表个人见解。教师直接用新的讲述方式的过程给幼儿做出范例，再要求幼儿进行仿造，这种方法更适合小班和中班的幼儿。例如：中班看图讲述活动“不爱洗澡的小猪”，其中有个片段是小猪罗罗参加朋友的生日会，因为自己太脏而被大家嫌弃，教师模仿不同角色的口气，以对话加旁白的方式示范讲述了这个片段。之后，教师要求幼儿也尝试这样的讲述方式，并让每个幼儿在教师示范的基础上按自己的思路讲述这个片段。

（2）教师通过提示引进新的讲述经验

在有些活动中，教师可以用提问、插话的方法引导幼儿的讲述思路，为他们导入新的讲述经验。在运用这类方法时，教师表面上顺着幼儿的讲述内容，实际上却通过提问、插话不断改变幼儿的讲述思路。

（3）教师与幼儿一起讨论新的讲述思路

教师可从分析某一位幼儿的讲述内容入手，通过鼓励、引导或师幼共同讨论的方式引入新的讲述经验，与幼儿一起归纳新的讲述思路，让幼儿用自己独特的方式进行讲述，这种方式适合大班幼儿。例如：大班生活经验讲述活动“夸夸我的好妈妈”中，老师说：“刚才甜甜小朋友讲得真好，她在讲述自己的好妈妈时，先讲了妈妈长得什么模样，然后讲了妈妈在哪里工作，接下来说了妈妈最喜欢做的事情和对自己的关心爱护，最后又说了自己为什么喜欢妈妈……”通过师幼共同讨论，帮助幼儿厘清讲述顺序，也引进了新的讲述经验。

（五）巩固、迁移新的讲述经验

讲述活动中，仅仅引进新的讲述经验是不够的，还需要在幼儿获得新经验的基础上，进一步培养幼儿思维的创造性，提供幼儿实际操练新经验的机会，以利于他们更好地获得这些经验，进一步提高讲述水平。巩固和迁移新的讲述经验，具体有以下做法。

1. 由A及B

当幼儿学习了一种新的讲述经验后，教师立即提供同类不同内容的机会，让幼儿用新的讲述A的思路去讲述B。例如：幼儿学习讲述一件玩具的顺序后，教师可让幼儿用同样的思路讲述另一件玩具，从而帮助幼儿掌握所学的新的讲述经验。幼儿学习了讲述“夸夸我的好妈妈”

后，可以再迁移讲述“夸夸我的好爸爸”“夸夸我的好老师”等。

2. 由A及A

在教师示范新的讲述经验并帮助幼儿厘清思路后，让幼儿尝试用新的讲述方式来讲同一件事。例如：学习讲述“秋天的菊花”后，让幼儿开个小花展，向小班的弟弟妹妹介绍秋天的菊花。需要注意的是，在这种情况下，教师应要求幼儿创造性地运用新的讲述经验，尽可能地避免绝对模仿和复述别人的话。

3. 由A及A1

教师可以在原讲述内容的基础上，提供一个扩展或延伸原内容的讲述机会。例如，拼图讲述中，在教师示范过新的拼图添画和讲述经验之后，进一步要求幼儿自己拼图添画，然后讲述。通过这样一个环节让幼儿巩固和迁移新的讲述经验。

讲述活动的几个步骤之间联系紧密，前一个步骤是后一个步骤的基础，步骤之间是一个内在的、完整的组织程序。因此在组织讲述活动时，应多让幼儿操练、实践，使他们在获得经验的基础上不断地积累创新，在愉快的活动中发展语言表达能力和思维能力。

四、幼儿园讲述活动的具体指导

（一）创设良好的讲述环境

心理学家皮亚杰强调：“儿童是在周围环境的影响下，通过主客体的交互作用，而获得心理发展的。”适宜的物质和心理环境，能激发幼儿学习的欲望，增强幼儿主动活动的意识，从而促进幼儿语言的发展。这就需要创设温暖、宽松、愉快的环境，提高幼儿讲述的积极性，从而获得最佳的语言发展效果。

教师树立正确的教育观、儿童观，把幼儿看成和自己一样平等的人，成为幼儿的引导者、观察者、鼓励者。在讲述活动中，教师对幼儿的态度、引导，直接影响着讲述效果。讲述互动是一种意愿活动，需要幼儿在教师的引导下产生说的意念。如果幼儿说错了，教师立即加以指责，这样幼儿说话的意念就被抑制了。教师在讲述活动中不仅要关心语言能力强的幼儿，更要花精力去关心、鼓励语言能力弱的幼儿，提供他们多听、多想、多讲的机会，从而提高他们的语言能力。由于每个人所积累的生活经验不同，思维方式不同，对事物的看法也自然不尽相同，在讲述活动中，这一点表现得尤为明显。比如：讲述活动“狐狸和坛子”，第三张图片是“狐狸使劲地甩头想把套在自己头上的坛子甩掉”，有的幼儿认为是狐狸喝醉了酒，头在发晕；有的幼儿认为是狐狸在用头撞击坛子；还有的幼儿则认为是狐狸在坛子里发出了“咚咚”的声音。幼儿所说的这一切，都是符合情理的，教师不能以武断的态度，轻易予以否定，而是应该创设民主气氛，尊重幼儿的看法，以鼓励、亲切的态度，呵护幼儿的创造性思维。

（二）使用多种指导方法

1. 示范

幼儿讲述活动的基本要求是独立地运用独白言语，连贯地描述或叙述一个事件，这对幼儿来讲难度是比较大的，需要教师一步步引导。因此，讲述活动中，教师经常需要运用示范的方法。示范运用最多的形式是范讲，即教师对某一物体或事件做简明、生动的描述，给幼儿提供模仿的范例。示范讲述一般在以下几种情况下运用：幼儿刚开始学习讲述时、对幼儿提出新的讲述要求时、对不善于讲述的幼儿进行帮助时。

示范方法在看图讲述和生活经验讲述中运用较多。看图讲述过程中，示范方法的使用是灵活多样的。小班时，可以由教师讲图片开始，逐步过渡到运用提问方法进行看图谈话；中班、大班，示范多用于幼儿讲述之后，目的在于提高讲述质量。教师还可以用讲相近图片的办法进行示范，这种示范讲述主要起启发作用。在生活经验讲述中，教师可以讲述自己童年的事，也可以把自己所熟悉的幼儿的事转述给幼儿听。示范讲述可以是真人真事，也可以是虚构的内容，它应当能引起幼儿讲自己经验的愿望，能引导幼儿回忆起生活中的相似事件，并教会他们怎样把这些事件讲出来。

教师的示范性讲述应该明确指出人物、时间、特点，不宜多做静态描述，重点应在人物活动和情节发展上，把人物的活动讲得生动有趣，对话要简短。示范可以由教师讲，也可以请能力较强的幼儿讲。

2. 提问

提问是看图讲述的基本方法。教师的提问起着引导幼儿观察，理解图片内容，帮助幼儿用恰当的词句进行讲述的作用。下面着重讲述提问方法在看图讲述中的运用。

讲述活动中，教师的提问要紧扣主题，不提与主题无关的内容；教师要根据图片的内容考虑主要看什么，哪些是陪衬；提问要能引导幼儿有目的、有次序地观察；提问的顺序应从整体到局部，从主要情节到次要情节，从具体到抽象，教师先让幼儿对图片有总的印象，然后再问有关地点（环境）或人物（什么样的人）、时间（季节或天气）、人物之间、人物与环境的关系，最后再涉及人物心理活动方面的问题；教师提问的问题要能起到引导幼儿思维步步深入的作用。例如，对小班幼儿的提问，开始一般只问有什么、在干什么、人物的简单特征；随着年龄增长，提问逐渐要求幼儿对图片内容进行简单描述（是什么样的、怎样做的），讲清图片上人物和事件是什么关系；幼儿进入大班后，教师还可以提一些与图片内容有关，但在图片上没有表现出来的事物的问题，如为什么那样做、是怎样想的等，以培养幼儿分析和判断问题的能力。

提问是否恰当直接影响着教育效果。不同的问题可引起幼儿不同的反应和回答，所以提的问题一定要事先拟定好。讲述主题画时，提问的问题可参考以下的范围：①帮助幼儿对图片的整体有所了解，如“图片上画的是什么？”即要求幼儿把图片上的主要事物概括地讲出来。②要求幼儿讲出图片的基本内容，如“图片上都有什么（人和物）？是什么样的？在什么地方？人在做什么？”即要求幼儿讲出画面形象、背景的特征、人物动作和状态等。③帮助幼儿了解画面各部分之间的关系，如“谁在干什么？为什么要那样做？怎么想的？结果怎么样？”这类问题主要是帮助幼儿了解画面上人物之间、人和事之间、人和环境之间、环境和事之间的关系，同时还可以激发幼儿积极思维，使他们的想象能超出画面的范围，创造性地进行讲述。

3. 提供讲述提纲

讲述提纲是教师给幼儿规定的讲述内容和顺序的要点，主要用于共同生活经验讲述和创造性讲述。幼儿是否需要严格地按照提纲讲，教师可根据不同年龄，提出不同的要求。5岁以后的幼儿开始学习讲述时，如果他离开了提纲，教师可以不打断他的讲话，待其讲述结束后指出其讲述的不完整、不连贯的部分，并要启发其他幼儿对讲述做补充。对6岁以后的幼儿，教师要明确其讲述的目的性和连贯性，应注意培养其按照提纲讲述的习惯，当幼儿偏离提纲时，教师不仅要指出其讲述离开了主题和提纲，而且要培养幼儿能听出同伴讲述中的问题的能力。

为了使幼儿能比较容易地按照提纲进行讲述，教师可以先带领幼儿一起分析提纲，指出同一个问题可以讲出不同的内容。例如：续编故事中的一个提纲“冬冬为什么没按时回家”，教师可以带领幼儿分析，东东是被老师留在学校了？还是在回家的路上遇到什么事了？他可能遇到什么事呢？经过分析和启发，幼儿可以打开思路。集体分析提纲一般是分析幼儿感到困难的问题。

（三）及时开展讲述评议

评议对幼儿起激励的导向作用，讲述活动需要及时评议。讲述活动的评议一般放在幼儿讲述之后，不要求教师对每个幼儿的讲述都加以评议，需要评议的是那些有价值的部分，如在内容、用词、造句、语调、表情等方面有可取之处的部分。

评议的方式可以由教师评，也可以启发幼儿互相评。讲述活动中，提倡幼儿参与评议，这样一方面可以使幼儿更加注意倾听，使幼儿增强对评价的兴趣，还能够提高幼儿的分析、评议能力，促进幼儿间的相互学习。

评议时，教师不能以发现幼儿的错误为能事，鼓励性原则需要被重点强调。教师发现幼儿的错误比发现幼儿的优点更加容易，但一个优秀教师应擅长对一种稍纵即逝的事物有着足够多的机警、敏锐，能善于发现幼儿的优点和长处。

案例 7-1

小班看图讲述活动：谁藏起来了

活动目标

1．了解词语“犄角”指的是动物的角。

2．用完整的语言讲述自己的发现，养成初步倾听的习惯。

3．仔细观察，区别各种动物的不同表情、动作。

活动准备

1．绘本《谁藏起来了》PPT课件。

2．动物图片若干。

活动过程

一、创设情境，引出主题。

师：出示绘本。这是一本好玩的动物书，里面有好多动物小朋友等着和大家一起做游戏，书的名字叫《谁藏起来了》。

师：有谁知道书里面是谁藏起来了呢？（幼儿自由回答）

二、感知理解讲述对象

1．认识动物。

师：原来里面藏着这么多动物呀？那你们是怎么认出来的呢？能说一说吗？

我来考考你们，你认识这两个动物吗？你在哪里见过它们呢？

师：在这一页里，你发现谁藏起来了？大象是蓝色的，后面也是蓝色的，大象就躲在里面。那你是怎么发现大象的呢？（淡蓝色的鼻子露出来了）现在我们跟着躲好的大象一起开始和小动物们做游戏吧！

2．运用已有经验讲述。

（1）出示哭的课件图页。

师：这里所有的小动物都和小朋友一样很高兴，可是有一个小动物很伤心，你能发现它是谁吗？你是怎么发现它很伤心的呢？（它的脸上有什么呢？）

（2）出示生气图。

师：刚刚我们发现了一个伤心的动物，现在有一个动物很生气，你能找到它吗？生气的表情是什么样的？（你生气的时候是什么样的？你发现哪个小动物和你生气的时候表情是一样的？）你能学一学吗？

三、引入新的讲述经验

1．出示犄角图。

师：现在动物们又想考考小朋友们，请你们找找看，谁头上长着犄角？谁知道"犄角"是什么？（动物长的角）你发现了几个长犄角的动物?犀牛的角是不是犄角呢?它的角长在什么地方呢?

2．出示两幅转身图。

师：小动物说前面的游戏一个也没有难倒小朋友，它们很高兴，现在又有一点难了哦，你们找找是谁转过身去了？为什么是小猪呢?小动物发现小朋友们真能干，还要再考考你们，有更多的动物转过身了，你们看看有谁也转过身去了呀?

师：小朋友，这里所有的动物都转过身去了，你能说出几个小动物呢？大家来比一比，看谁说得多!

四、迁移新的讲述经验

师：咦？怎么全黑了，你们猜猜发生什么事情了呀？这么多小动物的眼睛，你能说出它们是谁吗？我们一起来猜猜好吗？

活动评析

该活动目标是培养幼儿善于观察的习惯，满足幼儿用口语表达自己的请求和愿望。目标明确，既全面又具体，难度适合小班幼儿年龄特点和认知水平。活动之前，教师做了精心的准备和设计，采用电子课件、图片等直观的教具调动幼儿多感官参与，能够激发幼儿的学习兴趣，符合小班幼儿的年龄特点。

创设情境、引出主题的环节，教师给幼儿营造了一个轻松、和谐的讲述环境。通过有目的的提问，让幼儿体验讲述的乐趣。整个活动贴近幼儿生活，符合幼儿认知特点，使幼儿的主动性、参与性在活动过程中潜移默化地得到培养和提高。感知理解讲述对象及自由讲述环节，教师侧重围绕小动物提出一系列的问题，激发幼儿在仔细观察的基础上有重点地表达。在设计此环节时充分重视让幼儿在积累了经验的基础上自由发言、耐心倾听和等待。引入新的讲述经验环节，教师根据图书的主线引导幼儿进一步观察，在提问中启发幼儿根据自己的经验讲述，帮助幼儿厘清讲述的顺序，让这一活动得到拓展。迁移新的讲述经验环节，主要是培养幼儿思维的创造性，为延伸或进行下一个活动做铺垫，真正将幼儿带入书中，既起到了培养幼儿阅读技能的作用，又提高了讲述的技巧，将活动推向一个高潮。

案例 7-2

中班拼图讲述活动：小动物的家

活动目标

1．能结合背景图和已有生活经验拼出一幅有情节的画面，并能用一段完整、连贯的语句将画面的主要内容有顺序地表达出来。

2．丰富词汇"美丽""静静的""可爱的""五颜六色"及使用"有的……有的……

还有的……”等句式。

3．了解各种小动物的生活习性。

4．能大胆地在集体或小组中讲述。

活动准备

1．准备大背景图2张、小背景图12张，立体动物图片若干。

2．播放关于动物的科教片，让幼儿观察小动物的家是什么样子的。

活动过程

一、引入并感知讲述对象

教师出示大背景图和小背景图，图上画有小河、森林、房子、花草树木等场景，引导幼儿有条理地观察讲述："美丽的大森林里，住着一些小动物……”接着，教师告诉幼儿：一放音乐，这些小动物就纷纷回家了。让小朋友跟着音乐想象，把这些小动物找出来放在背景图上。教师播放音乐，乐曲中有轻快、活泼的乐段，也有恐怖的乐段，还有平稳舒缓的乐段。幼儿每两人一组，根据想象将小动物放在自己面前的小背景图上。

二、运用已有经验讲述

教师提问：这些小动物的家在哪儿？家的旁边有什么？它们的邻居是谁？请小朋友自己先讲述。

幼儿自由地讲述自己摆放的“小动物的家”，教师巡回指导，倾听幼儿的讲述，引导幼儿围绕着前面所提出的问题完整、连贯地讲述。

三、引导幼儿学习新的讲述经验

1．教师示范新的讲述经验。

教师根据幼儿自由讲述的情况，有重点地示范讲述“小动物的家”。教师应注意讲述的顺序，从背景图的上方开始讲，逐渐过渡到图的中间，最后讲图的下方。

教师讲述时要注意词汇的丰富性，如“有的动物生活在池塘里，有的动物生活在草丛里，还有的生活在大树上”；又如“小兔子住在美丽的小河边，那儿开着五颜六色的花朵。小兔子的邻居小鹅住在高高的大树上，它每天都要准时将小兔子叫醒”。

2．集中倾听讲述。

幼儿再次摆放动物并自由讲述，教师提醒幼儿运用新学的讲述经验。每组请一名幼儿到集体前面讲述，并评议他们讲得出色的地方，鼓励其他幼儿向他们学习。

3．巩固和再实践。

每组两名幼儿相互讲述，或两名幼儿合作讲述“小动物的家”。教师提醒幼儿讲述时要运用想象力，讲述的内容要与众不同，词汇更加丰富，句子更完整、连贯。

4．评议。

教师评议幼儿的活动情况，对有进步的幼儿给予表扬。

四、活动延伸

教师将背景图移至“娃娃家”，引导幼儿讲述“娃娃家”里的小动物；要求幼儿也可以发挥想象，自由讲述“美丽的大森林”以及如何保护小动物。

活动评析

1．活动目标达成分析。

本次活动主要有两个方面的内容：一是引导幼儿结合背景图和已有生活经验拼出一幅有情节的画面；二是能用一段完整、连贯的语句将画面的主要内容有顺序地表达出来。本次活动充分考虑了幼儿的年龄特点、采用他们喜欢的拼图游戏的方式，使幼儿在做中玩，在玩中学。激起幼儿动口讲述的兴趣，从而达到对幼儿进行语言训练的目的。同时通过多种方式的讲述活动，鼓励幼儿能在集体中大胆表达，并初步学习对他人的讲述进行评价。结束部分还通过活动拓展的方式让幼儿的讲述能力得到巩固。

2．活动材料与环境创设分析。

本次活动准备的环境材料比较丰富，不同特点的音乐使幼儿可以充分展开想象。幼儿能够将教师提供的立体动物图片摆放在相应的背景图上，然后自由地讲述自己摆放的“小动物的家”。

3．幼儿参与活动程度分析。

拼图游戏本身是幼儿比较感兴趣的，所以幼儿参与活动的积极性比较高，活动体现了以幼儿为主体的教育理念。活动的拓展部分将背景图移至“娃娃家”，让孩子在平时也可以通过所喜欢的游戏进行相应的语言训练。

案例 7-3

大班生活经验讲述活动：有趣的线条

活动目标

1．引导儿童根据线条图进行简单的情节讲述，发展完整表达的语言能力。

2．引导儿童对简单线条进行多方位、多角度的观察，并进行大胆丰富的想象。

3．激发儿童积极、主动参与活动的兴趣。

活动准备

实物绳若干。

活动过程

一、感知理解讲述对象

教师介绍户外活动——绳子的玩法；

在地上摆放一根绳子，让儿童根据摆放的图形共同想象像什么。

二、运用已有经验讲述

1．儿童自由操作绳子，进行初步的想象，教师重点指导儿童从不同的方位、不同的角度去发现绳子的变化。

提问：请小朋友摆放出一个图形，看看能想象出多少种东西，看谁说得比较多。

2．教师操作绳子，将儿童的已有发现进行提炼。

提问：我的绳子会变成什么？你是从哪儿看出来的？

教师小结：我们每个小朋友眼里看到的同样的一根绳子可以想象成许多和别人不一样的东西，每一个人在不同地方看到的东西也和别人不一样。

三、引进新的讲述经验

1．教师和儿童共同玩绳，引导儿童能将三根绳子组成的图形编成一个小故事。

2．请两名小朋友各持一根绳子，各组成一个图形，启发儿童进行想象，编出简单情节的故事。

四、巩固迁移新的讲述经验。

1．儿童分组合作玩绳子，并能将几个图形进行创编，教师记录儿童创编的成果，提炼有价值的讲述进行展示。

重点指导：儿童能用完整、优美的语言进行讲述。

2．延伸活动：绳子还有什么玩法？

活动评析

此活动课前对物质环境进行了精心的准备和设计，把很多教育契机蕴涵在环境当中，使儿童能充分感知、理解讲述对象。活动中还设计了儿童用各种方式操作绳子的环节，使儿童在探索活动中有所发现，为进一步讲述打下基础。在巩固和迁移新的讲述经验的活动中，此活动通过小组合作的方式进一步为儿童讲述创造更丰富的情境，儿童可将几个形象进行创编，使儿童有更多表达的机会并学习在不同的情境下使用不同的表达方式。

本章小结

本章主要介绍了幼儿园讲述活动及其组织与实施，介绍了幼儿园讲述活动的内涵、特征、类型，幼儿园讲述活动的目标、内容选择、过程与具体指导。

幼儿园讲述活动为幼儿提供了运用独白语言的环境，帮助幼儿逐步获得独立构思、组织语言、完整连贯表述的语言经验。讲述活动中，教师要为幼儿提供一定的讲述凭借物，创设一个相对正式的语境，锻炼幼儿使用独白语言进行讲述。讲述活动可以锻炼幼儿的独白语言能力，教给幼儿认识事物的方法，发展幼儿的思维和想象能力。

讲述活动的类型很多。从语言运用特点的角度分为叙事性讲述、描述性讲述、说明性讲述、议论性讲述；从凭借物的特点角度可以分为看图讲述、拼图讲述、与美术活动相结合的讲述、实物讲述、情景表演讲述、情景再现讲述；从讲述内容的角度可分为生活经验讲述、创造性讲述。

幼儿园讲述活动的目标分为总目标及各年龄段的目标；幼儿园讲述活动的内容选择要贴近幼儿生活、符合讲述活动的要求、符合幼儿身心发展的水平。

幼儿园讲述活动的过程主要有：创设情景、引出主题→感知理解讲述对象→运用已有经验自由讲述→引入新的讲述经验→巩固迁移新的讲述经验；具体指导中，教师需要创设良好的讲述环境，使用示范、提问、提供讲述提纲等多种讲述方法并及时开展讲述评议。

关键术语

讲述活动　独白语言　凭借物　叙事性讲述　描述性讲述　说明性讲述
议论性讲述　看图讲述　拼图讲述　绘图讲述　实物讲述　情景讲述
生活经验讲述　创造性讲述

讨论与思考

1. 什么是讲述活动？它的主要特点是什么？讲述活动与谈话活动相比有什么异同？
2. 讲述活动的基本类型有哪些？
3. 讲述活动的总目标和各年龄班目标分别是什么？
4. 看图讲述活动中教师应该如何设计提问语？

建议的活动

1. 观摩评析幼儿园讲述活动

现场观摩幼儿园各年龄班讲述活动各一堂，观察并记录活动的全过程，重点注意不同年龄班对讲述活动类型的选择，清楚了解活动的组织过程。

2. 幼儿园讲述活动设计与组织

设计看图讲述、情景讲述、实物讲述、生活经验讲述的活动设计方案各一份，准备教具，并进行试讲。

3. 幼儿园讲述活动的评析

选择一份幼儿园讲述活动方案，从主题选择、活动目标、活动准备、活动过程方面对方案进行深入评析，并提出修改意见。

第八章

幼儿园听说游戏活动的组织与实施

学习目标

1. 明确幼儿园听说游戏活动的内涵和基本特征。
2. 理解幼儿园听说游戏活动的类型。
3. 领会幼儿园听说游戏活动的目标。
4. 掌握幼儿园听说游戏活动的组织程序和指导方法。
5. 学会设计和组织各类幼儿园听说游戏活动。

导入案例

户外活动中，小班的小朋友们都在拍皮球，乐乐抱着大皮球一边摇头晃脑一边念念有词："大皮球大皮球，皮皮皮，球球球，皮皮皮。"

你认为这个案例属于听说游戏活动吗？为什么？

游戏是有效教学的重要载体。由于游戏不仅为儿童提供了持续不断的发现、提出、分析、解决问题的演练机会，更为儿童提供了身体运动、情绪情感、语言认知、社会交往等多样化的活动方式，因而科学、合理设计的游戏教学必然成为有效的教学。

听说游戏活动是语言教学游戏，属于游戏教学，是儿童学习语言的一种重要途径，对学前儿童的语言发展有着十分重要的作用。

第一节　幼儿园听说游戏活动概述

一、幼儿园听说游戏活动的内涵

听说游戏活动是一种具有活动、游戏双重性质的语言教育活动。游戏与活动的基本区别主要有三点：①控制。活动由外部控制，游戏则由内部控制。②真实。活动具有真实的特点，游戏在很大程度上是假想的现实，游戏中的人、事、语言均有假扮转换的可能。③动机。活动是由外部动机产生的，是教师组织安排幼儿参加的，而游戏则有明显的内部动机，由幼儿自发地开展和参与。听说游戏活动不是幼儿自发组织的语言游戏，而是由教师设计并组织的让幼儿自愿参加的语言教学游戏。听说游戏活动不仅会提供由外部控制转向内部控制、由真实转向假想的情景条件，也会为幼儿提供在活动中由外部动机激发转换为内部动机主导的机会。因此，听说游戏活动既具有游戏的要素，也具有活动的特征，是一种具有活动、游戏双重性质的语言教育活动。

听说游戏活动重在发展幼儿听与说的能力。听是人类用耳朵接收信息的过程。语言中的"听"，是指一个人在他人的口语表达过程中，对语音的听辨和对语义的理解。倾听是指一个人听的态度，如积极、专注、仔细。"说"是指人类口头语言表达，即讲话。说的能力包括语音准确、语义明确、表达条理。在语言学习与发展中，二者同等重要。听是说的基础，听是为了更好地说。当然说离不开听，听也不能纯粹是听，要边听边说话回应。听与说是实操性很强的技能，需要专门的学习和训练。听说游戏活动的教育目标是以培养幼儿倾听和表述能力为主，活动内容主要集中在幼儿听和说的理解和表达方面。

综上所述，幼儿园听说游戏活动是一种为培养幼儿倾听和表述能力而专门设计的，有明确、具体的规则，由外部动机引起、教师为主导的游戏活动。

二、幼儿园听说游戏活动的基本特征

（一）语言教育目标内隐于游戏之中

听说游戏有明确的语言教育目标，每一个听说游戏都包含着对幼儿语言学习的具体要求。教师根据幼儿的语言发展水平和语言发展需要确定具体的语言活动目标，并通过设计与实施相应的听说游戏活动，将其恰如其分地体现出来。

听说游戏的语言教育目标有以下三个特点。

1. 听说游戏包含的语言教育目标具有具体的特点

一般来说，听说游戏活动对幼儿提出的语言学习要求非常具体，比如：小班幼儿对“ch”和“sh”的发音存在困难，教师可用听说游戏的方式来帮助幼儿学习正确发音，如可以设计一个“我要吃甜柿子”的活动，让全体幼儿拉成一个大圈，老师在圈中做送柿子的人（携带实物柿子），问：“红柿子，黄柿子，谁吃我的甜柿子?”幼儿轮流扮演收到柿子的人，回答：“红柿子，黄柿子，我吃你的甜柿子。”这种游戏活动便是将发准“sh”和“ch”这两个音作为具体的语言教育目标任务。

2. 听说游戏包含的语言教育目标具有练习的特点

听说游戏通常不对幼儿提出某个新的语言学习任务，更多的是根据近阶段幼儿语言学习的重点需求设计游戏活动，让幼儿在游戏中复习巩固已学的语言内容，掌握一定的语言知识，真正获得这一方面的语言运用能力。例如，教师围绕《手指儿歌》[大拇指（食指/中指/无名指/小小指），大拇指，你在哪里？我在这里，我在这里，你好，你好！]为小班幼儿设计听说游戏活动，用生动活泼的游戏让幼儿在做做、说说、玩玩中展开相关名词和句型的反复练习，使他们在原有基础上有所提升。

3. 听说游戏包含的语言教育目标具有内隐的特点

进行其他语言教育活动，教师经常将学习目标及相关任务直接告诉幼儿，例如，告诉幼儿听懂故事、学念儿歌。而听说游戏活动则是将教育目标贯彻在游戏活动中，让幼儿边玩边说，不知不觉地完成学习任务，达到教育活动的目标。

（二）游戏规则即语言学习的重点

凡是听说游戏，都带有一定的游戏规则。教师在设计听说游戏时，根据具体的教育目标，选择适当的语言学习内容，并将本次活动的语言学习重点转化为一定的游戏规则，游戏的规则可以是竞赛性质的，也可以是非竞赛性质的。当幼儿参与听说游戏时，他们必须听清、理解游戏规则，遵守一定的游戏规则，按照游戏规则进行游戏，并在活动中锻炼自己的听说能力。

例如，在大班听说游戏“金锁银锁”中，教师想要以对答的形式帮助幼儿学习用简短而有节奏的词语形容和描绘一种事物，于是制定的游戏规则是：全体幼儿手拉手围成一圈做锁，先念儿歌：“金锁锁，银锁锁，两把钥匙一把锁，咔嚓咔嚓把它锁，小朋友快点来开锁。”两名幼儿当开锁人，一名在圈内，一名在圈外。儿歌念完时，开锁人停在某处便可指着这里的俩人问：“这是什么锁?”俩人回答：“这是××锁。”接下来，开锁人必须立即根据××锁的特点讲出一向形容的话，并且配上相应的节奏。比如拉手人说：“这是苹果锁。”开锁人要说“苹果，苹果，香喷喷”或“苹果，苹果，香又甜”，讲对了，锁便打开，交换角色后继续进行游戏。由此可见，教师要求幼儿掌握的语言学习重点转化为游戏规则，让幼儿通过整个听说游戏的过程不知不觉达到听说学习的目的。

（三）活动过程中逐步扩大游戏的成分

幼儿园听说游戏活动不是单纯的游戏，而是兼有活动和游戏的双重性质的语言教育活动。从活动组织形式上看，具有从活动入手，逐步扩大游戏成分的特征。听说游戏活动在刚开始的环节中，与其他形式的语言教育活动没有明显的区别：语言教育的任务明确，目标清晰、具体。在活动开始时，教师首先要用简明扼要的话帮助幼儿理解活动的内容，交代清楚游戏的规则，并且示范游戏的玩法。然后，教师带领幼儿尝试着玩几次游戏。在幼儿熟悉游戏规则并逐步掌握游戏玩法后，教师再放手让幼儿进行独立自由的游戏。应当说，听说游戏活动以活动的方式导入，而最后又以游戏的方式结束，教师的主导作用在开始时体现得十分鲜明，而后随着幼儿熟悉水平的提高而逐渐减少，直至幼儿完全自主地进行游戏。

实际上，听说游戏存在着由活动向游戏过渡的三种转换。①由外部控制向内部控制转换。刚开始时，幼儿只是被动观察、听讲、思考。当产生兴趣后，幼儿不由自主地跟随教师参与游戏。在掌握规则后，幼儿尝试自己游戏，最终完全主动积极地投入到游戏中。②由真实情境向假想情境转换。刚开始时，幼儿所处的情境仍然是真实情境。随着幼儿参与游戏的深入，他们开始扮演某一角色，想象可能的情节、动作、语言，所处环境也发生了变化，成为假想情境。③由外部动机向内部动机转换。刚开始游戏时，外部动机决定了幼儿参与的积极性。然而由于听说游戏的特点，幼儿在游戏中的自主成分会越来越高，他们的主动性、积极性也得以充分发挥，游戏越来越具有明显的内部动机。

三、幼儿园听说游戏活动的主要类型

（一）语音游戏

语言是以语音为表现形式的，语音学习对幼儿的口头语言发展至关重要，良好的语音意识和语音辨别能力对幼儿的语言具有积极的促进作用。语音游戏主要是以练习正确的发音和提高辨音能力为目的的一种活动。在语音游戏中每次练习的语音不要过多，使幼儿在没有太大压力的游戏中学会辨音和发音。通常来说，语音游戏的活动放在小班进行。语音游戏又可分为听音、辨音游戏和练习发音的游戏。

1. 听音、辨音游戏

听得准才能说得准，准确地区分语音的微小差别，尤其是区分相似、相近的语音，发展儿童的言语听觉，是幼儿正确发音的前提。听音、辨音游戏一方面可以锻炼幼儿分辨各种大小、强弱等不同性质的声音，发展其听觉注意力；另一方面为幼儿准确感知语音打好基础，帮助幼儿听懂普通话、准确辨音辨调、理解指令要求。

案例 8-1

小班听说游戏：帮家长买东西

游戏目的：能分辨“j”“q”“x”相似的字音；听清指令，并按指令做事；发展幼儿的注意力和记忆力。

游戏准备：游戏前将活动室的一角布置成娃娃家，一角布置成自选商场；商场内放有小鸡、小旗、小溪等带有“j”“g”“x”声母的卡片若干张。

游戏玩法：教师扮演家长，幼儿扮演孩子。家长说：“孩子，家长请你帮忙去商场买几样东西。听好了，去买三张小旗卡片、五张小鸡卡片，记住了吗?”孩子根据指令去自选商场购物。购物完毕回到妈妈身边，家长检查是否完成任务。如果买错，家长可以再重复一次指令，让孩子重新买一次。

游戏规则：必须按家长的要求买东西；指令只说一次，如果买错也只有一次改正机会；旁观幼儿不可提醒。

建议：该游戏可以根据儿童的个体差异布置不同难度的指令；也可以将听音与发音练习相结合，当孩子购物回来，要告诉家长他买了些什么物品。

2. 练习发音的游戏

清楚、准确地发音是语音学习的基本要求。教师应筛选出近期幼儿发音中的语音难点，将这些练习要素巧妙地融入语音游戏，指导幼儿在规则中积极主动地练习巩固，同时发挥家庭的同步教育，指导家长开展亲子游戏，弱化幼儿发音错误的“强势”环境，让幼儿辨别并练习正确的发音。练习发音的游戏主要包括五个方面：难发音和易发错音的练习；纠正方言的练习；儿化音的练习；声调的练习；发声用气的练习。

案例 8-2

小班听说游戏：山上有个木头人

游戏目的：练习发准“s”和“sh”、“an”和“ang”的音。

游戏准备：玩具木头人。

游戏玩法：教师手举木头人做领头人，幼儿跟在教师后面边找节奏走步边念儿歌：“山、山、山，山上有个木头人。三、三、三，三个好玩的木头人。不许说话不许动。”念到儿歌的最后一个字“动”时，幼儿摆出木头人的各种动作造型不动，教师回头观望，发现活动的幼儿边在他手心轻拍边念儿歌：“本来要拍一千下，可是时间来不及，急急忙忙拍三下，一二三”，游戏重新开始。

游戏规则：念到儿歌的最后一个字时，幼儿需摆好木头人的造型并坚持不动，不能坚持的幼儿需接受轻拍手心的惩罚。

建议：为了增加游戏的趣味性，不能坚持造型的幼儿会受到“惩罚”——边说儿歌边轻拍手心，但幼儿往往为了得到这个有趣的“惩罚”故意活动，因此在游戏中教师应提醒幼儿：坚持不动才有机会手举木头人做领头人。

（二）词汇游戏

词汇游戏是以丰富词汇和正确运用词汇为目的的游戏。正确地理解词的含义是理解他人语言的前提。词汇游戏不仅可以教给学前儿童一些新词，也可以帮助他们进一步理解已学过的词的意义，学会正确地运用词汇，从而使消极词汇变成积极词汇。

在丰富词汇的游戏中，对不同年龄的幼儿应有侧重。小班应重点丰富常见常用、容易理解、生活中迫切需要的词汇，即周围常见物体和各种活动的名词和动词、一些易于理解的、能直接感知的、说明事物具体特点的形容词，以及少部分量词、代词和数量词。中班应掌握的词汇除了包括更多的名词、动词、形容词、量词、序数词以外，还包括常用的副词、连词和方位词等。大班应大量增加掌握实词的数量，并提高质量；另外，还应重视同义词、反义词、常见虚词（介词、连词等）的丰富和运用。

幼儿园丰富并练习词汇的游戏主要有以下几种。

1．名词游戏

名词游戏一般是让幼儿说出事物的名称。如“神奇口袋宝贝多”“逛超市”“动物园里有什么”“卡车来运货”“水果蹲”等就是练习使用名词的典型语言游戏。不过，要根据小班、中班、大班幼儿对名词的掌握程度对游戏进行不同角度的设计和改造。以“神奇口袋宝贝多”为例，教师准备一个大口袋，在这个口袋里放入一类或多类实物、玩具等（如水果、蔬菜等），让幼儿通过触摸猜测、判断并说出它们的名称以及简单的特点。

2．动词游戏

动词游戏一般都是设置一定的生活情境，以游戏的形式、配合动作来练习相应的动词。例如，听说游戏“搬家”可以让幼儿通过尝试对不同物品的搬运，学习词汇抱、扛、提、推、拉、背、抬等，并学习运用完整的短句说话。例如，动词游戏“植树小能手”，教师可以布置植树的模拟场景，幼儿通过游戏的方式，一边描述植树的顺序一边表演相应的动作，在这个过程中练习使用扛、捧、拎、倒、踩、抬、栽、浇、洒、挖等动词。又如，动词游戏“来来来”，通过对歌的形式，让幼儿边做动作边使用动词。

幼儿说：　　教师说：
小鸟来，　　小鸟飞过来。
小狗来，　　小狗跑过来。
小鱼来，　　小鱼游过来。
乌龟来，　　乌龟爬过来。
云儿来，　　云儿飘过来。
雨滴来，　　雨滴落下来。
风儿来，　　风儿吹起来。
太阳来，　　太阳升起来。
灯笼来，　　灯笼挂起来。
被子来，　　被子叠起来。
……

这个游戏与日常生活联系较紧密，幼儿玩起来兴致高。教师要注意，答案不是唯一的，只要符合词语搭配习惯就可以。

3．形容词和副词游戏

①形容词游戏。例如，听说游戏“什么样的花”，要求幼儿用不同的形容词形容同一件事物，幼儿可以说“漂亮的花”“鲜艳的花”“美丽的花”“艳丽的花”“好看的花”“五颜六色的花”“可爱的花”“彩色的花”“红色的花”“黄色的花”“香香的花”等。

案例 8-3

小班听说游戏活动：爱吃水果的毛毛虫

活动目标

1．根据图谱学说完整的一句话。

2．使用恰当的形容词描述水果。

3．乐于参加游戏活动，大胆表达。

活动准备

1．果树图片，可粘贴的苹果贴图、香蕉贴图、橘子贴图。

2．毛毛虫头饰每人1个。

3．句式图谱。

活动过程

1．引出活动主题，激发幼儿参与活动兴趣。

教师：今天天气真好，我们一块出去玩吧！

幼儿头带毛毛虫头饰，随教师模仿毛毛虫的样子进入活动室。

2．引导幼儿学说完整话。

教师：毛毛虫真爱玩，爬到东，爬到西，爬到果园吃果果。爬累了，我们休息一下吧！毛毛虫们快看，我们来到了什么地方？你们看到了什么？

教师：是呀，这里有好多水果。想吃吗？赶紧坐下来想办法。

教师：有什么办法可以吃到水果呢？要吃水果必须说一句好听的魔语。

教师出示句式图谱，请幼儿观察，学说完整话，如“我要吃一个××”。

幼儿根据不同的水果图片学说完整话。

3．提高游戏难度，引导幼儿在句中丰富形容词。

教师：你们看，树上的水果越来越少了，大树爷爷很着急。它说：“毛毛虫们真聪明，魔语说得真好听，我的水果都快被你们吃完了。不行，不行，我要改变魔语了。这次更难，看谁能把它念出来？”

教师出示句式图谱，请幼儿观察句式“我要吃一个××的××”。

教师：谁会说这个魔语呀？和前面的有什么不一样？“××”是指这是一个什么样的苹果，我们一起来说说看。

教师通过提问，引导幼儿学会描述水果的特点，如提问：这个苹果闻起来怎么样？吃起来呢？摸上去什么感觉？

教师：原来形状、颜色、味道都是可以放进去的。

幼儿根据不同的水果图片，学说带形容词的完整句。

提示：教师鼓励幼儿在完整表述的同时，使用1~2个或更多的形容词，如“我要吃一个红红的、大大的苹果”“我要吃一个长长的、甜甜的香蕉”等，鼓励幼儿将已有的生活经验进行自由组合，从而学着把话说得越来越长、越来越丰富。

4．幼儿分组游戏。

教师：毛毛虫们都想去尝一尝水果，但是要记住，每条毛毛虫要说清楚自己要吃一个什么样的水果，然后水果才会从树上掉下来，不过千万不要用手摘，否则大树会生气。

5．游戏结束。

教师：今天吃得好饱，我们一起去做运动吧。

（活动设计者：浙江省湖州市安吉实验幼儿园 杨圆圆）

②副词游戏。例如游戏“我演你说”，要求所有幼儿围坐成一个半圆，教师请一位小朋友来表演一下吃的动作，选出来的幼儿便上前来进行各种有关吃的动作表演。一个动作表演完毕后，其他幼儿要用恰当的副词来形容，依次进行。最后，幼儿可能会说出“大口大口地吃”“慢慢地吃”“急匆匆地吃”“小口小口地吃”等。教师还可以请几个小朋友表演有关“笑”“跳”“走”“读”等各种动作，并让其他小朋友用恰当的副词来形容。

4. 量词游戏

量词游戏是让幼儿尝试准确使用常见量词的游戏。例如，中班听说游戏“模特选美比赛”中，教师在活动室里准备了很多项链、头巾、眼镜、帽子等装扮类实物道具，然后带领幼儿熟悉化妆间的环境，初步学习用正确的量词表述服饰道具，如一串项链、一条丝巾等。接着要求幼儿按5个人一组自由分组，1个人当模特，其他4个人当化妆师，选择合适的服装配饰等装扮模特，并在小组里共同练习用正确的量词、完整的语言介绍模特的装扮，如“我们的模特戴了一顶太阳帽，一副墨镜，挂了一串漂亮的项链，她真漂亮啊。”最后举行模特选美大赛，每个小组为自己的模特做语言介绍，运用量词准确且表达清楚的小组可以获得评选资格，如果表述有错误，大家讨论如何说更好，最终评选出装扮及介绍最精彩的一组。

5. 代词游戏

教师可组织语言游戏“这是谁丢的东西”，让幼儿学习正确使用你、我、他等代词。教师也可将全班幼儿分成几组，表演各种活动，然后通过一定的活动方式来描述大家在做什么。如第一组中的幼儿可以跑到第二组说：“我们组刚在讲故事，你们在做什么？”同时，还可以指着第三组说：“你们知道他们在做什么吗？”，然后换其他小朋友继续做游戏。这个游戏可以让幼儿练习使用“你们、我们、他们”等代词。

6. 方位词、介词、连词游戏

例如，游戏“东西换地方了”，可以练习幼儿使用“上”“下”“前”“后”等方位词，同时也可以锻炼幼儿使用“在”“从”“向”等介词。又如，语言游戏“好朋友”，配合音乐游戏“找朋友”变换玩伴，并学习正确使用连词“和”进行表述：我和××是好朋友、××和××是好朋友。

7. 礼貌用语游戏

例如，语言游戏“欢迎来做客”，在模拟场景中，可以让幼儿学习“您好、请、谢谢、再见”等礼貌用语。为了让游戏更加吸引幼儿，教师可以引导幼儿加入一些日常生活经验。

8. 近义词、反义词游戏

同义词游戏，如“好东西怎么说”要求幼儿正确使用同义词去形容一样东西，以动物小猴子为例，幼儿可以说“顽皮的猴子”“淘气的猴子”“调皮的猴子”“好动的猴子”；以妈妈为例，可以说“温柔的妈妈”“温和的妈妈”“和善的妈妈”。

反义词游戏是让幼儿理解并学会运用大—小、快—慢、高—矮、粗—细、轻—重、长—短、高兴—难过等常见反义词。例如，语言游戏“变变变”，魔法师（教师/幼儿）说出一个词，如“大西瓜”，幼儿要说出其反义词，即“小西瓜”，否则就会被魔法师变成石头人。

9. 其他纯语言游戏

纯语言游戏包括词语接龙游戏，如水果—果树—树叶—叶子—子孙等；双音词尾游戏，如圆溜溜、喜洋洋、金灿灿、白茫茫、水汪汪、美滋滋、乐呵呵等；四字格词游戏，如不慌不忙、不紧不慢、越来越好、一蹦一跳、晃来晃去等。

（三）句子游戏

句子游戏是以训练按语法规则正确组词成句，并运用各种句式、句型为目的的游戏。幼儿阶段学习句子的特点是从简单句向合成句过渡，教师在选择句子游戏时，应了解幼儿的句子发展水平，以提供一定的场合，提出适宜的目标，让幼儿在游戏中体验到快乐和成功的同时，充分练习，迅速掌握句式的特点规律，并在尝试运用过程中提高熟练使用的水平。需要提出的是，句子游戏主要在中班、大班进行。

案例 8-4

中班听说游戏活动：有趣的圆

活动目标

1．提高语言反应能力和表达能力。

2．学会完整地说出“××是圆形的，××也是圆形的”句式。

活动准备

1．皮球1个。

2．绒板2块。

3．圆形贴绒图片2张。根据幼儿人数对该图片进行设计和分割。如全班有34名幼儿，可分成两组，每组17人，将两张图片分别分割成17块，每个幼儿1块。

活动过程

1．出示皮球，引出活动主题。

教师：这是什么？它是什么形状的？

教师：皮球是圆形的，还有哪些东西是圆形的呢？鼓励幼儿根据生活经验说出常见的各种圆形，为后面的游戏活动打好基础。

教师：今天我们要玩一个游戏，名字叫“有趣的圆”。

2．出示圆形贴绒图片，向幼儿介绍游戏玩法及规则。

教师出示完整的圆形贴绒图片：每个幼儿必须用“××是圆形的，××也是圆形的”这种句式说出两种圆形的东西，如“太阳是圆形的，皮球也是圆形的”。说对了，就把手里的图片贴在线板上，说错了或重复前面小朋友说过的句子，则不能贴图片。哪个组最早在线板上拼出圆形（由每个幼儿手里的图片组成）或接近圆形的图形（因每个组都可能有幼儿不能说出正确的句子，所以两个组有可能都拼不成圆），哪个组就胜利了。然后将分割后的贴绒图片分给幼儿。

两位教师分组带几个幼儿示范游戏的玩法，帮助全班幼儿进一步理解游戏规则。

3．进行“有趣的园”游戏活动。

全体幼儿坐成半圆形，从中间分段分成两组，分别从两端依次轮流请幼儿用“××是圆形的，××也是圆形的”句式说一句话。哪组造句正确的次数多，哪组为胜利。

教师小结，并对幼儿说出的富有想象力的句子给予鼓励。

（案例来源：余珍有.幼儿园领域课程资源（语言）[M].北京：教育科学出版社，2019.）

案例 8-5

大班听说游戏活动：坐汽车

活动目标

1．提高快速应答的能力及与同伴合作游戏的能力。

2．学习正确使用连词“因为……所以……”，说出连贯的因果句。

活动准备

自制玩具方向盘6个，用硬纸板做成的汽车车头6个。

活动过程

1. 出示汽车车头，引起幼儿兴趣。

教师：小朋友们看看，这是什么？今天我们要玩开汽车的游戏。我的汽车可奇怪了，不用买票，只要对上我说的话，就能坐到车上来。

2. 向幼儿讲解游戏规则。

教师：扮作司机的人要用“因为”说半句话，乘客用“因为……所以……”说一句话，能对上司机的话，才能上车，否则不能上车。如司机说：“因为我长大了”，乘客可以说：“因为我长大了，所以自己的事情自己做。”

当汽车坐满人时，大家一起说：“嘟嘟嘟，坐上汽车真快乐。”然后模仿汽车开动的动作。

3. 教师和幼儿共同游戏，启发幼儿使用“因为……所以……”说一句话。

教师先和幼儿用“因为……所以……”的句式进行对答练习。

教师扮作司机，幼儿扮作乘客，开展游戏。

4. 幼儿自主游戏。

幼儿自由分成6组，各组分别请一位能力稍强的幼儿当司机，其余幼儿当乘客进行游戏。待幼儿熟悉玩法后，可交换角色反复游戏。

（案例来源：余珍有.幼儿园领域课程资源（语言）[M].北京：教育科学出版社，2019.）

（四）描述性游戏

描述性游戏主要是训练幼儿用简单、生动、形象的语言描述事物的特征，发展连贯性语言的游戏。这类游戏一般在幼儿具有一定的语音、词汇、句子积累的基础上进行，要求幼儿的语言完整、连贯，有一定的描述能力，是一种比较综合的、较高级的语言训练游戏，宜在中班、大班进行。

案例 8-6

中班听说游戏活动：我来说你来猜

活动目标

1. 尝试用连贯的语言描述动物的各种特征。

2. 认真倾听他人讲话，体会参与语言游戏的快乐。

活动准备

幼儿认识的动物图片若干。

活动过程

1. 谈话联系幼儿共同生活经验，导入游戏。

教师：小朋友们，我们上周一起去了动物园，你们印象最深的动物是什么呀？为什么？今天带来了很多动物的卡片，我们就围绕动物来玩一个“我来说你来猜”的游戏吧！

2. 向幼儿讲解游戏规则。

教师：一名幼儿抽取图片，抽取的时候要注意不能让其他幼儿看到，然后根据图片内容用语言进行全方位的特征描述，但不能说出动物名称，如对“大象”的描述：很大的一只动物，鼻子像钩子，能卷起木头；耳朵像扇子，腿像大柱子，猜猜它是什么动物？猜出来的小朋友举手示意，第一个猜对的幼儿可接力做描述的人。

3. 教师指导个别幼儿游戏，启发幼儿抓住动物的主要特征进行描述。

教师挑选一名能力较强的幼儿作描述者，展开第一轮游戏。在游戏过程中，教师再次强调游戏规则。

教师挑选另两名幼儿，继续第二轮、第三轮游戏。

4．幼儿自主游戏。

待幼儿熟悉玩法后，组成4人一组，反复游戏。教师巡回指导。

第二节　幼儿园听说游戏活动的设计与组织

一、幼儿园听说游戏活动的目标

根据听说游戏活动的特点和幼儿语言发展的需要，听说游戏活动的目标需重点关注以下方面。

（一）幼儿园听说游戏活动的基本目标

1．学会按照一定的规则进行口头语言表达

在幼儿参与听说游戏活动的过程中，他们需要自觉地参与规范语言的学习，在遵守游戏规则的过程中逐步形成规范的口语表达能力。根据听说游戏活动的不同类型，可以落实以下四个方面的子目标：

①能发准某些难发音或易错音。

②丰富词汇，能正确运用各类词汇。

③理解、掌握且熟练运用一些句式和语法。

④能运用较为连贯的语言，具体形象地描述事物。

2．养成注意倾听的习惯，提高积极倾听的水平

在语言学习过程中，听和说是永远相伴相随的。听说游戏活动以游戏的方式激发幼儿的参与学习的主动性和自主性，可以帮助幼儿养成注意倾听的习惯、提高积极倾听的水平。具体包括三点要求：

①听懂教师的讲解、理解游戏的规则。

②听懂游戏的指令，把握游戏进程。

③准确把握和传递有细微区别的信息，提高倾听的准确程度。

3．在语言交往中能快速做出语言反应

听说游戏活动是一种特殊的语言交往场合，对幼儿运用语言与人交际是一种特殊的挑战，这项活动要求幼儿在语言交往中能快速做出应答，从而提高幼儿语言交往的机智性和灵活性。教师在设计和组织听说游戏活动考虑这项目标时，应着重考虑以下三点：

①发展迅速领悟游戏语言规则的能力。

②发展迅速调动个人已有语言经验进行编码的能力。

③发展迅速以符合规则要求的方式进行表达的能力。

4．渗透其他领域的教育

这是其他领域方面的目标。在确定听说游戏活动的活动目标时，还要根据具体的活动内容和游戏活动的特点渗透其他领域的教育，可以是认知或社会行为等方面的教育。

（二）幼儿园听说游戏活动的年龄阶段目标

1. 小班

①乐于参加游戏活动，在游戏中大胆地说话。

②发准某些难发的音，初步掌握方位词及人称代词，学习正确运用动词。

③在游戏中尝试按照规则运用简单句说话。

④养成在集体活动中倾听别人讲话的习惯，能听懂并理解较简单的语言游戏规则。

2. 中班

①在游戏中巩固练习发音，正确运用代词、方位词、副词、动词、连词和介词等。

②能说简单而完整的合成句。

③能听懂并理解多重游戏规则。

④能较迅速地领悟游戏中的语言规则，并能及时做出相应的反应。

3. 大班

①在游戏中学习正确运用反义词、量词和连词等，并能说完整的合成句。

②养成积极倾听的习惯，迅速把握和理解游戏中较复杂的多重指令。

③不断提高倾听的精确程度，准确掌握和传递有细微差别的信息。

④在游戏中按照规则迅速调动个人已有的语言经验编码，并进行迅速的语言表达。

二、幼儿园听说游戏活动的过程

（一）幼儿园听说游戏活动流程

幼儿园听说游戏活动的过程一般包括以下四个环节。

1. 创设游戏情境

在听说游戏活动开始时，教师需要运用一些方法去设置游戏情境，营造宽松愉快的游戏氛围，调动幼儿参与游戏的积极性，导入本次游戏活动。创设游戏情境的方法一般有以下四种。

（1）用物品创设游戏情境

教师可巧妙地利用或改造活动区的装饰、空间布置，使它作为活动的实体背景，也可利用卡片、挂图等向幼儿交代与游戏有关的事物特点，还可运用一些形象直观的、与听说游戏活动相关的物品，或者玩具、日用品等来创设游戏情境，达到吸引幼儿参与游戏的目的。

（2）用动作创设游戏情境

教师可模仿一些角色或进行丰富的动作表演，让幼儿想象游戏的角色或者游戏的场所，进而自然地将幼儿拉入游戏情境。

（3）用语言创设游戏情境

教师可利用谜语、短小的儿歌或歌曲等来设置兴趣点，也可通过提问来调动幼儿的生活经验，或者用自己的话直接描述或指出游戏中角色以及所处的环境，激发幼儿参与游戏的欲望，为幼儿创造良好的游戏氛围。

（4）综合创设游戏情境

在创设游戏情境时，教师一般都会将实物、动作、语言等方法两两结合或综合起来加以使用，这样生动活泼的语言、形象直观的实物，加上惟妙惟肖的动作，效果会更好。

2. 介绍游戏玩法和规则

在创设游戏情境之后，教师接着就要向儿童交代游戏规则，教师可以运用讲解、示范、讨论等方法，引导幼儿理解游戏的规则和玩法，保证游戏顺利进行。

教师在交代游戏规则和玩法时要注意：①使用简洁明了的语言。在交代游戏规则时，切忌啰唆、冗长的解释，以免幼儿抓不住要领，不能及时领悟游戏规则，影响游戏的进程。②要讲清楚听说游戏的规则要点和游戏的开展顺序。听说游戏的规则要点，一般都是游戏中幼儿要按照规范说出的话，教师应当让儿童明白说什么和怎样说，以便他们能够在参与游戏时付诸实施。同时要帮助儿童清楚地理解游戏开展顺序，先做什么，后做什么，什么角色做什么，这样他们才能够顺利地开展活动。③教师用较慢的语速进行讲解和示范。教师在交代游戏规则时应使用相对较慢的语速，声音要洪亮。尤其是示范游戏要点时，教师一定要放慢语速，保证幼儿能听得清，也让幼儿感受到这部分信息的重要性。

3．引导幼儿游戏

教师引导幼儿游戏，是一种以教师为主角带领幼儿游戏的过程，主要目的是让幼儿学会游戏的玩法。教师可以与能力强的幼儿一起游戏，给其他幼儿做示范，等大家都进一步熟悉游戏的玩法和规则后，逐步过渡到全体幼儿参加游戏。教师也可在讲清楚玩法和规则后，自己不参与游戏，而是直接请部分能力强的幼儿试做游戏，之后当全体幼儿都明确玩法和规则后，就正式开始幼儿自主游戏。或者教师还可以先和全体幼儿共同参加游戏的一部分活动，待幼儿掌握游戏后，逐步放手，把主动权交给幼儿。

4．幼儿自主游戏

通过前面三个步骤的活动，幼儿已经比较熟悉和掌握了游戏的规则和玩法，具备独自开展听说游戏的基础。幼儿自主游戏的形式有很多种，由每个游戏的具体要求来决定，包括以集体活动形式开展的、全体幼儿都参与的游戏；小组形式开展的游戏；一对一结伴的方式开展的游戏等。不管是哪种活动形式，在儿童自主游戏的阶段，教师都要放手让幼儿自己开展活动。此时，教师已从游戏组织者的身份隐退，处于旁观者的位置。在幼儿自主游戏的过程中，教师应注意三点：①注意对个别不熟悉规则和玩法的幼儿或较胆小、内向的幼儿进行及时的指导点拨，帮助这些幼儿更快地加入到游戏中去。②教师要注意及时解决游戏中可能出现的矛盾和纠纷，以免因角色分配不当或其他问题影响游戏顺利进行。③教师要及时评价幼儿参与游戏的表现。因为教师对幼儿游戏行为的评价和态度能激发儿童游戏的积极性，促使儿童更加主动、积极地活动，圆满地完成听说游戏的任务。

拓展阅读 8-1

幼儿自主游戏时教师的介入时机

教师干预幼儿游戏的时机取决于两个方面的因素。一是教师的期待，即教师所期望的幼儿的游戏水平、游戏态度和游戏体验等，二是幼儿的需要，即幼儿的游戏行为是否自然顺畅，是否得到了需要的帮助。教师要把握好干预的时机，可以通过以下几种情形判断：①当幼儿并不投入时；②当幼儿难以与同伴互动时；③当幼儿延伸或拓展自己的游戏行为有困难时；④当幼儿缺少材料，致使游戏难以进行时；⑤当幼儿的游戏技能存在问题时；⑥当幼儿游戏中出现负面行为时。上述情形下教师就可以采取适宜的方式介入和干预幼儿的游戏。

（资料来源：杨俐.幼儿游戏与玩具［M］.北京：北京师范大学出版社，2021.）

（二）幼儿园听说游戏活动设计实例分析

小班听说游戏活动：打电话

	听说游戏活动设计示例	分析
活动目标	1．善于倾听同伴和成人讲话，愿意和别人交往，愿意用口语表达自己的请求和愿望 2．学习正确、规范、清晰的发音 3．养成尊敬长辈，对人有礼貌的良好行为习惯，会使用“您、你、请、谢谢、再见”等代词和礼貌用语	目标设计具体明确，既全面又具体，涵盖了认知、能力、情感态度等教学目标，难度适合小班幼儿年龄特点和认知水平，重点突出，有一定针对性
活动准备	玩具手机（两个），生日蛋糕、蜡烛等	根据游戏内容准备教学材料，材料有助于辅助教学
活动过程	1．出示实物，设置情境 教师出示生日蛋糕，对小朋友说：今天是红红的生日，她很想邀请几个小朋友到她家去玩，和她一起分享生日的快乐。她会用什么方式邀请小朋友呢？今天老师要和大家一起玩“打电话”的游戏 2．介绍游戏规则和玩法 打电话要有甲、乙两方对话。打电话时，先拿起电话拨号，拨号接通后才能讲话，讲话完毕要将电话按掉。讲话时要分清不同的角色和关系，表达要清晰、简洁、完整，说话要自然，正确使用礼貌用语 3．教师参与游戏，帮助幼儿理解和掌握游戏规则 （1）教师示范 教师先给方方小朋友打电话：“喂，你好！是方方吗？我是红红，今天是我的生日，请你到我家来参加生日晚会吧。晚上七点开始，一定要来啊，再见！”提醒幼儿注意分清对象，认真倾听对方说话，学会比较清楚、有条理地表达自己的愿望和要求 （2）教师引导幼儿游戏，特别是与个别幼儿的游戏 向幼儿询问一些幼儿在园和在家的情况，互相对话。也可以让小朋友自己给自己的父母打电话，把一件事情简明扼要地说清楚：“喂，您好！是妈妈吗？我告诉您一个好消息。‘六一’儿童节到了，我们班要表演一个舞蹈节目，我被选上当跳舞的小演员了，还要上台表演节目呢，我真高兴。”教师鼓励幼儿用丰富的语言表达自己与人交谈的愿望，及时纠正幼儿错误的表达方式 4．幼儿自主游戏 （1）请两名能力较强的幼儿扮演不同角色打电话，内容可以是教师规定的，也可以由幼儿自定或即兴发挥 （2）幼儿两个一组开展游戏，教师巡回观察、指导	活动开始时，教师综合采用语言、实物等方法，创设游戏情境，激发幼儿对游戏的兴趣，培养幼儿参与游戏的热情 在介绍游戏规则与玩法时，教师配合动作、结合幼儿已有生活经验进行讲解，将“打电话”的先后顺序和注意事项说得清楚明白 教师与一名幼儿合作互动，给全班幼儿示范“打电话”，帮助幼儿初步学习游戏中使用到的代词和礼貌用语以及对话方式 教师与部分幼儿对话，或指导部分幼儿与父母对话，通过教师指导下的与成人的互动，幼儿进一步熟悉游戏规则、理解游戏程序，掌握“打电话”的语言交往思路，学会分清角色、耐心倾听、有条理且清晰地表达自己的愿望和需求，为接下来的独立游戏做好充分准备。且“打电话”的内容由幼儿自己决定，给幼儿充分的自由，重视幼儿的经验，让幼儿大胆说、乐意说，发展幼儿的创造性 及时的鼓励对幼儿积极参与活动有较大的激励作用 教师直接让表演能力强的两名幼儿示范“打电话”，这次互动没有了成人的参与，是幼儿与幼儿间的互动，难度上有一定提升 教师作为旁观者，放手让幼儿两两一组，独立开展游戏，为每位幼儿都提供了参与的机会，促进每一位幼儿的发展
活动延伸	打电话的内容广泛多样，幼儿可以多样选择。打电话的地点可远可近，电话可以是本地区的，也可以是通往全国其他城市，甚至是国际长途。在游戏中，还可以对幼儿进行自我保护的教育，记住自己家的电话号码，一些重要的电话号码如“110”“119”等	延伸环节扩展了幼儿的思维空间，让幼儿在日常生活中有更多的尝试，同时，与社会领域的内容相联系，帮助幼儿整合相关学习经验
总体分析	在这个听说游戏活动中，教师为幼儿营造了一个轻松、和谐的游戏环境，以与不同对象打电话交流的形式，使幼儿体验到与同伴及成人交谈的乐趣，与他人合作的乐趣。整个活动由易到难、循序渐进，游戏成分逐渐扩大，幼儿的听说能力以及主动性、参与性和创造性在游戏的过程中都潜移默化地得到了提高	

三、幼儿园听说游戏活动的具体指导

（一）游戏性体验在前，语言发展在后

长期以来，幼儿园语言游戏中存在着“重语言发展，轻游戏性体验”的倾向，为了让幼儿在语言教学游戏中认识和记忆更多的词汇与句子、正确快速地对语言进行理解与表达，教师往往采取立即揭示问题答案或谜底、反复对正确答案和行为进行强化与训练等高控制的指导策路。在这种指导策路下，语言情境被简化，幼儿理解与产出语言的时间和机会被缩减，教师往往把自己对语言的理解与思维强加到幼儿身上，以预设好的问题答案或智力目标来限定幼儿的言行，这种追求“即问即答”训练效果的游戏过程，严重忽视了幼儿听说游戏活动中的游戏性体验。

教师应按照游戏的本质特点来组织和指导幼儿园听说游戏活动，让幼儿在游戏活动中产生游戏性体验，并在游戏性体验中发展幼儿的语言。教师在指导过程中要学会放权与等待。放权意味着教师给出谜语等语言信息之后，让幼儿自己去思考和理解，不过分限定幼儿的思考方式和表达方式，让他们采用独立思考、与伙伴讨论等方式来理解，可以采用语言、图画、动作、表情等方式来表达。等待意味着给幼儿充足的思考和表达时间，不催促幼儿，不对幼儿抱不切实际的期望。例如，让他们在接收到语言信息之后就能够立即给出答案或做出正确的回应。当然，教师在等待过程中的个别指导也非常重要。

（二）自主游戏在前，教师指导在后

活动的主体性是游戏活动的本质特点。在听说游戏活动中，幼儿的主体性突出表现在自主进行语言理解与表达上。因此，教师的指导必须有利于幼儿自主进行语言理解与表达，从而引发幼儿在语言理解与表达中产生游戏性体验，并在语言理解与表达中发展语言能力和思维能力。

在听说游戏活动中，首先，教师要充分发挥幼儿作为游戏活动主体的自主性、能动性和创造性；在活动设计与实施时要充分考虑幼儿的兴趣与需要，不要一厢情愿地按成人的想法与愿望来设计游戏环境、指挥幼儿游戏；并充分考虑幼儿的能力水平，给幼儿充足的自主思考与自由探索的时间和机会，不要自以为是地对幼儿的游戏活动进行随意指点。其次，教师要营造自由安全的心理氛围，促使幼儿游戏性体验的产生。在组织和指导游戏时，教师不要对幼儿的不同意见或奇怪想法随意批评，不要对幼儿游戏活动中的困难与错误进行训斥或责骂。

（三）显性指导与隐性指导相结合

作为一种规则游戏，听说游戏需要教师的指导，但是教师的指导必须以听说游戏的本质特点为依据，将显性指导与隐性指导相结合。

在听说游戏活动中，教师是幼儿游戏的组织者、引导者和帮助者，其显性指导具体表现为：①在游戏的组织策略方面，向幼儿讲清语言游戏的规则和玩法，以指导幼儿的游戏行为；②在游戏的引导策略方面，引导幼儿利用多种感官、多种途径来理解和表达语言信息，以指导幼儿实现游戏的主体性；③在游戏的帮助策略方面，帮助幼儿解决游戏活动中遇到的纠纷和困难，以促进幼儿实现语言能力和思维能力的发展。

听说游戏活动的隐性指导包括平行关系的“伙伴角色式”和自下而上的“生者角色式”指导。在“伙伴角色式”指导中，对遇到语言理解和表达有困难的幼儿，教师可通过与幼儿一起讨论、交流，向幼儿提供游戏支架，以促使其克服困难、解决问题、实现发展；对遇到意见分歧的幼儿，教师可与幼儿一起对各种意见进行分析和比较，促进其各种感官、语言能力以及思维能力不断发展；对个性孤僻的幼儿，教师可与其对话、交流与玩耍，有针对性地促进其社会

性发展。在“生者角色式”指导中，对能力较强的幼儿，教师的虚心请教可以提升幼儿的成就感，进一步激发幼儿的游戏创造性；对比较内向的幼儿，教师的虚心请教可以激励幼儿进行积极的语言表达，引导幼儿逐渐融入游戏群体，与游戏伙伴进行交流与沟通；对无所事事的幼儿，教师的虚心请教可以使幼儿自然地返回到游戏活动中，而且可以考察游戏任务对幼儿的难易程度，以便教师及时调整任务难度，更换游戏指导策略。

（四）幼儿园听说游戏活动各年龄阶段指导要点

小班幼儿的语言教学以完善语音和丰富词汇为主，因此该年龄的听说游戏活动应以发音游戏和词汇游戏为主。在游戏中，教师可以直接参加，担任游戏的重要角色。这样，既可以为幼儿示范、提供模仿榜样，又可以调控游戏，实现游戏的目的。

案例 8-7

小班听说游戏活动：照镜子

活动目标

1．愿意参与游戏，在游戏中能与同伴进行交往。

2．注意倾听对方讲话，学习说“照镜子、照镜子，我有……”。

3．初步接触数量词（一个、一张、一双、两只等），学习发准“个、张、双、只”等字音。

活动准备

经验准备：幼儿已知人的五官名称。

物质准备：镜子（每人一面）。

活动过程

1．幼儿照镜子，说出五官的名称及数量。

（1）幼儿集体照镜子，并说说从镜子里看到了脸上有什么。

（2）引导幼儿正确说出脸上五官的名称及数量，并练习用完整的语句讲述“我有……”。

（3）教师以游戏的方式带领幼儿练习说五官的名称及数量。

2．教师示范游戏玩法及规则。

教师示范游戏，引导幼儿观察，讨论游戏规则。提问：“游戏是几个人玩的？老师说了什么？”等，引导幼儿熟悉对话内容（A：照镜子，照镜子，镜子里面有什么？B：照镜子，照镜子，我有一张嘴巴/一双眼睛/一个鼻子/两只耳朵/其他）。

3．教师引导幼儿游戏。

教师提问，幼儿回答；幼儿提问，教师回答。

4．幼儿相互游戏，教师巡回指导。

（1）鼓励幼儿用镜子照身体的其他地方。

（2）请拓展较好的幼儿到前面展示。

5．带领幼儿边照镜子边继续拓展游戏，结束活动。

中班幼儿的语言教学目的是以丰富词汇、会说完整的句子和提高表达能力为主，听说游戏活动应以词汇游戏、句子游戏和描述性游戏为主。游戏规则具有更多的约束和控制性，也开始加入一些竞赛的元素。在幼儿掌握了游戏的玩法和规则后，教师一般作为观察者和环境、材料的提供者进行间接的指导和调控。

案例 8-8

中班听说游戏活动：小动物进城

活动目标

1．学习用简单的语言描述动物的主要特征，并能够根据动物的主要特征编成谜语。

2．能听懂简单的游戏规则，并能积极动脑参与编谜、猜谜活动。

3．体验听说游戏的乐趣。

活动准备

物质准备：动物城堡图一幅，警察帽两顶，各种动物图片放在幼儿椅子下。

经验准备：幼儿会唱歌曲《如果感到幸福你就拍拍手》。

活动过程

1．设置游戏情景。

（出示图片）教师："今天老师给你们拿来了一幅城堡图，你们知道这是一座什么城堡吗？城堡门前有哪些人？他们是干什么的？你们想进城和小动物们一起玩游戏吗？怎样才能进城呢？这里有一个小小的规则。"

2．介绍游戏规则。

教师介绍进城方法：想要进城必须将自己扮成小动物，守城人喜欢猜谜语，他看到别人要进城就会念一首儿歌："城门开开，城门关关，想要进来，让我猜猜。"等他念完后，进城的人必须将自己扮演的小动物编成谜语请他猜，如果你编得好，守城人就能猜出来，那么你就能被请进城；如果编得不好守城人猜不出来，你就不能进城。

教师提问："守城人看到别人进城会念什么？（学儿歌）小动物怎样才能进城？你们会编谜语吗？编谜语时注意不能把答案说出来。"

（出示一张动物图）教师引导幼儿集体编谜。教师："这是谁呀？如果你是小猫，那么你怎样编谜才能让别人猜出来呢？请想一想，可以从小猫有什么本领、小猫的叫声、它喜欢吃什么等方面来编，在你的椅子下也有动物图，请你们拿出来看一看你是什么动物，然后编一编。"（幼儿自由编谜）。

3．引导幼儿游戏。

（搭好城门）老师先扮守城人。教师："接下来我们要来玩小动物进城的游戏了，这是城门，我来做守城人。"引导幼儿开始游戏。

4．组织幼儿自主游戏。

两名幼儿扮守城人，用双手搭成一个城门，幼儿集体边念儿歌边依次钻过城门，当念到最后一个字时，守城人双手套住一个幼儿，此幼儿编说谜语，守城人猜对后就让他进城（回座位，将动物图贴在头上）。当全体幼儿都进城后，教师："小动物们，你们来到动物城高兴吗？我们一起随着音乐边唱边表演吧！"

如果感到高兴你就拍拍手（拍两下），

如果感到高兴就学小猫叫（叫两声），

如果感到高兴就学小兔跳（跳两下）。

大班幼儿的的词汇相对比较丰富，可以说完整的句子，语言表达能力逐渐提高。因此，大班幼儿的游戏任务和内容的信息量都相应增加，游戏规则的要求也有所提高。在游戏时，要求幼儿能自觉遵守游戏规则，教育目的以提升语言的运用能力为主。为此，教师要创设能激发幼儿语言表达的环境，可以通过鼓动、建议、澄清等方式让幼儿在游戏中大胆地想象和创编，从而发展其运用语言的能力。

案例 8-9

大班听说游戏活动：盖楼房

活动目标

1. 乐于参与听说游戏，体验游戏的快乐。

2. 能遵守游戏规则，仔细倾听同伴的发言，不重复别人的语句。

3. 学习运用“××越……越……”的句型说一句话。

活动准备

1. 鼓、黑板和粉笔。

2. 风声、猫叫声、狗叫声的录音。

活动过程

1. 通过游戏情境引入活动。

教师敲鼓，提醒幼儿认真听。敲鼓的力量由轻到重，速度由快到慢。教师：“刚才老师是怎样敲鼓的？鼓的声音是怎么样的？”引导幼儿用“××越……越……”的句型形容鼓声，如：鼓声越敲越响。

播放风声由大到小、猫叫声由高到低、狗叫声由轻到响的录音。

教师：“这是什么声音？这个声音是怎么样的？可以用一句什么话来表达？”启发幼儿用“××越……越……”的句型形容事物的变化。如：风越刮越小，猫越走越远，狗越叫越响。

2. 引导幼儿玩游戏“盖楼房”。

教师向幼儿交代游戏规则：必须用“××越……越……”的句型说一句话。游戏时必须倾听别人的讲述，不能重复同伴讲过的内容。说得正确者均可在黑板上添画一层楼，直至建成一座高楼。如果不用“××越……越……”的句型说话，或说得不恰当、重复同伴的话等，均不能盖楼房。

3. 教师示范游戏，引导幼儿学说句型。

教师用“××越……越……”的句型说一句，如“太阳越升越高”“花越开越美丽”“人越长越高”等。

请部分幼儿根据教师的示范用“××越……越……”的句型说一句话（教师可准备一些图片，给幼儿一些提示，引导其学说句型）。

4. 幼儿自主游戏。

将全班幼儿分成两组，玩“盖楼房”游戏。

指导幼儿用“××越……越……”的句型创编句子，教师在黑板上分别为两个组的楼房添画楼层。

两组所有幼儿说完一遍后，比一比哪组盖的楼房高，并在最高的楼房上面画上一面红旗。

活动延伸

鼓励幼儿在日常生活中运用所学句型与老师或同伴或家长对话交流。

本章小结

幼儿园听说游戏活动是一种为培养幼儿倾听和表述能力而专门设计的，有明确、具体的规则，由外部动机引起、由教师为主导的游戏活动。

幼儿园听说游戏活动具有三个基本特征：语言教育目标内隐于游戏之中；游戏规则即语言学习的重点；活动过程中逐步扩大游戏的成分。

幼儿园听说游戏活动主要包括语音游戏、词汇游戏、句子游戏和描述性游戏等类型。

在设计和组织听说游戏活动时，一般遵循四个步骤，分别是创设游戏情境、介绍游戏玩法和规则、引导幼儿游戏、幼儿自主游戏。在具体指导的过程中，应做到游戏性体验在前，语言发展在后；自主游戏在前，教师指导在后；显性指导与隐性指导相结合。另外，还要兼顾各年龄阶段幼儿的语言发展特点。

关键术语

听说游戏活动　语音游戏　词汇游戏　句子游戏　描述性游戏

讨论与思考

1. 简述听说游戏活动与一般游戏的不同。
2. 结合实例讨论听说游戏活动的教育作用。
3. 试述听说游戏的种类，并收集或设计每类游戏各两个。
4. 试述听说游戏活动的目标。
5. 试述听说游戏活动设计与实施的基本结构。
6. 试述听说游戏活动的指导要点。

建议的活动

1. 请到幼儿园或利用多媒体、录像资源观摩两个不同类型的听说游戏活动，并从活动目标达成度、活动材料及环境创设、幼儿参与活动程度、师幼互动效果、活动过程设计、教师组织指导等方面进行全方位的记录及评价。
2. 请设计幼儿园小班、中班、大班听说游戏活动各一个，撰写活动方案并在同学中或对幼儿进行模拟教学。

第九章 幼儿园文学作品学习活动的组织与实施

学习目标

1. 把握幼儿文学作品的概念、种类和特点，认识幼儿园文学活动的概念、教育价值及活动特征。
2. 理解幼儿园文学作品学习活动的目标和内容，根据文学作品学习活动的总目标和具体活动内容设计活动目标，能在活动中通过具体教学设计实现该目标。
3. 掌握故事、儿歌、散文（诗）等幼儿园文学活动的主要流程，能够组织完整的幼儿园文学活动。
4. 能感受到文学作品的愉悦快乐，增强开展幼儿文学作品教学活动的兴趣。

导入案例

月光是一条温柔的河。萤火虫开始飞舞，飞着飞着，它们竟然在天空里迷路了，只好和星星们在一起，变成了星星。萤火虫变的星星和别的星星一样，忽闪着淡淡的光。但是，要是它一不小心掉下来，掉到草丛里，它们又会变成萤火虫。所以，有一些星星是萤火虫变的，有一些萤火虫是星星变的。

这是我国儿童文学作家冰波的散文《萤火虫和星星》，描述了闪烁的萤火虫和闪烁的星星相交织的月夜，短小的篇幅、精妙的构思、奇妙的想象，营造了一种如梦如幻的童话境界。那么，幼儿文学作品对幼儿发展有什么作用？幼儿园文学作品学习活动应该如何组织呢？

第一节　幼儿文学作品学习活动概述

幼儿文学作品学习历来是幼儿喜闻乐见的一种学习活动，无论是朗朗上口的童谣，还是生动有趣的故事，对他们都有着莫大的吸引力。幼儿文学有着巨大的教育潜能，有人认为是导思、染情、添趣，有人认为是认识生活、教育思想、开发智力、训练语言，无论哪一种说法，都说明文学作品的教育功能是多方面的。文学作品的学习是幼儿语言教育一个十分重要的方面，以幼儿文学作品为基本教育内容而进行的文学教育活动，也是幼儿语言教育活动不可缺少的类型。

一、幼儿文学作品的概念与教育价值

（一）幼儿文学作品的概念

幼儿文学作品是与3~6岁儿童心理发展水平及接受能力相适应的各类文学作品的总称。它和其他文学作品一样，通过典型的形象、故事情节和内容来反映现实生活，与儿童的生活经验产生共鸣，潜移默化地影响儿童的思想和情感，发展学前儿童的语言。幼儿文学作品的文体范围十分广泛，具体包括儿歌、幼儿诗、幼儿童话、幼儿故事、幼儿散文、幼儿戏剧、图画故事等文体。

（二）幼儿文学作品的特点

1. 教育性

幼儿文学作品的教育性是指幼儿文学作品主题知识性较强，对幼儿有思想教育的作用。幼儿文学反映生活，涉及了大千世界中幼儿感兴趣的各种事物，花鸟鱼虫、日月星辰、山河湖海、风土人情等知识，吃饭、穿衣、洗脸、刷牙、游戏等日常生活内容，善良、同情、友谊、宽容、爱心等人类美德都可以成为幼儿文学的题材，这样的题材内容广泛地体现在儿歌、幼儿

诗、幼儿故事、幼儿散文、幼儿戏剧等各种文体中，幼儿在欣赏文学作品的过程中，认识自然、认识社会、获得生活常识、受到情感熏陶。

2．文学性

幼儿文学是文学的一个分支，具有文学的一般特性。文学是语言文字的艺术，是社会文化的一种重要表现形式，是对美的体现，所以幼儿文学也是一种语言艺术，幼儿通过这种语言艺术来进行认知和审美。幼儿文学作品往往具有丰富而生动的语言特色，新颖而巧妙的构思，想象奇特又符合生活逻辑，能让幼儿充分感受到文学语言的魅力。比如，童话故事《金色的房子》里面描写房子的句子："红的墙，绿的窗，金色的屋顶亮堂堂"几次在童话中出现，让孩子体会到文学语言的生动优美。再如，张继楼的儿歌《小蚱蜢》："小蚱蜢，学跳高，一跳跳上狗尾草。腿一弹，脚一翘：'哪个有我跳得高！'草一摇，摔一跤，头上跌个大青包。"这首儿歌运用动作性极强的词语，刻画了一个跳上狗尾草而洋洋自得的小蚱蜢的形象，显得活灵活现。同时，语言上鲜明悦耳的节奏感，让幼儿读起来仿佛整个身体都会像小蚱蜢一样又蹦又跳似的。

3．浅易性

幼儿文学的读者主要是0~6岁的儿童，他们的认识、思维和语言等方面都还处于发展的初步阶段，同时，因为幼儿尚未识字，儿童文学作家鲁兵说："对尚未识字的幼儿，亦即学龄前的孩子来说，文学作品不是他们自己读的，而是父母教师念给他们听的……儿歌、故事、童话，都只能通过大人的朗读，尚未识字的幼儿才能得到真正的欣赏。"因此幼儿文学的语言形式和思想内容，往往都是浅显易懂的。

语言形式上，幼儿文学大都是比较质朴、纯真、浅近的口语。词汇以具体形象的名词、动词和形容词等实词为主，句式也以简单句为主，复合句比较少。比如，谢华的幼儿故事《岩石上的小蝌蚪》中的一段话是："一个雨后的清晨，岩石上一个小小的积水洼里，忽然有了两只活活泼泼的小蝌蚪。它们把小小的身子愉快地扭动着，睁着两只黑晶晶的眼睛，打量着四周黑灰色的岩壁。"后来，作者考虑到幼儿的年龄特征，将这段话改为："一天，下了一场大雨，岩石上一个凹下去的地方积了水，就像一个浅浅的小水塘。在这小水塘里，忽然来了两只小蝌蚪。两只小蝌蚪身子一扭一扭，尾巴一摆一摆，两对黑晶晶的小眼睛东看看，西瞧瞧。"将幼儿不好理解的"积水洼"一个词改成了加以描述的一句话："就像一个浅浅的小水塘"，将"打量"这个词改为"东看看，西瞧瞧"，比较具体形象，幼儿理解起来就比较方便。

思想内容上，幼儿文学也是浅显易懂的。幼儿对外界世界的认识还紧紧依赖于直接的生活经验，因此幼儿文学作品也主要以幼儿熟悉的生活和能理解的事物为主要创作题材，主题单纯、浅显、鲜明，情节单纯、生动有趣。一个故事往往只反映一个事件，涉及的人物不多，事情的逻辑关系也比较简单，但同时又要生动有趣，动作性强，能够吸引幼儿的注意力。比如鲁兵的童话诗《小猪奴尼》，用小猪奴尼从不讲卫生、不爱洗澡到主动表示要学会自己洗的故事，告诉幼儿要讲卫生、爱洗澡的生活常识。虽然具有童话浓厚的夸张、幻想色彩，却又植根于幼儿生活的土壤，情节简单生动有趣，主题鲜明。

4．趣味性

趣味性是幼儿文学的重要品性，是幼儿评价和选择幼儿文学作品的重要指标之一，这是由于对于幼儿来说，这种趣味性可以表现为一种文学作品内容上的游戏精神，可以表现为作品语言表达方面的幽默意识，也可以表现为纯真的童趣。儿歌中有一类游戏歌，就是专门配合幼儿游戏活动而吟唱的儿歌，具有指挥游戏动作或统一节奏快慢的特殊作用，比如：

模仿歌

两个手指竖起来，
把它立到头上来，
把你的身子蹲下来，
吧嗒吧嗒跳起来。（模仿兔子）

两个手指勾起来，
把它立到头上来，
把你的身子弯一弯，
咩——咩，慢慢走起来。（模仿山羊）

十个手指张开来，
把它立到胸前来，
把你的身子蹲下来，
呱呱呱呱跳起来。（模仿青蛙）

十个手指伸出来，
把它伸到胸前来，
把你的身子立起来，
咚——咚，慢慢走起来。（模仿熊）

这首儿歌采用字头歌的形式，每一句都有十分明确的动作提示，利用手指、手掌的形态变化和“竖、立、蹲、勾、弯、跳、伸、走”等身体动作，再辅以具有典型特征的相应的声响，模拟出兔子、山羊、青蛙、熊的动作姿态，使幼儿在明快的节奏中获得游戏的快感，又在愉快的游戏中感知祖国语言的丰富优美。

（三）幼儿文学作品的价值

一般来说，文学有认识、教育、娱乐、审美的价值，幼儿文学自然也不例外，幼儿文学作为孩子一生中最早接触的文学形式，对幼儿的精神成长具有深远的影响。由于幼儿文学读者对象的特殊性，其作用的具体内容又有所不同，幼儿文学的功能主要有以下几个方面。

1. 增长幼儿的知识，培养幼儿的求知兴趣

幼儿初生于世界，对自然和人类社会充满好奇。幼儿文学涵盖了大千世界中的种种知识，恰好能满足他们的求知欲望。例如，在幼儿接触最早的儿歌中，知识性儿歌能直接促进幼儿认知的发展，如郭明志的《数数歌》，对数字的形状加以形象化的介绍，幼儿能够轻松愉快地掌握。谜语歌甚至都是描述、概括各种事物的特征。

幼儿的生活圈相对比较狭窄，从生活中获得的直接经验十分有限。而幼儿文学则给幼儿打开了一扇窗户，让他们能从中获得间接经验，扩大眼界。例如，叶永烈的童话《圆圆和方方》，讲述了圆形物体和方形物体的用途，他利用童话中的两个人物——圆圆和方方，让他俩一会儿变成棋子、砖头、田地、自行车，一会儿变成油罐、算盘、汽车、人造卫星，通过比本领的方式，让小朋友知道不同形状物体的用途，并懂得互相尊重、取长补短的道理。幼儿文学在增长幼儿知识、扩大幼儿眼界的同时，还培养了幼儿的求知兴趣。作品带给幼儿大量新鲜的感性知识，幼儿又以这些为起点，循序渐进，不断扩大知识范围。

2. 丰富幼儿的语言和情感，提高思维和想象能力

幼儿的语言正处于快速发展之中，幼儿文学在丰富幼儿语言方面比其他艺术门类更有优势。幼儿文学的语言不仅浅显明白，而且优美生动，幼儿可以从中学到大量的词汇、语法规则和多样化的表达方式。幼儿虽然还不能写，但却常常将熟悉的作品语言运用于口头之中。儿歌中的绕口令有助于他们正确地掌握字音，幼儿诗有助于培养和训练他们表达情感的能力，故事和童话可供幼儿讲述，发展他们的连贯性语言。例如，张国南的幼儿诗《春天是这样来的》：

叮咚，叮咚！
小溪试了试清脆的嗓子！
啊，春天是唱着歌来的！

呼啦，呼啦，
柳枝弯弯柔软的腰，
啊，春天是跳着舞来的！

哔剥，哔剥
春笋在泥地里快活地拔节，
啊，春天是放着鞭炮来的！

在充满生机和情趣的诗行里，通过语言和形象的互补，写出春天的美丽景象：小溪唱歌、柳枝弯腰、春笋拔节，进而通过“唱着歌、跳着舞、放着鞭炮”这些形象可感的语句可以让幼儿感受到春天的活泼。从诗的表现形式上看，诗句流畅而又节奏鲜明，拟声词和动词生动形象，表现手法丰富，使幼儿在咏唱中体会到汉语的优美。

幼儿的感情非常丰富，也最容易被感染。幼儿文学作品就是以形象来进一步丰富幼儿的情感。比如幼儿故事《妈妈摘的葡萄》，故事情节以母爱为线索展开：狐狸妈妈翻山越岭为狐狸宝宝寻找食物，摘到葡萄后马不停蹄地返回，发现猎人后不顾一切地大声喊宝宝快逃，多年后，狐狸宝宝发现了葡萄树，也理解了妈妈的爱。幼儿在欣赏故事的过程中，能够体会到母爱的伟大、无私。

幼年是培养和发展幼儿想象力的最佳时期，幼儿文学则是发展幼儿想象力的最佳载体，尤其是童话、神话和民间故事，能把幼儿带入一个个神奇的空间，在那里一切不可能的事情都变得可能。幼儿文学为幼儿加工、改造、组合新形象提供了合理的依据，让幼儿的想象力得到发展。语言是思维的工具，幼儿在语言得到丰富的同时，思维能力也不断提高。

3. 培养幼儿的美感，提高审美能力

美感是人对事物的审美体验，它是根据一定的美的评价标准而产生的复杂情感。审美能力则是一个人接触到艺术和日常生活中真正的美时，能感到满意，觉得精神愉快，并由此具有鉴别美好与丑恶、纯真与虚假、文明与粗野、崇高与卑下的能力。

幼儿文学是美的文学，在幼儿能够理解的语言中，含有丰富的感性形象，幼儿通过语言表现的形象，逐渐达到从抽象符号向感知形象的过渡。优秀的幼儿文学作品，能用简明的文字为孩子们提供充分联想与想象的余地，使他们的审美理解达到奇妙的境界。童话就是培育孩子们这种心理能力的宝贵土壤：海底有“小人鱼”，天上有“月宫”，遥远的森林里有“七个小矮人”等，世界变得十分神奇、美丽。即使是非童话的幼儿文学作品，也往往基于幼儿熟悉的现实生活，大胆引导孩子们去联想、想象，如一首幼儿诗中这样写道：林荫道上的树，像“热情的小伙伴，站成一行行，撑着一把绿伞”，像“好客的小姑娘，排成一队队，举着一只只花篮”，

大海的浪花，像“一队队手拉手的娃娃，走上岸来，又退回海里……”幼儿在这一系列优美新奇的比喻中，也逐渐学会用美的眼光来打量常见不鲜的事物。

4．愉悦幼儿的身心，培养活泼开朗的性格

快乐是人们的共同需要，对于未成年的幼儿来说，快乐有助于他们的生长发育，对他们的身心健康、人格健全都有积极作用。幼儿文学有助于疏导幼儿的情绪。当他们在童话中读到各种奇情异趣，经历各种冒险与探险时，他们实际上是身临其境般地体验着作品中角色的自由与快乐。例如，英国女作家毕翠克丝·波特的图画故事《小兔彼得的故事》，调皮可爱的彼得兔，不听妈妈的告诫，跑进了麦克古格先生家的菜园。在菜园里吃了莴苣、四季豆、胡萝卜，还想吃点芹菜。它绕过黄瓜架的时候，遇到了麦克古格先生，被麦克古格先生到处追赶，慌乱中，它跑丢了鞋子，跑掉了蓝色的新夹克，还钻进了装满水的花洒，所幸最后平安地逃离了菜园。彼得兔的故事被称为“儿童文学的圣经”，幼儿欣赏故事的过程，就是在感受彼得兔的勇敢、愉快、紧张、害怕、担心、放松。

快乐是幼儿文学的重要品性。许多幼儿文学作品是“纯娱乐”的，往往归纳不出来“教育意义”，如意大利作家罗大里的《冰淇淋宫》，讲述大人们在广场上为孩子们建起一座冰淇淋宫，“宫顶是奶皮贴成的，烟囱是果脯做成的，烟囱里冒出来的烟是棉花糖。剩下的都是冰淇淋做的：冰淇淋的门，冰淇淋的墙，冰淇淋的家具”。孩子们听说后纷纷赶来，争相舔吃冰淇淋，十分热闹。一个很小的孩子坐在一张桌子跟前，一口一口地舔着桌腿……这样的故事情节，也恰好是幼儿在生活中最想要做的事。因此，故事能激发幼儿快乐的情绪，有助于他们形成活泼开朗的性格。

（四）幼儿文学作品学习活动的特点

幼儿园文学活动是以文学作品为基本教育内容而设计组织的语言教育活动类型，它的主旨在于引导幼儿积极主动地学习文学作品，感知文学作品，理解文学作品所展示的丰富而有趣的生活，体会语言艺术的美，并能创造性地运用所学的相关经验观点，或者是艺术表达方法。幼儿对文学作品的学习，它不是一个简单的听说过程，它是成人通过引导儿童，围绕文学作品，开展一系列的丰富多彩的活动，通过视觉的、听觉、动觉的参与，对幼儿的语言产生潜移默化的巨大影响。

幼儿园文学教育活动的基本特征主要有以下几点。

1．围绕幼儿文学作品展开活动

幼儿文学作品活动首先必须从文学作品教学入手，围绕作品教学开展活动。在幼儿文学作品的学习活动中，其主要目的不在于通过文学作品进行知识教育和道德教育，而是更侧重于幼儿审美能力、文学理解能力和想象力方面的培养。文学作品是语言艺术的结晶，是人类的现实生活以生动形象的方式在儿童世界的反映，每一个故事或者每一首诗歌都具有丰富而独特的语言信息，蕴含丰富的思想情感。它既可以满足幼儿了解社会生活现象的愿望，又可以得到语言艺术美的熏陶。幼儿学习理解文学作品，通过聆听、诵读、阅读图画、观看表演或者观看动画等形式，然后围绕作品开展系列活动，这一过程就是将书面语言信息转化为生动形象的口语语言信息，让幼儿完全理解和掌握文学作品所蕴含的丰富思想。

2．整合相关学科的内容展开活动

幼儿文学活动可以从文学作品本身出发开展活动。文学作品包含丰富的语言信息，也涉及社会生活的各个方面，融合了各领域的内容，比如很多儿歌包含语言、科学、音乐、健康等多个领域，在组织幼儿文学作品活动时就要整合相关学科的内容。

对幼儿来说，首先，学习文学作品，通过听教师阅读，把语言符号连接起来，形象地对文学作品产生初步整体的印象，只是第一步；其次，幼儿要在教师的引导下，通过语言符号所传递的信息，认识和了解文学作品所反映的现实生活；最后，幼儿在教师的启发下，利用自己的生活经验理解文学作品中所包含的思想情感，把握文学作品深厚的内涵，感受语言的美，发展各种能力。例如，图画故事《好饿好饿的毛毛虫》，教师一方面可以让幼儿听故事，看挂图，另一方面还可以通过表演游戏感受毛毛虫成长为蝴蝶的过程，再通过画一画、谈一谈等活动，更好地帮助幼儿掌握故事内容，使幼儿各方面的能力得到锻炼和提高。

3. 提供各种文学作品相互作用的途径

幼儿发展是他们自己与外界环境交互作用而建构起来的，并且需要通过自身的操作活动与外界环境进行交互作用。幼儿语言的发展也同样如此，也是通过个体与外界环境中各种语言和非语言信息交互作用逐步实现的。因此，幼儿文学作品的学习活动，应当着重引导幼儿积极地与文学作品进行听、读、说、看等各种形式的交互作用，让幼儿与文学作品充分融合，得到语言、情感、认知等全方位的发展。因此，教师要创设多种途径，积极引导幼儿与文学作品相互作用，使语言得到发展。

幼儿文学作品活动应当以幼儿已有的知识经验为基础，把各种类型的活动贯穿于教学过程中，比较自由地进行讨论、操作表演、编构等，在亲自操作实践、探索和想象创造中，有机地将个人的直接经验和文学作品提供的间接经验结合起来，达到对作品和文学语言准确、深刻的理解和感知。使幼儿在动脑、动手、动口、动耳、动眼等多途径中，理解作品，获得亲身体验，全方位理解和感受文学作品，以故事《拔萝卜》为例，在幼儿熟悉故事内容之后，进行表演，通过游戏，分享萝卜美食等相关活动，将极大地调动幼儿的兴趣，促进幼儿认知能力的发展和社会规则的习得。

二、幼儿园文学作品学习活动的目标和内容

（一）幼儿园文学作品学习活动的目标

幼儿园文学作品学习活动的目标包括对文学作品的态度、对文学作品的理解和想象、对文学语言认知三个方面的目标。

1. 对文学作品的态度方面的目标

这是文学教育中最基本的一个目标，幼儿对文学作品的态度和情感将直接影响到他们对文学作品的理解和感受。在文学教育活动中，教师可以培养幼儿以下三种不同的态度和情感：

①乐意聆听和阅读文学作品。

②对文学作品所展示的人物生活产生浓厚的兴趣。

③积极参与各种文学活动。

2. 对文学作品理解和想象方面的目标

这是文学教育活动中的重要目标。文学教育活动中不仅要让幼儿学知识、学语言，而且应该让他们去理解和感受作品中所隐含的文学之美、语言之美，在此基础上鼓励幼儿进行创造、想象，将作品中的优美语言和意境完全地体现出来。

这一方面的目标主要包括以下几个：

①理解作品的主要内容，包括人物、情节、作品情感，在此基础上理解作品的主题和表现形式。这是理解作品的第一步，只有准确、全面地认识了作品的基本意思及作者对作品的感受，才能深入地理解表现在作品内部的文学美和意境美。

②欣赏或模仿文学作品的语言节奏和韵律。运用恰当的言语、绘画、动作等形式表现自己对作品美的理解。

③在原有作品的基础上充分利用想象力仿编、改编、创编诗歌、散文，大胆推测、想象故事情节的发展，改编或续编故事。在文学作品的欣赏或者创作中发展想象和创造能力。

3. 对文学语言认知方面的目标

文学作品中的语言浅显易懂而又富有艺术性，既朗朗上口，又非常生动形象。因此，文学教育活动中另一个重要的目标是让幼儿感受文学作品中的语言之美，并在日常生活中学会迁移和使用这种语言。

这一方面的目标主要包括以下几个：

①感受文学作品中语言的节奏韵律及其抑扬顿挫的语言美。

②感受和理解文学作品中生动的词语、句子的意思，并尝试在生活中运用这些优美的词语和句子。

③理解和把握作品语言的表现形式，如比喻、拟人等，并学习在恰当的时候迁移使用文学语言。

文学教育活动中除了发展与文学作品有关的认识、情感和态度、能力方面的目标外，还要发展其他方面的目标，如思维、品德、知识习得等方面的目标等，这些目标与文学教育方面的目标有机地结合在一起，使幼儿在文学教育活动中既能提高文学理解和鉴赏力，又能从活动中获得品德和知识方面的教育，发展创造力和想象力，获得全身心的综合发展。

（二）幼儿园文学作品学习活动的内容

幼儿文学作品是幼儿园文学活动的内容素材，常见的幼儿文学作品体裁多种多样，形式丰富多变。依据活动中所选用的文学作品体裁的不同，可以把文学活动分为幼儿园诗歌学习活动、幼儿园散文学习活动以及幼儿园故事学习活动三大类型。

1. 幼儿园诗歌学习活动

幼儿诗歌包括儿歌和幼儿诗。儿歌是适合幼儿听赏吟唱的歌谣，是幼儿最早接触的文学样式，是幼儿文学中古老且基本的体裁形式之一。儿歌有许多特殊形式，如摇篮曲儿歌、连锁调、民谣、游戏儿歌、数数歌、绕口令、颠倒歌、谜语儿歌等。儿歌音韵和谐、节奏鲜明，读起来朗朗上口，易记易唱，内容单纯浅显，通俗易懂。幼儿诗是适合幼儿听赏、诵读的自由体诗歌。相比较而言，幼儿诗形式更自由，表达上也更含蓄、细腻，追求充满幼儿情趣的意境。总体来说，幼儿诗歌可以开启幼儿的心智，陶冶他们的性情，训练他们的语言，增加他们生活的乐趣，优秀的幼儿诗歌宛如天籁之音，滋润着孩子的心灵。

幼儿园诗歌学习活动主要是幼儿园围绕儿歌和幼儿诗所进行的欣赏、表演、创编、游戏等各种类型的教学活动。幼儿的心理以无意注意为主，更注重听觉和诵读时的音韵节奏。根据幼儿诗歌的文学语言特点，很多诗歌活动都可以伴随游戏的形式来开展，教师组织诗歌学习活动，也经常与游戏相结合，用有节奏和有韵律的口令吸引幼儿注意，用富有韵律感的语言来表达游戏内容，使幼儿的语言理解和实际统一起来，起到更好的学习效果。

2. 幼儿园散文学习活动

幼儿散文是专门为幼儿创作的散文，是传达幼儿生活情趣及心灵感受，适合幼儿审美需要和欣赏水平的散文。幼儿散文题材广泛，一人一事、一草一木都可成为散文的题材，同时，散文具有一种特殊的美，在表达内容上往往充满想象和意境。文体上介于叙事体故事和抒情体诗歌之间，能让幼儿从浅易生动的语言中体会到作品真挚的情感、优美的意境。

幼儿的散文可以分为五类：①叙事散文，主要侧重描述幼儿生活中发生的事情，这类散文往往具有一定的情节；②写景散文，主要描绘优美的自然环境、四季变化和季节特征；③抒情散文，主要抒发幼儿对生活中的人、事、景、物的纯真美好的感情；④知识散文，主要通过散文的形式向幼儿介绍各种知识，寓教育于形象描写之中；⑤童话散文，是借助童话的情节、幻想，用散文的形式来描写拟人化的童话形象，表现幼儿的生活。

幼儿园散文学习活动，往往主要以叙事散文、写景散文和抒情散文为主，并且通常将这几类散文融合起来表现人与人、人与自然、自然界中各事物之间的互动情趣。

3. 幼儿园故事学习活动

幼儿园故事学习活动是指围绕各种幼儿故事而展开的语言学习活动。这里的幼儿故事是一个泛指，它囊括了童话故事、寓言故事、生活故事、传统民间故事、神话故事等多种不同类型的故事，是幼儿文学中的重要体裁，也包括主要以图画形式所呈现的图画故事。

故事是幼儿最喜爱的一种文学形式。它通过典型的人物形象、曲折的情节、生动优美的语言，吸引着幼儿，使他们从中受到感染和教育，懂得什么是真善美，什么是假恶丑，从而培养其爱憎分明的情感，并把学到的好思想付诸行动。故事又能提供丰富的语言材料，一部好的故事作品，语言规范，简洁明了，生动优美。

幼儿园故事学习活动，是向幼儿心中播撒文学语言的种子。故事中渗透着大量适合幼儿学习和掌握的经典词汇和优美句子，幼儿听故事，可以从中学到大量新词和优美的语句，积累丰富的语言；幼儿故事单纯、质朴，充满趣味的情节，也能激发幼儿的想象力，带给幼儿美的感受；有的故事还可供幼儿学习复述，发展他们的连贯性语言。

三、幼儿园文学作品学习活动的过程设计

幼儿园文学作品教育活动的目的是引导儿童积极主动地学习语言文学作品，感知语言文学作品，并能创造性地运用所学语言。教师要想能够贯彻文学教育的基本理念，组织好教育过程，就需要具有某种规范性的活动结构，把握好以下几个层次。

（一）第一层次：学习文学作品的主要内容

幼儿学习文学作品内容，是文学作品教学活动的首要环节，教师要充分考虑作品的难易程度、幼儿的实际认知水平以及可利用的材料和活动环境，采用比较直观具体的实物、玩具、模型、挂图等辅助手段呈现作品的内容，也可采用游戏、观看动画、情节表演等形式，帮助幼儿理解作品内容。如果作品内容较浅显易懂，又与幼儿生活经验比较接近，教师可通过给幼儿阅读作品，让幼儿直接感知、理解作品内容。

幼儿能否感知理解作品，决定了整个文学活动过程是否能够顺利进行，因此，教师应将重点放在儿童对内容的理解上。在教学中主要注意三点：①幼儿第一次接触作品时不要过分地进行重复，以免破坏文学作品的完整性，让幼儿从整体上感知文学作品的基本内容，否则，会降低幼儿对文学作品的兴趣，也不利于幼儿对作品整体的认识。②不要强调让幼儿机械记忆文学作品的内容，而应引导幼儿把精力集中在对作品的感知和理解上。因幼儿的注意分配水平较低，在同一时间内不能将注意集中在一定的对象上，而且，幼儿对文学作品内容还没有理解时，对作品内容的记忆只能停留在表面上，是一种机械的、短暂的记忆。③通过讨论、复述、看视频等方式，帮助幼儿理解作品的情节、人物形象和主题思想，尤其是要引导幼儿运用自己的知识经验，进行想象和推理，加深对文学作品的理解。例如：学习文学作品《梨子提琴》

时，教师可以让幼儿讨论：小松鼠用什么做了小提琴？这把小提琴的声音怎么样？狐狸听到了琴声，它对小鸡说了什么？狮子听到琴声是怎么说的？森林里的动物们在琴声中做了什么？小提琴上掉下来的是什么东西？为什么小动物们都有了小提琴？这些问题都有助于幼儿对文学作品的理解，有利于拓展幼儿的思路，发挥幼儿的创造性。

（二）第二层次：理解、体验文学作品的思想情感

文学作品的特殊作用在于其艺术感染力，它能反映现实生活的真实情感，给人以影响，深深地打动读者，在情感上引起共鸣。因此，在感知学习文学作品内容的基础上，教师要进一步组织和引导幼儿，围绕作品内容展开相关活动，帮助幼儿体验作品所隐含的思想和情感，理解作品的内涵，这是文学作品学习活动的又一个重要环节。

在帮助幼儿理解、体验作品的内涵时，要紧紧围绕活动内容展开，通过创设环境，支持和帮助幼儿对作品内容进行认识和理解，从而亲身感受、体验作品的思想情感。例如：在学习故事《梨子提琴》内容的基础上，教师可组织幼儿表演故事，边看边画故事，观看相关的动画片。通过表演故事，根据故事内容绘画和观看动画、图片等，利用相关材料和游戏活动为儿童创设情境，激发幼儿的想象，使之产生身临其境的感觉，以加深对作品的理解。

在这一环节，教师可以设计和组织相关的活动，也可以延续活动的上一环节继续展开，但无论采取何种方式都应从文学作品内容出发，以利于幼儿理解体验文学作品的思想情感，如观察走访、观看图片和动画片等，来帮助幼儿了解与作品有关的自然或生活情景；用表演游戏、绘画、手工等方式，引导幼儿交流和表现文学作品；还可以组织专门的谈话活动，讨论文学作品，加深幼儿对文学作品的理解。总之，要全方位地引导幼儿动脑、动口、动手、动心，体验和理解文学作品的思想、感情。

（三）第三层次：迁移作品经验

在帮助幼儿深入理解作品的基础上，教师可以进一步引导幼儿迁移作品的经验，与他们的实际生活经验联系起来。由于幼儿文学作品向幼儿展示的是间接经验，这种间接经验既让幼儿感到熟悉，又让幼儿觉得新鲜有趣。但是仅仅让幼儿的学习停留在理解间接经验这个层面上是不够的，它不能充分将这些间接经验与幼儿的直接经验联系起来。因此，需要进一步组织与作品内容有关的操作、表演、游戏等活动，帮助儿童将文学作品中所提供的内容纳入自己的经验之中，并进行整合，使得他们的直接经验与文学作品中的间接经验相互影响，实现双向迁移，这样既能使幼儿进一步加深对作品的理解和体验，又能扩充幼儿的生活经验。

迁移作品经验的活动往往是围绕作品重点内容展开的操作活动或游戏活动。例如，在听完《梨子提琴》的故事之后，可以表演出狐狸听到琴声后不再捉小野鸡、狮子听到琴声不再捉小兔子的过程，也可以画出“种子掉下→长出绿芽→长成大树→结出梨子”的过程，去讲述表演大大小小的动物一起研究梨子提琴的场景。这些迁移性的活动，不仅可以加深幼儿对作品的理解，也能为下一步扩展幼儿想象和语言表达打下基础。

（四）第四层次：创造性想象与表达

幼儿文学作品中的语言是经过作家加工的艺术语言，作品的内容也富有想象力，可以发展儿童的创造性想象。在幼儿对文学作品学习、理解、体验的基础上，教师可以进一步创设条件，引导幼儿扩展自己的想象，尝试创造性地运用语言去表达自己的认识。

创造性想象和语言表达活动仍然要围绕文学作品内容进行，教师可以让儿童学习创编故事

或让幼儿仿编诗歌，还可以让儿童围绕文学作品内容展开创造性讲述。通过这些创造性的学习活动，培养幼儿对艺术语言的感受力，促进幼儿创造性思维能力和语言表达能力的发展。创造性想象和语言表达活动可以从以下几个方面入手。

1. 再现文学作品

在理解、体验文学作品的基础上，教师可以通过引导幼儿复述、表演、游戏、音乐或美术等方式帮助儿童再现文学作品。例如：在幼儿故事《小蝌蚪找妈妈》中，教师可以借助图片，让幼儿通过游戏，分角色表演，再现故事内容；或者请幼儿在图片的提示下复述故事给全班幼儿听；当然，也可以让幼儿通过绘画、动作等方式来表现作品的主要内容。

2. 仿编文学作品

要想进一步提高幼儿创造性运用语言的能力，可以引导幼儿对文学作品进行仿编，如儿歌："一排鸭子，个子矮矮，走起路来，屁股歪歪。翅膀拍拍，太阳晒晒，伸长脖子，吃吃青菜。"教师可以引导儿童利用原有句式，改换部分词汇，仿编成写其他动物的儿歌，如大象、小鸡等。通过仿编活动，儿童可以大胆想象，创造性地对词语进行组合搭配，表达丰富多彩的思想内容；同时，儿童可以在仿编的过程中，体验成功的快乐，增强自信心，可以大大增强学习语言的兴趣。

3. 创编文学作品

在理解、掌握文学作品以及仿编文学作品的基础上，教师可以鼓励幼儿进行文学作品创编活动。教师可以让幼儿根据故事开头提供的线索，或故事结尾提供的线索创编故事，创编出与故事原文内容不同的情节。如上述《梨子提琴》的故事，教师可以提出问题："还有什么水果可以做成乐器呢？又会弹奏出什么样的音乐呢？"也可以让儿童根据文学作品内容续编，如《龟兔赛跑》的故事，故事结局兔子因骄傲自满比赛输了，教师可以设计这样一些问题："兔子会认输吗？如果再进行一次比赛，结果会怎么样？"在指导儿童创编文学作品时，既可以让幼儿创编一个小情节，也可以鼓励他们创编完整的文学作品，不做具体规定。

第二节　幼儿园文学作品学习活动的设计与组织

一、诗歌学习活动的设计与组织

幼儿诗歌在幼儿语言教育方面有着特殊的作用，它适于朗诵，便于幼儿练习发音，有利于幼儿说好普通话，能够提高幼儿语言的艺术性和表现力，还可以陶冶幼儿情操，进行美感教育，潜移默化地影响幼儿的思想，促进他们想象力的发展。

幼儿园诗歌活动主要是幼儿园围绕儿歌和幼儿诗所进行的欣赏、表演、创编、游戏等各种类型的教学活动。诗歌学习活动的组织通常包括以下步骤。

（一）创设情境，激发学习兴趣

兴趣是幼儿学习的原动力，诗歌的学习要通过多种策略来激发幼儿的学习兴趣。常见的策略有：①提问策略，通过一到两个简要的提问激发幼儿已有的生活经验；②主角导入策略，教师通过出示诗歌中的主角，吸引幼儿的兴趣；③猜谜策略，教师用猜谜的方式，让幼儿猜测儿歌中的人物；④情境策略，借助美术、音乐等艺术手段，布置一个与作品意境吻合的场景，吸引幼儿的兴趣。

这个阶段主要应起到两个方面的作用：①让幼儿迅速进入到学习的状态；②激发幼儿学习儿歌的兴趣。比如诗歌《吹泡泡》的学习过程中，教师可以通过多媒体或黑板呈现一个泡泡的图片，“看看飞到我们班的是什么?”在幼儿回答后，教师说：“这可是有魔法的泡泡，它会捉迷藏。”接着提问：“你觉得泡泡会藏在哪里呢?”引导幼儿积极想象并回答，然后吸引幼儿注意倾听儿歌。接着说：“我们一起来听儿歌《吹泡泡》，仔细听，泡泡都藏在哪里啦?”从而进入到第二个环节。

（二）教师示范朗诵诗歌

学习诗歌，首先教师需要完整地朗诵一遍诗歌。以教师的朗读或者播放录音的形式，为幼儿声情并茂地示范朗诵，让幼儿首先通过听赏的方式获得对诗歌的整体感受。这一阶段的示范朗诵一定要普通话标准，发音清楚，节奏鲜明，抑扬顿挫，将诗歌内容的节奏和韵律表达出来，打动幼儿。

（三）引导幼儿理解诗歌

这一环节，教师主要通过各种方式引导幼儿理解诗歌，这是诗歌学习的重点环节，主要包括以下内容。

1．理解诗歌的内容

通过提问、示范和图谱等方式帮助幼儿掌握儿歌内容。提问主要是了解幼儿在诗歌中听到了什么，并进行复述；示范主要是对幼儿的回答用诗歌中的句子进行归纳，必要时进行示范；图谱是指幼儿在复述之后，教师在归纳和整理的过程中使用图画、图示的方式帮助幼儿观察、回忆诗歌中的内容。还可以让小朋友说一说自己最喜欢的句子，并在这个过程中表现出诗歌中的人物形象、动作、对话或表情。但幼儿在理解的时候，往往不能记住全部，会遗漏诗歌句子中的要素，如诗歌《谁会跑?》中，幼儿可能只记得马会跑，但马儿“四脚离地身不摇”不太容易记住，或者记忆不准确。为此，教师在这个环节要重点帮助幼儿理解和掌握容易遗漏的儿歌内容，并努力用儿歌中的句子表现出来。

2．理解诗歌的语言

对诗歌中的一些关键字词的含义，教师要通过各种方式帮助幼儿理解，比如儿歌《小猫咪》：“小猫咪，爱梅花，一路走，一路画，朵朵梅花开脚下。”教师展示图片引导幼儿观察，让幼儿知道这个梅花是指什么，进而理解诗歌的内容就是展示小猫咪走路留下梅花形状的脚印，另外，也可以通过表现诗歌中的人物形象、动作、对话等理解诗歌中的词汇。诗歌让幼儿在复述自己最喜欢的一句话的过程中初步感受和表现诗歌的韵律和节奏。对于诗歌中的句式、结构、表现手法等语言方面的特色，教师不需要详细讲解这些语言形式的特点，只要让幼儿在诵读或者吟唱过程中感受它的特色就可以了。

3．理解诗歌的感情

诗歌不讲究情节和人物形象刻画，但画面之中往往蕴含着作者的思想情感倾向，幼儿理解诗歌时，不仅应该理解作品中的语言，还应该感受作品的美和情趣，更主要的是能够体验作品的情绪情感，理解作者的感情基调是欢快还是平静，是充满温馨还是表达思念，这将有助于学前儿童对作品全部内容的把握。比如金子美铃的儿童诗《心》，用对比的方式来表现母爱，表达孩子的天真可爱。孩子是母亲的全部，所以母亲是全心全意地关爱孩子，事无巨细地照顾孩子，然而小小的孩子未必能理解这深沉的爱，反倒发出天真的童言："我的心可比妈妈的大多了！我的心里不仅能装下大大的妈妈，还能装下世界上各种各样的东西呢。"语言平淡，但感情真挚，教师可以引导幼儿懂得妈妈对孩子全心全意的关爱。

妈妈是大人，
个头比我大。
可是，
妈妈的心好小，
因为妈妈说，
满心都是小小的我。
我是个娃娃，
个头还很小，
但是小小的我，
心很大很大，
因为，我的心
装了妈妈也不会满，
还可以想各种各样的事情。

（四）激发想象，鼓励幼儿仿编（创编）诗歌

在整体理解诗歌的内容和情感后，教师需要就诗歌中的现象、事件等与幼儿进行讨论，激发幼儿相关的生活体验或生活记忆，引导幼儿发挥自己的想象，然后根据生活经验和想象内容按照诗歌结构进行仿编或者创编。这个环节有两个关键要素：一是要有仿编（创编）的内容；二是要有仿编（创编）的表达。在这个过程中，教师可以采用三个层次的教学策略：第一层次是教师出示仿编（创编）内容的图片或视频，让幼儿可以看着内容说，教师用符合诗歌结构的方式进行总结；第二层次是教师按要素提问，鼓励幼儿用"像诗歌一样好听的句子说出来"，在幼儿表达之后，教师进行重复；第三层次是教师直接鼓励幼儿按照结构进行仿编（创编）。教师要根据幼儿的水平采用不同层次的策略。在幼儿已经初步学会按照结构进行仿编（创编）后，要鼓励幼儿相互说一说，或者采用表演、比赛的方式鼓励幼儿表达自己仿编（创编）的诗歌。

当然，并不是所有的幼儿园诗歌活动都有仿编或创编的环节，一般说来，一些节奏鲜明、句式整齐、结构回环重复的儿歌是比较适合幼儿仿编或创编的；而意境优美的抒情诗，或者生动有趣的叙事诗，更适合幼儿理解内容、体会情感或者欣赏情节，是不需要进行仿编或创编活动的。

（五）在游戏或延伸活动中结束活动

教师可以通过游戏或延伸活动结束活动，比如通过引导小朋友扮演儿歌里面的人物角色或自己仿编的人物角色来朗诵自己的诗歌来结束活动，也可以引导幼儿回到家将学到的诗歌或仿编的诗歌说给爸爸妈妈听，还可以通过把自己仿编出来的内容画下来的方式结束学习活动。对于一些意境优美、音韵和谐的诗歌，教师可以配上合适的音乐，反复诵读，或者在配乐中用舞蹈、绘画等来表现诗歌的意境。

案例 9-1

大班诗歌活动：如果我是一片雪花

活动目标

1．理解诗歌的内容，感受雪花自由飞舞、融化、变成水滴的特征。

2．学习使用词汇“如果、飘落、游戏、广场、融化”，能够根据图片提示有表情地朗诵诗歌。

3．运用已有的经验，围绕“如果我是一片雪花”展开想象，进行诗歌仿编。

4．在诵读中感受语言的优美。

教学重难点

教学重点：理解诗歌的内容，能够根据提示有表情地朗诵诗歌。

教学难点：幼儿能运用已有经验仿编诗歌。

活动准备

1．伴有雪花飞舞、雪花融化、雪人等视频的PPT课件；轻音乐。

2．小河、广场、小屋等图片。

3．小雪花片若干。

活动过程

一、欣赏音乐，引出诗歌

展示雪花飞舞的视频：小朋友们，冬天到了，天下起了雪，这些雪花在半空中飘来飘去，它们会飞到哪里去呢？一起来听一首诗歌吧。

二、教师示范朗诵

教师示范朗读诗歌全文，尽量读出感情（轻柔、欢快）。

三、学习诗歌内容

黑板上展示小河、广场的图片，教师用语言创设情境，配合使用雪花片：“如果我是一片雪花，我飘落到什么地方去呢？”

1．飘到小河里。

雪花是水变成的，飘到小河里，它会怎么样呢？

（PPT展示雪融化成水的过程）融化为水。

变成水的雪花就可以和小河里的小鱼、小虾一起流动，就像是做游戏一样。

2．飘到广场上。

（PPT展示雪人图像）一片一片的雪花飘落到地面上会聚在一起，变成厚厚的一层。堆在一起，就可以做雪人了。

看看，胖胖的雪人多可爱呀！

3．飘到妈妈脸上。

雪花飘到妈妈脸上，妈妈就能感受到凉凉的雪花啦，就像宝宝的小嘴巴亲了一下。

四、幼儿朗诵诗歌

让幼儿想象自己就是一片小雪花，根据教师所展示图片的提示，采用多种形式朗诵诗歌的内容，集体朗诵与个别或者小组朗诵相结合。

五、创编诗歌

（播放轻音乐）飞舞的雪花还会落到哪里呢？到了那里之后它又会做什么呢？让我们用模仿诗歌的形式，也来说一说吧。

引导幼儿想象，雪花落到小屋房顶或者小动物身上等各种场景，并按照这样的句型说出来：“飘到……，变成……，去做……。”比如“飘到操场上，变成衣服，把小草藏起来。”

将创编出来的诗歌大声说出来，和小朋友们分享一下。

附诗歌：

如果我是一片雪花

如果我是一片雪花，
我飘落到什么地方去呢？

飘到小河里，
变成一滴水，
和小雨、小虾游戏？

飘到广场上，
去堆胖雪人，
望着你笑眯眯？

我飘落在妈妈的脸上，
亲亲她，
然后就快乐地融化。

二、散文学习活动的设计与组织

幼儿散文是专门为幼儿创作的散文，是传达幼儿生活情趣及心灵感受，适合幼儿审美需要和欣赏水平的散文。幼儿散文题材广泛，一人一事、一草一木都可成为散文的题材，同时，散文结构比较灵活，语言优美而富有意境。幼儿园散文学习活动的设计，往往侧重于引导幼儿理解散文的基本内容和感受语言的生动优美。幼儿散文教学活动的组织主要有以下步骤。

（一）生活经验导入

在开展幼儿散文的教学活动之前，教师需要事先丰富幼儿的生活经验，比如在学习散文诗《落叶》之前，引导幼儿观察秋天的落叶，秋天中的动物和植物变化；在学习《春雨的色彩》之前，往往需要引导幼儿通过观察春雨的状态，大自然在春天的变化。这个环节主要是联结幼儿的生活经验，给予幼儿充分表达已有生活经验的机会，激发幼儿学习散文的兴趣。

（二）整体朗读散文

教师通过配乐，采用符合散文意境所需的节奏、语调，用富有情感色彩的语言整体朗读散文。

这个环节主要是培养幼儿的倾听能力，让幼儿整体感知散文内容，在这个环节中，不建议教师配合图片、挂图或者是PPT课件进行朗诵，以免分散幼儿的注意力，而是提倡教师用配乐朗诵的方式让幼儿整体感知散文。

（三）引导幼儿理解散文

这一环节，教师主要通过各种方式理解散文的内容，品味散文的语言。这是散文学习的重点环节，主要包括以下内容。

1. 理解散文的内容

通过提问、图片展示、讨论等方式帮助幼儿理解散文内容。提问主要是了解幼儿散文中听到了什么，并复述主要内容；图片展示主要是增加幼儿对散文内容的直观感知；讨论则是指幼儿能够围绕一定的问题，在归纳和分析的过程中理解散文所描述事物的特征或者相互关系。还可以让小朋友说一说自己最喜欢的部分，并在这个过程中呈现散文所描述事物的特征。比如《秋天的雨》用秋天的雨串联秋天的若干美丽画面，教师可以通过眼睛看到的、鼻子闻到的、耳朵听到的等角度，通过设计提问来引导幼儿理解秋天色彩缤纷、欢乐丰收的情境美。

2. 欣赏散文的语言

幼儿散文形式自由活泼，结构灵活多变，表现手法自由洒脱，语言浅显而又纯净，具有非常强的艺术性。幼儿园散文学习活动的重要内容就是引导幼儿欣赏散文的语言，让幼儿在潜移默化中受到优美语言的熏陶，提高他们的语言运用能力。因此，要引导幼儿理解结合生活、理解关键字词的含义。另外，对散文中的人、事、景、物的生动描述，可以让幼儿多听多说，在听读中获得语感。当然，散文的结构、修辞、表现方式等语言方面的特色，教师也不需要详细讲解这些语言形式的特点，只要让幼儿在诵读中感受散文的语言美就可以了。

（四）再次欣赏散文

通过前三个环节，幼儿已经基本掌握散文的主体内容，理解了散文中的细节，但幼儿需要更完整地获得对散文的印象和理解，因此在这个环节中，需要通过整体朗读帮助幼儿在整体上再次感知散文。在整体朗读的过程中，教师可以借助图谱（在结构部分的时候，用手指着图谱），或者是动画、PPT课件等多媒体工具，在配乐的情形下，用生动、形象的语言朗读散文。

以《春雨的色彩》为例，教师可以用“我们再来一起听一听，小动物们认为春雨是什么颜色的?”为引导，让幼儿再次倾听散文。在朗读的过程中，教师可以使用《春雨的色彩》的视频动画，也可以使用PPT课件，最直接的方式是教师随着自己的朗读用手指着呈现出来的图谱。

这个环节的整体朗读和第一次的整体朗读有着功能上的不同：第一次的整体朗读培养的是幼儿有意识倾听的能力，而这个环节的朗读不仅能够培养幼儿的有意识倾听，还可以培养幼儿的理解性倾听和辨析性倾听。让幼儿通过倾听去区分春雨的不同动作，感受、理解植物在受到春雨的滋养后的欣喜和生机，同时进一步明确散文中的叙述结构。

（五）生活经验延伸

优秀的幼儿文学作品来源于幼儿的生活，教学活动要最终回归到幼儿的生活，优秀的散文也同样如此。在整体理解散文的情节内容后，教师需要就散文中的现象、事件等与幼儿进行讨论，激发幼儿相关的生活体验或生活记忆。

“生活经验导入→整体朗读→分段理解→再次整体朗读→生活经验延伸”，这种幼儿散文学习活动的过程不仅能帮助幼儿理解散文的内容，也可以引导幼儿将语言学习与生活经验相联结，来源于幼儿生活，又回到幼儿生活。

案例 9-2

大班散文学习活动：秋天的雨

活动目标

1．在欣赏活动中从视觉、听觉、嗅觉等不同角度感受秋天的美，知道秋天是美丽、充满丰收和喜悦的季节。

2．理解并掌握词汇“五彩缤纷”“温柔”，理解并感知散文的语言美。

3．尝试并运用散文中的句子表述和表达秋雨的神奇和大自然的变化。

4．能积极、投入地欣赏文学作品，体验欣赏的乐趣。

活动重难点

重点：从不同角度感受秋天的美，学会运用散文中的语句表达秋天的美丽。

难点：理解并感知散文的语言美、内容美以及情境美。

活动准备

知识准备：活动前丰富幼儿关于秋天季节特征的知识。

物质准备：《秋天的雨》视频课件，《秋天的雨》有声读物，配乐《秋日私语》。

活动过程

一、猜谜语，引出主题

谜语：千条线，万条线，落到水中看不见。

那秋天下的雨是什么雨啊？教师进一步引导幼儿。

二、初步欣赏散文

播放《秋天的雨》视频课件，让幼儿完整欣赏散文，初步了解散文，感受散文优美的意境。

三、分段学习散文内容

秋天的雨是一把钥匙，打开秋天的大门，我们可以看到什么呢？

1．欣赏秋天的色彩美。

秋天的雨，有一盆五彩缤纷的颜料。为什么说它有一盆五彩缤纷的颜料？（因为秋天的雨落到田野上，田野变得金黄；落到枫树上，枫叶穿上了红衣裳，银杏穿上了黄衣裳，还有各种各样颜色的菊花，紫红的、淡黄的、雪白的……）

引出词汇“五彩缤纷”，就是有很多颜色，五颜六色……幼儿感受秋天色彩的美。

2．感受秋天好闻的气味。

（播放视频画面，感受秋天。）

为什么说秋天的雨有好闻的气味呢？那这些好闻的气味是从哪里来的呢？带领幼儿复述该部分内容，启发说出有“炒花生、烤红薯、桂花、菊花、水果等的香味”。

3．知道秋天有一支金色的喇叭。

提问：为什么说秋天的雨有一支金色的小喇叭？

小喇叭在告诉大家（播放视频画面）：冬天要来了。小动物准备过冬，树叶也落到大树脚下，……引导幼儿感受秋天天气变凉后动物、植物的过冬方法。

4．感受秋天的丰收快乐。

进一步感受、想象秋天的丰收景象

四、画出秋天的雨

教师：“假如你是秋天的小雨滴，你会带给大家一首怎样的歌呢？你会怎样做呢?(幼儿说一说)那好，我们用笔把它画下来，画好后把你的图画分享给其他小朋友听!”

幼儿作画，进一步感受秋天的美。

附散文：

秋天的雨

秋天的雨，嘀嗒嘀嗒地唱着歌。

秋天的雨，是一把钥匙，带着清凉的温柔，轻轻地，轻轻地，你还没注意，秋天的门，就悄悄地打开了。

秋天的雨，有一盒五彩缤纷的颜料。你看，它把黄颜色给了银杏……黄了的树叶扇呀扇呀，像一把把小扇子，扇走了夏天的火热。它把红颜色给了枫树……红红的枫叶飘呀飘呀，像一枚枚邮票，邮来了秋天的盛装。金黄颜色呢，是给田野的。看，田野像金色的海洋。橙红颜色呢，是给果树的。听，橘子、苹果、柿子们你挤我碰，喊着人们去摘呢！还有各种各样的颜色，都给了菊花仙子，紫红的、淡黄的、雪白的……美丽的菊花在秋雨里点头。

秋天的雨，有非常好闻的气味呢！不信啊，你闻：菠萝甜甜的，梨子香香的，还有苹果、橘子、稻谷，好多好多，在小雨滴中藏着呢！小雨滴还带来了烤山芋、糖炒栗子的香味。小朋友的脚呀，常被那香味勾住。

秋天的雨，有一支金色的小喇叭。它告诉大家，冬天快要来了。小喜鹊衔来了树枝造房子，小松鼠找来了松果做粮食，小青蛙在加紧挖洞，准备舒舒服服地睡一大觉！还有小树叶呢，常绿树的树叶穿上厚厚的油亮亮的衣裳，落叶树的树叶飘呀飘，飘到大树妈妈的脚下，都在准备过冬了。

秋天的雨，带给大地的是一曲丰收的歌，带给小朋友的是一首快乐的歌。

秋天的雨，嘀嗒嘀嗒地唱着歌……

三、故事学习活动的设计与组织

幼儿故事可以传递真善美，优秀的幼儿故事是通过有趣的故事情节、鲜明的人物形象等文学要素和语言要素来传递真善美的。在故事学习活动中，教师应该关注的是选择优秀的幼儿故事，让幼儿感受故事的情趣，理解故事中的美。故事活动过程的设计在遵循幼儿园文学作品活动一般过程的基础上，也要充分考虑幼儿故事情节简单生动、形象个性鲜明、主题简单明确等文体特征。一般来说，幼儿园故事活动的设计可以分为以下几个步骤。

（一）创设情境，导入故事

在讲故事之前，为了激发幼儿欣赏文学作品的兴趣和热情，教师应创设一个可发挥幼儿文学想象、让幼儿获得更直观体验的情境，让故事所展现的生活场景更加生动。迅速激发幼儿倾听故事、参与到学习活动中的兴趣，教师可以通过以下方法来创设情境。

1. 语言描述情境

教师在讲述故事前要为幼儿描绘一个生动逼真的情境，激发幼儿对故事产生无穷的遐想，并对教师要讲述的作品产生强烈的兴趣。例如，故事《梨子提琴》可以这样为幼儿描绘：“在一片大森林里，住着许多小动物，有狐狸、狮子、小鸡、小兔、小松鼠等。狐狸很坏，它喜欢欺负小鸡；狮子很凶，它喜欢追小兔。但是，有一天，当它们听了一种好听的音乐以后，就再也不欺负别人了。你想知道是什么音乐那么神奇吗？我们今天就来认识一下这种神奇的音乐吧。”

2. 提问引出情境

教师可以利用提问，与幼儿一起讨论一些与文学作品有关的内容，以此来引出情境。例如，故事《梨子提琴》可以这样创设情境：“小朋友们，你们见过提琴吗？那你见过用梨子做成的提琴吗？梨子提琴弹奏出来的音乐会是什么声音呢？小动物们会喜欢听梨子提琴的音乐吗？”在幼儿表达自己的想法以后，教师继续说：“小朋友们都对梨子提琴有了自己的想象，说得很好，有一只松鼠，它就真的做了一个梨子提琴，我们来看看小松鼠的梨子提琴吧！”

3. 艺术渲染情境

利用音乐、美术等艺术手段，营造一种安静、和谐、优美的氛围，让幼儿在这种氛围中得到美的熏陶。例如，故事《梨子提琴》可以这样创设情境：教师首先出示一幅小提琴的图片，同时播放优美的小提琴乐曲，让幼儿安静地观察和欣赏。还可以结合提问引导幼儿欣赏：“这段音乐听起来感觉怎么样？听了音乐，你想做什么？”幼儿欣赏着美妙的音乐，同时大胆地想象、积极地思索，有助于初步体会“音乐能给人们带来快乐”这一故事主题。

4. 直观教具引起兴趣

在幼儿注意力集中到教师身上时，教师通过出示头饰、手偶或图片的方法来引出故事中的主人公或关键物体，吸引幼儿倾听故事的兴趣。

（二）感受故事，理解、体验作品情感

1. 呈现故事内容

给幼儿呈现故事作品可以利用多种方式，如教师借助录音、情境表演、幻灯片、多媒体动画展现作品内容。

不管运用何种方式给幼儿呈现故事作品，教师都应注意给幼儿营造欣赏作品的和谐、宽松的氛围和逼真、生动的意境，应尽可能实现作品欣赏与活动教具或动作结合、作品欣赏与音乐结合、作品欣赏与游戏结合，为幼儿创设一个引人入胜的文学意境。

2. 理解、体验故事内容

初步理解故事内容：了解故事中的人物，理解故事的主要情节和主要意思。可通过提问法和讨论法，结合图片、幻灯片、录像等手段，引导幼儿初步理解故事的内容。比如，教师可以通过挂图观察法或提问法帮助幼儿梳理故事的结构，让幼儿观察挂图中情节的要素，试着用故事中的话来说一说故事的主要情节。

深入理解故事内容：理解故事的语言，感受故事的美以及情感，感知故事的主要特色。同时还应让幼儿通过多种活动表达自己的体验和感受，获得愉快的直接体验。可围绕故事内容设计和组织几个相关的活动。例如，可以组织观察走访、观看图片和动画片、情境表演等活动，引导幼儿理解与故事内容有关的自然和社会生活；可以通过绘画、折纸、音乐、舞蹈等活动，引导幼儿体会故事的情感。

（三）尝试复述故事

适合幼儿复述的童话故事一般应篇幅短小，结构简单，有适当重复，语言精练优美，人物富于动作和对话，便于表演。如《三只蝴蝶》《小猪和靴子》《金色的房子》等。

复述的形式一般有对话复述、分段复述、分角色复述、全文复述几种。前两种比较适合小

班及中班前期幼儿，后两种比较适合中班后期及大班幼儿。

在组织的时候，可有独节复述和多节复述两种。独节复述即通过一节教学活动达到完整复述的目标，一般适合篇幅短小、比较简单的作品。指导时可遵循三个步骤：①听、想、议结合，加深印象，促进幼儿理解记忆；②引导幼儿主动学习新词句；③结合直观手段练习复述。可从对话复述、分段复述的练习逐渐过渡到全文复述。多节复述即需要组织多次教学活动才能达到完整复述，一般篇幅较长的作品适合用多节复述。组织时要做到重点突出，难点分散，听练结合，全面提高。

（四）创造性想象和表达

在幼儿对故事有了深刻理解的基础上，教师应给幼儿创造良好的环境和氛围，让他们扩展自己的想象，并能创造性地运用语言表达自己的认识和想象。在立足于原作品内容的基础上，教师可以让幼儿学习续编和改编故事。例如，《小猴吃西瓜》可以引导幼儿讨论“我用瓜皮做什么”，让幼儿进行创造性想象并能用完整的语言讲述出来。

案例 9-3

中班故事活动：小乌龟开店

活动目标

1. 能理解故事内容，丰富词语（如精彩、香喷喷、又香又脆、摊、烤），用比较生动的语言讲述故事。

2. 根据故事内容，发现动物们利用自身特长开店的特点，大胆想象其他动物可以开什么商店，进行故事的仿编。

3. 知道人人都有自己的长处，只要肯动脑筋并通过自己的努力，做什么事情都会成功。

4. 感受讲述故事和仿编故事的乐趣。

活动重难点

活动重点：幼儿乐意参与讲述活动，体验语言交流的乐趣，并学习进行初步的仿编。

活动难点：幼儿能根据乌龟的特征大胆思考和想象，帮助小乌龟开店。

活动准备

1. 故事《小乌龟开店》动画课件。

2. 配乐故事录音、广告词录音、律动音乐。

3. 乌龟壳，大象、河马、袋鼠头饰。

活动过程

一、谈话激发儿童兴趣，导入主题。

出示小乌龟（玩具乌龟）：小朋友们认识它吗？跟它打个招呼吧！（小乌龟好！）森林里的动物街上有很多的商店，小乌龟也想开一家商店，可是开什么店呢？它也不知道，所以呀，它打算先去动物街上逛一逛，看看别的动物都开什么店了。

二、逛动物街，学习故事内容

1.（展示大象花店课件）看看，这是大象开的店，大象开了什么店？你从哪里看出来的？大象怎么会想到开花店的？

讲述故事内容（大象：我开花店，可以用长鼻子给花浇水。）

2.（展示河马气球店课件）这是河马开的店。河马开的是什么店呢？你觉得河马为什么会开气球店呢？

讲述故事内容（河马：我开气球店，可以用大嘴巴吹出最大的气球。）

3.（展示袋鼠课件）袋鼠妈妈边走边叫卖，它在开什么店呢？它的货物都在哪里呢？

讲述故事内容（袋鼠妈妈：我开书报店，把书报装到大口袋里，走到哪里都能卖。）

三、讨论：大象、河马和袋鼠是怎么开店的

引导幼儿讨论大象、河马和袋鼠妈妈的特点，大象用长鼻子给鲜花喷水，河马用大嘴巴吹出最大的气球，袋鼠把书报装到大口袋里。

感受、模仿三种动物开店的动词：“喷”“吹”“装”。

小结：大象、河马、袋鼠妈妈都利用自己的特点和长处开了最适合自己的商店。

四、想象：小乌龟开什么店

1.展开想象并思考：大象、河马、袋鼠妈妈都利用自己的长处开了最适合自己的商店，小乌龟兄妹很难过：“我们没有长鼻子，也没有大嘴巴，也没有大口袋，怎么办呢？”那么，小乌龟兄妹有什么长处呢？它可以开什么店呢？我们一起帮小乌龟想想吧。（幼儿自由说出想法）

2.（展示小乌龟烧饼店课件）讲述故事内容（后来，小乌龟兄妹不伤心了，它们说：“我们可以开一家烧饼店，因为我们有厚厚的、有花纹的背壳。”于是，它们让太阳把自己的背壳烤烤热，再在背壳上摊上烧饼。烤呀烤，烤得烧饼香喷喷。）

总结：原来小乌龟的背壳也有用处，我们真为它们感到高兴。看来，我们每个人长得都不一样，都有各自的长处。其实，我们小朋友每个人也有自己能干、出色的地方，有的画画好、有的讲故事好、有的跳舞好，各有各的优点和好处，我们要学会发挥自己的优点。

五、表演故事

幼儿分角色表演故事。教师鼓励幼儿生动地说出角色对话并大胆表演。

教师：这个故事好听吗？我们起来表演一下这个故事吧！

六、仿编故事

1.（出示动物街场景课件）你们看，还有一些小动物，它们也想开商店，可是它们也不清楚自己可以开什么店，你们能帮它们想想吗？

结合狮子、蜜蜂、小狗等动物，引导幼儿想象动物的特征，提出开店的设想，用完整的语言表达出来。

2.结束故事：在小朋友们的帮助下，小动物们都拿定了主意，知道自己要开什么店了。

3.延伸：每只小动物的特长都不一样，其实我们每个人也不一样，都有自己的优点和特长。那么你有什么特长？你可以利用自己的特长做什么工作呢？下课后和小朋友们聊一聊吧。

附故事：

小乌龟开店

小乌龟兄妹想开一家小店，开什么店好呢？

它们去问大象，大象说："我开花店，可以用长鼻子给鲜花喷水。"

它们去问河马，河马说："我开气球店，可以用大嘴巴吹出最大的气球！"

袋鼠妈妈在开什么店呢？

袋鼠妈妈告诉它们："我开书报店，把书报装到大口袋里，走到哪里都能卖。"

小乌龟兄妹很难过："我们没有长鼻子，也没有大嘴巴，也没有大口袋，怎么办呢？"

后来，小乌龟兄妹不伤心了，它们说："我们可以开一家烧饼店，因为我们有厚厚的、有花纹的背壳。"

于是，它们让太阳把自己的背壳烤烤热，再在背壳上摊上烧饼。烤呀烤，烤得烧饼香喷喷。

本章小结

幼儿园文学作品的学习是幼儿语言教育一个十分重要的方面，以幼儿文学作品为基本教育内容而进行的文学教育活动，也是幼儿语言教育活动不可缺少的类型。

幼儿文学作品是与3~6岁儿童心理发展水平及接受能力相适应的各类文学作品的总称。幼儿文学作品具有教育性、文学性、浅易性、趣味性等特征。

幼儿文学作为孩子一生中最早接触的文学形式，对孩子的精神成长具有深远的影响。它能增长幼儿的知识，培养幼儿的求知兴趣；丰富幼儿的语言和情感，提高思维和想象能力；培养幼儿的美感，提高审美能力；愉悦幼儿的身心，培养活泼开朗的性格。

幼儿园文学作品学习活动的基本特征主要有以下几点：围绕幼儿文学作品展开活动；整合相关学科的内容展开活动；提供各种文学作品相互作用的途径。

幼儿园文学作品学习活动的目标包括态度方面的目标、对文学作品理解和想象方面的目标、对文学语言认知方面的目标。

常见的幼儿文学作品体裁多种多样，形式丰富多变。依据活动中所选用的文学作品体裁的不同，可以把文学活动分为幼儿园诗歌教学活动、幼儿园散文教学活动以及幼儿园故事教学活动三大类型。

幼儿园文学作品学习活动的过程主要包括四个主要层次：学习文学作品的主要内容；理解、体验文学作品的思想情感；迁移作品经验；创造性想象与表达。

幼儿园诗歌学习活动通常可以有以下步骤：①创设情境，激发学习兴趣；②教师示范朗诵诗歌；③引导幼儿理解诗歌；④激发想象，鼓励幼儿仿编（创编）诗歌；⑤在游戏或延伸活动中结束活动。

幼儿园散文学习活动通常可以有以下步骤：①生活经验导入；②整体朗读散文；③引导幼儿理解散文；④再次欣赏散文；⑤生活经验延伸，结束活动。

幼儿园故事学习活动通常有以下步骤：①创设情境，导入故事；②感受故事，理解、体验作品情感；③尝试复述故事；④创造性想象和表达。

关键术语

幼儿文学　诗歌　散文　故事
态度目标　文学理解与想象　语言认知
学习文学作品内容　理解文学作品思想情感　迁移作品经验　创造性想象与表达

讨论与思考

1. 幼儿文学作品对幼儿成长的意义有哪些？
2. 教师可以运用哪些方法来引导幼儿理解、体验文学作品的思想情感？
3.《好饿好饿的毛毛虫》的文学作品学习活动中，可以整合哪些领域的活动促进幼儿的发展？
4. 幼儿文学作品的创造性表达包括哪些类型？
5. 教师应该如何引导幼儿进行诗歌的仿编和创编？

建议的活动

1. 以小组形式搜集、整理适合不同年龄班幼儿学习的不同类型的幼儿文学作品，各组之间相互交流和分享。
2. 围绕一个儿童文学作品，设计并组织实施系列教学活动。

第十章 幼儿园早期阅读

学习目标

❶ 理解幼儿园早期阅读活动的内涵、教育价值及活动特征，明确幼儿园早期阅读活动的主要类型。

❷ 初步掌握幼儿园早期阅读活动的教育目标和主要内容。

❸ 能运用所学理论，设计不同年龄段的幼儿园早期阅读活动，能理解早期阅读活动的指导要点并在实践中运用。

❹ 形成正确的儿童早期阅读教育观，愿意主动开展各种形式的早期阅读活动。

导入案例

幼儿园里，4岁的萱萱拿着书，嘴里叽里咕噜，好像在读书的样子，有时还一边用手指着书上的文字一边读出来，好像认识那些文字一样。过了一会儿，她拿来纸和笔，涂写了一些不是“字”的字。放学后，她指着路旁指示牌上的文字问妈妈：“妈妈，这是在说什么？”据萱萱妈妈说，她认识不少文字了，比如商店的招牌、门牌号码和自己的名字。

早期阅读活动是幼儿生活中不可分割的部分，也得到了幼儿园和家庭的重视，可以说，早期阅读的研究和实践进入了一个前所未有的繁荣时期，那么，什么是早期阅读？早期阅读应该达到哪些目标？教师应该如何来设计和指导幼儿的早期阅读活动呢？

第一节　早期阅读概述

一、早期阅读的背景

在社会和经济发展迅速的今天，人的阅读能力被视为重要的、具有很高价值的能力。一项研究表明，阅读是学习的基础，阅读能力是学业成就的主要表现，也是一个人未来成功从事各项工作的基本条件。另一项研究也表明，那些早期在阅读方面存在障碍的儿童，一般都会成为高中阶段成绩很差的学生，许多人甚至可能无法从高中毕业。因此研究者们呼吁：阅读是学习的基础。诸多研究也非常关注阅读教育，希望能够找到解决问题、提升国民阅读能力的方法。

早期阅读是儿童成为成功阅读者的基础，同时也是儿童成为终身学习者的开端。自进入21世纪以来，我国幼教界以前所未有的热情关注和推广着早期阅读教育理念。尤其是《纲要》颁布之后，我国幼儿教育工作者努力学习并开展了各种各样的早期阅读研究。但是，由于不理解或者不完全理解“早期阅读”的基本概念，许多教师和家长全盘照收，使得一批对儿童发展无益或者根本有害的东西在许多幼儿园泛滥。

早期阅读的学习和幼儿早期口头语言的发展同样重要，不可偏废。要促进幼儿成为成熟的阅读者，需要做好三个方面的准备：①儿童口语的丰富性以及对语音的敏感性。这个方面的充分条件，决定了儿童在看到书面文字的时候能否将之与所听到的口语字词对应起来，或者能否将听到的话用书面语言表达出来。毫无疑问，发展语言和元语言的能力，掌握词汇构成和文字表征的对应关系，这些都是儿童学习阅读的基本能力。②学习并欣赏书面语言符号的动机。幼儿对书面语言的兴趣和知识，是通过自身的经验建立起来的。幼儿需要拥有自己随时可以翻阅的图书，需要有人给他们讲述和朗读书上的内容，还要有机会经常看到别人阅读和写字。通过这样一些互动的过程，儿童可以理解书面语言的价值意义，同时获得良好的学习读写倾向，建立热爱阅读的情感动机，这也是成为一个好的阅读者应有的必要准备。③幼儿对文字的敏感性和有关文字的知识。在早期开始接触书面语言符号，熟悉书面语言的形式和运用，这些有关文字的知识有助于之后儿童对学习阅读产生兴趣并比较快地学习书面语言。

二、早期阅读的概念及类型

1. 早期阅读的概念

阅读就是从一些视觉材料中获取信息的过程。这些视觉材料可以是图片、文字，也可以是符号、公式、图表等。阅读是一种主动观察学习的过程，由阅读者根据不同的目的加以调节控制，能够陶冶情操，提升自我修养。

幼儿随着认知水平的提高，逐渐学会用阅读的方式去认识世界，借助图形、文字符号来获取信息，这一活动过程就称为“早期阅读”。图画书是早期阅读的重要形式，但早期阅读不仅仅是图画书阅读，它渗透于生活和游戏的各个环节，幼儿阅读食品包装、识别公共场所的标识、对游戏环节做记录等都可算作早期阅读的行为。早期阅读是一种幼儿理解、领悟、吸收、鉴赏、评价和探究符号性语言的思维过程。

拓展阅读 10-1

“早期阅读”不等同于“早期识字”

推行早期阅读的同时，形形色色的以“早期阅读”之名而推行“早期识字”的教学材料也同时涌入了幼儿园。其实，在中国的教育发展历程中，人们经过了很长时间才终于认识到，识字和阅读是完全不同的两个概念。一个人如果是好的阅读者，那么他就一定是识字的；但能够识字的人，却并不一定是个好的阅读者。真正的阅读能力往往包括以下主要技能：①认读文字。通过语音和字形规则的联结来认读对应的文字的能力；②理解语意。运用已有知识，口语词汇和综合认知策略来理解文字意义的能力；③流畅阅读。能够流利认读文字从而理解阅读内容并保持阅读的趣味性。当成人一味强调让幼儿识字时，很可能忽略了幼儿在语言发展关键期的口语学习良机。尤其那种将孩子关闭起来专门识字的“超前教育”，大量集中地让幼儿提前学下一阶段才该学的文字，实质是从根本上剥夺了幼儿获得语言发展的机会，严重影响了这些孩子获取书面阅读新策略的能力。同时，早期识字活动将幼儿的阅读注意力引到识字方面，使得他们一拿起书本就联系到早期枯燥、机械、乏味的认字经验，最终导致儿童厌烦阅读，缺乏阅读兴趣和动机。可以认为，“早期阅读”与“早期识字”根本的分水岭在于：培养幼儿的自主阅读能力，还是致力于让孩子在幼儿阶段就会识字写字。

（资料来源：周兢. 早期阅读发展与教育研究［M］. 北京：教育科学出版社，2007：3-6.）

2. 早期阅读活动的类型

早期阅读活动的类型是多种多样的，根据不同的分类标准可以把早期阅读活动分成不同的类型。

①根据阅读训练的目的不同，可分为：认知性阅读、理解性阅读、鉴赏性阅读、批判性阅读、浏览性阅读、搜求性阅读、参考性阅读。

②根据阅读在幼儿园一日活动中的不同渗透，可分为：生活活动中的阅读、语言活动中的阅读、艺术活动中的阅读、社会活动中的阅读、数学活动中的阅读、科学活动中的阅读、游戏活动中的阅读、亲子活动中的阅读、体育活动中的阅读等。

③根据幼儿阅读活动所处的空间不同，可分为：幼儿园阅读教育活动、户外阅读教育活动、家庭阅读教育活动。

三、早期阅读的意义

研究表明，幼儿早期阅读行为十分重要，早期阅读习惯和技能的培养对于幼儿的后继学习和阅读本领的提高具有特别重要的意义。通过阅读，幼儿不仅可以获得丰富的知识，而且还能启迪智慧、活跃思维、诱发创造灵感。早期阅读的重要作用主要体现在以下几个方面。

1. 早期阅读活动促进幼儿语言运用能力的发展

作为人类交往或互动的一种工具，语言产生于人类交往的需要。儿童的口头语言在0~6岁这个阶段的发展速度是惊人的。幼儿获得的早期阅读经验对幼儿口语的发展会起到促进作用，特别是有利于幼儿词汇的积累，有利于幼儿对复杂语法结构的掌握。在早期阅读材料中，往往包含一些比较规范而生动形象的语言，形象而准确地表达了对人、事、物、景的描述，以及对情感、思想、观点的描述。对于幼儿来说，这种形象化的语言正符合他们的认知思维特点，使幼儿在倾听故事时获得一种愉悦感，同时也会经常用类似的语言形象地描述那些故事、童话中的人物。

早期阅读活动也是幼儿接触书面语言的途径，通过阅读，幼儿接近了书面语言，增长了书面语言的知识，懂得了“读”和“写”的初步规则，幼儿开始认识符号、声音与意义的关联性，尝试用自己所学的语言解释生活中的所见所闻。通过阅读活动，能有效地帮助幼儿从口头语言向形象化语言过渡，可以提高幼儿对语言的概括、表达等运用能力。幼儿故事、童话、动画片中有不同的动物形象、不同的故事情节，孩子在熟悉故事角色以及对话的基础上，会创造性地运用语言，续编故事或者创编故事。

2. 早期阅读可以促进幼儿观察能力与思维能力的发展

观察能力初步形成的重要时期正是幼儿期。幼儿观察能力的发展具体表现在观察的目的性、组织性、持久性、细致性以及概括性的不断发展。这些观察能力的培养充分体现在幼儿早期阅读活动中。在阅读活动中，幼儿需要通过比较、分析等思维形式对画面、角色表情等做出简单的判断和推理。在自己不断观察、成人经常讲解指点的刺激下，幼儿的思维得到促进，并逐步从以具体、直观、形象为主向逻辑抽象思维形成过渡。提供给幼儿的阅读材料应随着幼儿年龄的增长其文字比例逐渐加大，这是适应幼儿逻辑抽象思维发展的体现。

观察画面时按一定的次序，围绕教师提出的某一问题观察画面，观察事物个别的、细微的甚至较隐蔽的特征。例如，幼儿在阅读《爷爷一定有办法》这个故事的过程中，就可以通过观察发现爷爷神奇地解决约瑟的问题的同时，还有隐含在地板上的另一个故事《老鼠一家》，这个隐含的故事是没有用任何文字来表达，纯粹通过图片呈现出来的，故事情节完整而生动，又非常巧妙地和约瑟一家的故事关联起来。幼儿对这个故事的阅读，就是主要通过观察发现细节，再将这些图片的细节通过想象和推理联系起来，构成故事的全部。

3. 早期阅读能培养幼儿适应社会的能力

对幼儿来说，阅读和书写的主要功能在于人际交往和认识世界。参与早期阅读可以帮助他们实现交往、适应社会的目的。事实表明，能用清楚、准确的语言表达自己意愿和情感的幼儿总是受到周围人的欢迎，受到成人或同伴的喜爱。而只有从小多接触各式各样的语言，才能使他们逐渐地发展起具有交往价值的语言能力，如通过图画或文字提出要求，说服别人或让人开心、给人安慰等；可以帮助他们解决活动中的实际问题，如通过阅读玩具盒内摆放的组装和使用说明书学会组装玩具，通过看标记找到前往商店的路线；还可以启发幼儿认识周围的现实世界和创造自己的想象世界。

早期阅读活动，向幼儿提供了集体学习阅读行为的环境。有关研究认为，幼儿早期阅读活动至少可以发生三种效应：①教师与幼儿之间的相互作用，可以帮助幼儿取得最佳的早期阅读效果。②幼儿在集体环境中学习阅读，可以与同伴一起分享快乐，从而提高他们参与阅读的积极性。③幼儿集体阅读活动中，教师能够通过观察比较，发现某些幼儿阅读的特别兴趣和需要，这样可以提供恰当的帮助。

4. 发掘幼儿的潜力，为幼儿的未来发展打好基础

研究表明，喜欢阅读是早慧儿童的共同特点。幼儿早期养成的良好、持久的阅读兴趣和习惯，是其以后学习和发展的重要条件。新的教育理念认为，早期阅读应提前至0岁开始，因为0~6岁是培养阅读兴趣和学习习惯的关键时期，对幼儿潜力的开发有着不可估量的作用。

以培养天才女孩而出名的斯特娜夫人在女儿刚满月时就给她朗读文学作品。她认为孩子的感觉器官需要接受种种刺激，特别需要语言的刺激，这种语言应该是语音纯正，语句规范、完整、漂亮的，而语句规范、完整正是书面语言的特点。也就是说，朗读、阅读不是一般地跟孩子“说话”，而是要让孩子读书，让她接受优美语言的刺激。我国著名作家巴金回忆，母亲温柔的读词声是自己童年时的音乐。以上这些例子都充分地证明了早期阅读对于一个人今后的发展起着至关重要的作用。适当科学的早期阅读训练可以发掘幼儿的潜力，并为幼儿未来的发展打下良好的基础。

第二节　幼儿园早期阅读活动概述

幼儿园早期阅读活动是指有计划、有目的地培养幼儿学习书面语言的一种教育活动。它包括幼儿图书阅读、认知常见文字符号和初步的书写练习等多种形式的学习和发展。我们可以将这种语言教育活动理解为，教师通过给幼儿提供形象的文字、符号、标记、图片等材料环境，引导幼儿在看、玩、做中获得书面语言的经验，在幼儿的书面语言和口头语言之间建立联系，同时促进幼儿语言的全面和谐发展。

随着人们对幼儿园早期阅读重要价值的认识，幼儿园早期阅读活动也成为当前幼儿园教育中非常重要的一种活动，不管是阅读环境的布置、阅读材料的选择和摆放、集体早期阅读活动的开展，日常早期阅读活动的指导，都是幼儿园老师比较重要的工作内容。《指南》也提出，要“为幼儿提供丰富、适宜的低幼读物，经常和幼儿一起看图书、讲故事，丰富其语言表达能力，培养阅读兴趣和良好的阅读习惯，进一步拓展学习经验。”

一、幼儿园早期阅读活动的主要材料——图画书

研究表明，孩子认知图形的能力从很小就开始慢慢形成。幼儿不识字的时候，就开始具备一定的读图能力，如果这时候老师或者家长能有意识地和孩子们一起阅读图画书，营造温馨的

环境，给他们读文字，和他们一起看图讲故事，既有助于帮助孩子建构精神世界，促进心智发展，又有助于培养孩子良好的道德品质和行为习惯。阅读图画书无疑是一种让眼睛享受、让心灵愉悦、让精神提升的美妙体验。正因为如此，幼儿园早期阅读活动的主要材料就是图画书。

（一）图画书的定义

图画书是以图画为主、文字为辅或者全部用图画表现内容，以儿童为主要接受对象的一种特殊的阅读材料。

图画书往往用线条、色彩和形状描绘世界，表达情感，显示出文字不能表现的意境、韵味和美感；而图画书中的文字则是用清晰的语意表达，弥补图画难以显现的思想、情感以及时空变化等，使幼儿更好地理解作品的内容。图画与文字是一种互补的关系，缺一不可，具有交互作用。

图画书中要读的绝不仅仅是文字，而是要从图画中读出故事，进而欣赏绘画。比如《母鸡萝丝去散步》，故事文字内容是："母鸡萝丝出门去散步，它穿过院子，绕过池塘，越过干草堆，经过磨坊，穿过篱笆，钻过蜜蜂房，按时回到家吃晚饭。"但是，画面（图10–1）却讲述了一个十分惊险的故事。原来，有一只狐狸垂涎欲滴地跟在母鸡的后面，每一次都试图扑向母鸡，可倒霉的狐狸每次非但没有扑中目标，反而巧合地遭到各种打击，被钉耙砸中脑袋，掉进池塘里，掩没到干草堆里，被一袋面粉压倒，被蜜蜂蛰跑……每一次母鸡都化险为夷。单看文字肯定看不出来这些内容，幼儿在阅读图画时，却会因为狐狸的各种倒霉遭遇忍不住哈哈大笑。

图 10–1 《母鸡萝丝去散步》插图

（二）图画书的独特价值

图画书中高质量的图与文，对培养孩子的认知能力、观察能力、沟通能力、想象力、创造力，还有情感发育等，都有着独特的作用。

1. 图画书能满足幼儿的阅读欣赏需求，有利于儿童智力的发展

在个体成长过程中，幼儿对世界的认识相对有限，但他们感觉迅速发展，观察力不断加强，直接形象思维活跃，这就决定了幼儿可以借助图画书来认识、感知世界，观察、了解世界，自由地放飞想象，发挥创造性。

2. 图画书能帮助孩子健全人格

图画书能孕育出充实的内心世界，幼儿在神秘多姿的图画书里对自我、友情、生命、死亡、爱……各种主题产生初步的认识，图画书以有趣的内容、生动的画面，在图画和文字背后的思想内蕴，最大限度地让幼儿认识上述问题。随着早期教育的发展，能对幼儿的生命成长给予帮助的图画书也越来越多，比如：《星月》《我不知道我是谁》引导幼儿认识自我；《猜猜我有多爱你》《爱心树》《逃家小兔》《爷爷一定有办法》等将爱、付出等生命教育的内容融入故事中，从不同方面滋养幼儿的心灵。

3. 图画书画面精美，富有内涵，能给孩子美的熏陶

图画书中细腻的笔触、丰富的色彩等艺术语言会潜移默化地滋润着孩子们的心灵，丰富他们的艺术感受。幼儿甚至会在绘画中不知不觉地吸收图画书中的构图、线条以及对色彩的运用，逐渐成为一个真正的艺术欣赏者。比如，《我们要去捉狗熊》的绘画就非常精彩，采用了一页黑白间隔一页彩色的形式。黑白页是炭笔画，画面柔和，速写似的线条非常灵动、简练；而彩色页则用水彩笔，色彩透明，一层颜色覆盖另一层，画面中水的渗化作用，流动的性质，以及随机变化的笔触，颜色纯净、透明、清晰，显得清新明快，让人感觉得到那种光波的流动。

4. 图画书能让幼儿获得观察与发现的乐趣

在一本图画书里，常常隐藏着许多作者在经意或不经意之间留下的细节。它们有的与作品的主题无关，但也有的与主题息息相关，甚至可以说，缺少了这样一个细节，整个作品就缺少了一种发人深省的力量。安东尼·布朗就是一个特别喜欢刻画细节的作家，他说："我喜欢在图画里加入一些小东西。读者看第一遍时，容易忽略这些细节，可是当再看一遍时，就会有新的发现。这可以使一本书值得读者再三阅读。"

5. 图画书有利于促进成人和幼儿的交流

图画书的直观性，为幼儿和家长的共同阅读、共同讲述提供了有利条件。当家长在为孩子讲述图画书的故事内容时，幼儿可以在视觉感知的同时，调动听觉参与对内容的理解，有效地在阅读中有所发现、有所感悟和有所收获。图画书的内容可以不断地激发对话，在对话中进行心灵沟通，正是让幼儿接触图画书的最重要的目的。换句话说，以图画书为媒介，帮助成人和幼儿心灵相通，才是给幼儿看图画书的意义所在，所以图画书可以说是成人与幼儿进行心灵沟通的场所。

【拓展阅读 10-2】

神奇的白帽子

图画书《睡美人》里有一个小徒弟，当女巫的咒语实现的一刹那，不仅公主沉睡过去了，连小徒弟也跟着沉睡过去了。许多年以后，整个城堡都被蔓延攀升

的玫瑰给紧紧地裹住了，只露出几个小窗口。右下角的那个小窗口，胖厨师扯着小徒弟的耳朵睡着了——这时小徒弟的头上还戴着那顶白帽子。可隔了几页，到了一个王子拨开玫瑰丛俯下身去亲吻公主的那一页时，这顶白帽子却离开了小徒弟的脑袋，挂到了一边的玫瑰枝上。是谁把它从小徒弟的脑袋上拿走了呢？是玫瑰。故事里说城堡里的一切都沉睡着，只有玫瑰在不停地生长，是玫瑰在一百年的时间里把白帽子从小徒弟的脑袋上拿走了。白帽子从小徒弟的头上到玫瑰枝上，这是一个空间的变化，作者就这样巧妙地用空间表现了一百年时间的流逝。老练的、深知孩子们眼力的画家，常常在图画书中搞出各种各样的“小花招”，当儿童反复阅读图画书时，就会有很多有趣的发现。这也是图画书中的一个乐趣。

（资料来源：松居直. 我的图画书论［M］. 季颖，译. 上海：上海人民美术出版社，2008：76-78.）

二、幼儿园早期阅读活动的特点

（一）阅读环境的丰富性

早期阅读活动重在为幼儿提供阅读经验，因而需要向幼儿提供含有较多阅读信息的教育环境。早期阅读环境包括以下两个基本点方面的含义。

1. 物质环境

《纲要》中指出：“语言能力是在运用的过程中发展起来的，发展幼儿语言的关键是创设一个能使他们想说、敢说、喜欢说、有机会说并能得到积极应答的环境。”幼儿的语言是通过对周围环境的模仿而获得的，教师应当为幼儿创设并引导幼儿接触一定的阅读环境，在与环境的互动过程中加强早期阅读训练，培养早期阅读能力。教师要努力为幼儿创设丰富的阅读物质环境，这种物质环境包括为幼儿提供阅读的时间和空间两个方面。

早期阅读经验需要在大量的日常阅读中习得并获得巩固和发展。因此，教师在安排完每月有计划的阅读活动之后，应该在日常活动中保证幼儿有一定的阅读时间，这种时间的安排可以是随机的、不固定的。教师可以利用幼儿日常生活的各个过渡环节（如晨间来园时、吃饭盥洗的间隙），让幼儿进行自主阅读。

丰富的物质环境还包括阅读的空间。教师为儿童提供足够多的阅读场所，比如阅读区、语言角等，而且这些阅读场所应含有较为丰富的阅读资料。此外，教师还可以将活动室看作是儿童阅读活动场所的扩展，在活动室的各个区域贴上相应的文字和拼音，使幼儿在潜移默化中获得有关书面语言的知识。例如，在电灯开关上贴上“开关”，在动手区贴上“巧手”等，从而为幼儿提供含有丰富阅读刺激和信息的教育环境。

2. 精神环境

在早期阅读中，教师或家长要为幼儿创设宽松、自由的阅读氛围。在一个特定的时间段内，幼儿可以自己阅读图书，可以与同伴一起阅读，还可以围坐在老师或家长旁边欣赏有趣的图画故事。宽松自由的阅读氛围有助于幼儿全身心地投入到阅读活动中，在阅读活动中获得无穷的乐趣。此外，教师、家长还要为幼儿创设浓厚的阅读气氛。教师或家长首先自己要为幼儿树立良好的阅读榜样，有自己对阅读的态度和自己的阅读行动，并经常向幼儿讲述图书中的动人故事，幼儿自然而然就会想要去进行阅读。因为幼儿是好模仿的，他们会模仿成人看书的样子自觉地阅读，这就使幼儿在浓厚的阅读氛围中耳濡目染、潜移默化地养成良好的阅读习惯和阅读能力。

（二）阅读材料的图文并茂

只有适合幼儿阅读经验和阅读水平的图书才能调动他们阅读的兴趣，保证阅读的质量。为幼儿选择图书应以图为主或图文并茂，这是由于幼儿识字很少或不识字，若图书画面小而文字多，必然不适合幼儿阅读。另外，图书的色彩要鲜艳，画面要生动活泼，背景不过分复杂，情节和形象生动有趣，高潮迭起，而且图书的内容很有启发性，宣扬真善美，鞭挞假恶丑，杜绝那些暴力邪恶的内容。

教师要针对不同年龄的幼儿精心选择阅读材料，小班可以选择故事情节简单、人物形象逼真、人物动作突出、色彩鲜艳并配有短句或词汇的图书，而在内容上应选择生动有趣的动物故事、家庭生活以及各种与儿童生活经验相符合的图书，如《拔萝卜》《可爱的鼠小弟》等。中班幼儿可以选择情节较为复杂、画面之间关联较明显的图书，内容可涉及那些情节紧张、刺激或具有较丰富的动作性的动物故事，也可以是那些有鲜明主题的内容，以及那些能充分发挥儿童想象力的内容，如《母鸡萝丝去散步》《逃家小兔》等。大班幼儿可以选择情节较丰富、复杂的图书。而且，除了那些可供幼儿以看为主的图书外，教师可以选择那些以欣赏为主的文字较多的童话故事，还可以选择那些常用字多、独体字较多的单页单幅图书，以培养幼儿的识字兴趣。例如，《小蝌蚪找妈妈》的画面简洁、生动，文字中常用句、重复句多，而最关键的是幼儿对故事内容已相当熟悉，在这种情况下，利用这本图画书，教师只要稍加提示和点拨，就能有效地培养幼儿对文字的初步感知能力，使他们获得识字的乐趣。比如，《爷爷一定有办法》虽然文字较多，但语句和情节重复，大班幼儿能够理解，也是比较适合的阅读材料。

（三）阅读方式的整合性

幼儿园早期阅读活动是以语言发展为核心，可以与其他类型语言教育活动紧密结合起来，也可与其他领域的学习与发展相互整合的教育形式，贯穿于各类活动中。这种整合首先体现在书面语言与口头语言的整合。幼儿园早期阅读活动不是一种纯粹的学习书面语言的活动，而且事实上也不可能有纯粹的学习书面语言的活动。教师要以培养幼儿良好的阅读习惯、正确的阅读方法和必要的阅读技能为主，而认识文字及文字结构为辅，主次不能颠倒，否则阅读活动就会变成识字课，也就偏离了其自身教育功能的轨道。

早期阅读是一种整合性教育，可以把书面语言的学习和其他方面的学习有效地结合起来。比如阅读活动与美工活动相结合，在幼儿阅读完一本图书后，让他们制作图书中的人物头饰进行表演，或让他们模仿图书的基本结构自己制作图书，以此提高幼儿参加阅读活动的兴趣和积极性。再如，阅读活动与科学活动相结合：让幼儿在图书的指导下进行植物的栽培，或者将自己的小实验、自己养的小动物，编成一个图画故事制作出来，将阅读和幼儿的生活联系起来，从多方面促进发挥幼儿早期阅读的作用。

（四）生动细腻的体验性

幼儿阅读活动是一种能够把幼儿带入阅读材料的特殊情感体验的理解活动。幼儿阅读是凭借着思维来理解图中符号的心理过程。那么，理解是幼儿阅读的本质。幼儿阅读时需要凭借已有的经验，通过直觉、联想、想象等一系列思维活动才能转化为自己的“意思”。例如，一些幼儿园开辟了“天气预报”专栏，幼儿通过自己的分析，理解“零下”就是数字前面加“-”的符号。幼儿可以借助直观的阅读材料来理解别人的思想感情，同时转化成自己的想法、兴趣和情感。另外，很多优秀的图画书都充斥着满满的温情和爱意，大量生动的画面渗透着细腻的感情线索，结合精练的独白和对话，引领幼儿感受和体验书面语言的美丽。

三、幼儿园早期阅读活动的目标

一般人们对早期阅读教育的总目标大都定位在四个方面：态度目标、技能目标、认知目标、情感目标，即从情感和态度上培养阅读兴趣，从能力和技能上培养阅读理解能力，并使幼儿对口头语言和书面语言的对应与转换关系有所认识，懂得书面语言学习的重要性。接下来主要从态度、技能、认知和情感四个方面对早期阅读的目标进行阐述。

（一）早期阅读的态度目标

态度目标主要包括对幼儿阅读兴趣和良好阅读习惯的培养。正所谓“知之者不如好之者，好之者不如乐之者”，培养幼儿浓厚的阅读兴趣是早期阅读教学的首要目标。幼儿阅读教育应当激发幼儿广泛而持久的阅读兴趣，使幼儿产生通过书面语言获得信息的强烈求知欲。但是具有阅读的兴趣只是求知的开始，态度目标中还要包括对幼儿良好的阅读习惯的培养。

态度目标举例：喜欢观察符号，对文字有好奇心和探索欲望；喜欢与父母一起阅读图书；通过发声游戏感受语言节奏的快乐和语言游戏的乐趣等；将涂涂写写当成一种有趣的活动；喜欢用自己的方式关注常用词的声母或韵母；喜欢阅读，感受阅读的乐趣；能集中注意力看阅读材料；能主动讲述阅读内容，并使用恰当的词句、语调；有观察周围生活中各类事物、现象的兴趣；爱护图书，不撕书、不卷书、不乱扔书。

（二）早期阅读的技能目标

幼儿早期阅读教育最基本的目标不是单纯地教幼儿识得那些具体的字词，而是使幼儿掌握阅读的方法，具备阅读的能力，从而为进入小学后的学习打下坚实的基础。应当让幼儿掌握的早期阅读技能大致包括基本的图书翻阅技能、预测阅读内容的技能和自我调适的技能等。

技能目标举例：能一页一页地翻书，从上到下地阅读；有意识地通过封面图文了解书的内容，知道书有目录；能通过目录较快地查找到自己需要的内容、书页；能正确理解图文指示，能认真观察画面的情节变化；能根据阅读的内容、发展的线索进行补充；能够根据故事的插图或部分情节猜测故事的发展或者结局；知道常见图示、标记、符号代表的意思，并能在实际生活中运用；初步具有收集资料，捕捉信息、新闻，制作字典、辞典的技能；主动联系图文，并能找出自己认识的文字；对图书内容进行叙述时，能够调整自己不符合书面语言规范的语言格式。

（三）早期阅读的认知目标

这一目标是使幼儿获得较为丰富的语言知识、社会科学知识、自然科学知识等，为日后幼儿语言水平和文化素养的提高打好基础。早期阅读虽不以知识的传授为主，但却成为幼儿获得间接知识的一个初级阶段。

认知目标举例：知道简单的图示、标记、符号的意思；懂得书面语言通过文字来表达；能理解常用的词（主要是名词、动词、代词和形容词等）；知道书店、阅览室收藏着许多书；能用日常生活中的简单符号标记解决简单的问题；对自然界中的事物可以进行简单的分类；能够初步了解一些自然现象；可以根据现有的阅读材料，做出合理的推测，并预计估测出后面的阅读内容；能够敏锐地认出自己的母语文字；能够认识到如“火”“马”“手”等字之间的差异，从而感觉它们代表不同的意思。

（四）早期阅读的情感目标

培养幼儿高尚的道德情操是早期阅读教育中一个不容忽视的目标。幼儿阅读材料中人物的立场观点、思想认识、审美情操等情感因素会潜移默化地对幼儿产生影响。因此，教师和家长要适时、适当地给予正确引导，以利于幼儿高尚道德情操的养成。

情感目标举例：喜欢阅读浅显的童话（寓言、故事），向往童话中美好的情境；喜欢诵读儿歌（童谣和浅显的古诗），感受儿歌中语言的优美，获得初步的情感体验；能理解别人的情感，关心他人；对各种美好的感情（如亲情与友情等）有较深的感触。

上述四类目标统一在幼儿早期阅读活动的整体目标之中，各个目标之间不是孤立的，它们相互联系、相互补充。在具体的阅读活动中，教师要根据幼儿身心发展的特点和需要进行适当的调整和整合。

拓展阅读 10-3

早期阅读的阶段性目标

目标1　喜欢听故事，看图书

3~4岁	4~5岁	5~6岁
1. 主动要求成人讲故事、读图书 2. 喜欢跟读韵律感强的儿歌、童谣 3. 爱护图书，不乱撕、乱扔	1. 反复看自己喜欢的图书 2. 喜欢把听过的故事或看过的图书讲给别人听 3. 对生活中常见的标识、符号感兴趣，知道它们表示一定的意义	1. 专注地阅读图书 2. 喜欢与他人一起谈论图书和故事的有关内容 3. 对图书和生活情境中的文字符号感兴趣，知道文字表示一定的意义

目标2　具有初步的阅读理解能力

3~4岁	4~5岁	5~6岁
1. 能听懂短小的儿歌或故事 2. 会看画面，能根据画面说出图中有什么，发生了什么事等 3. 能理解图书上的文字是和画面对应的，是用来表达画面意义的	1. 能大体讲出所听故事的主要内容 2. 能根据连续画面提供的信息，大致说出故事的情节 3. 能随着作品的展开产生喜悦、担忧等相应的情绪反应，体会作品所表达的情绪情感	1. 能说出所阅读的幼儿文学作品的主要内容 2. 能根据故事的部分情节或图书画面的线索猜想故事情节的发展，或续编、创编故事 3. 对看过的图书、听过的故事能说出自己的看法 4. 能初步感受文学语言的美

目标3 具有书面表达的愿望和初步技能

3~4岁	4~5岁	5~6岁
喜欢用涂涂画画表达一定的意思	1. 愿意用图画和符号表达自己的愿望和想法 2. 在成人提醒下，写写画画时姿势正确	1. 愿意用图画和符号表现事物或故事 2. 会正确书写自己的名字 3. 写画时姿势正确

（资料来源：教育部. 3～6岁儿童学习与发展指南［Z］. 2012：18-21.）

四、幼儿园早期阅读活动的内容

从幼儿园早期阅读活动的目标出发，需要为幼儿提供的早期阅读内容包含三个方面的经验，即前阅读经验、前识字经验和前书写经验。冠以“前”字的这三个方面内容，与那种正式的、大量的、系统的书面语言学习有根本的区别。

（一）获得前阅读经验

一般而言，图书是书面语言的载体。但幼儿阶段阅读的图书，是由文字和图画两种符号系统构成的，具有图文并茂的特点。可以利用幼儿感兴趣的、丰富多彩的图画书籍来帮助幼儿学习阅读图书，增长阅读的能力。幼儿要学会看图书，至少要学习下列具体的行为经验。

①翻阅图书的经验。掌握一般的翻阅图书的规则、方法。

②读懂图书内容的经验。会看画面，能从中发现人物表情、动作、背景，将之串联起来理解故事情节。

③理解图书画面、文字中与口语有对应关系的经验。会用口语讲出画面内容，或听老师念图书，知道是在讲故事的内容。

④图书制作的经验。知道图书上所说的故事是作家用文字写出来的，画家又用图画表现出来，最后印刷、装订成书。幼儿也可以自己尝试做小作家、小画家，把自己想说的事画成一页一页的故事，再订成一本图书。

可以说，幼儿园早期阅读活动为幼儿提供机会，让他们学习前图书阅读的经验，在此过程中发展幼儿的图书阅读兴趣、习惯与能力。

（二）获得前识字经验

集中、快速、大量地识字是幼儿进入小学阶段的学习任务。但是幼儿园有计划、有组织的早期阅读活动，可以帮助幼儿学习获得前识字经验，提高幼儿对文字的敏感程度。需要说明的是：在各年龄班早期阅读活动中，前识字活动提供有关文字信息，但是绝不应当要求幼儿机械记忆和认读那些文字，这是教师应该特别注意的问题。

幼儿园早期阅读活动向幼儿提供的前识字经验包括下列几个方面内容：

①对图书和生活情境中的文字符号感兴趣，知道文字有具体的意义，可以念出声音来，可以把文字、口语与概念对应起来。例如，认识“小兔”两个字，知道小兔是一种小动物；看到“红”字，知道读这个字的读音，并知道这是一种颜色。

②理解文字功能的经验。例如，看一个玩具的说明书，就可以知道这个玩具的材料、玩法和应该多大的小朋友玩。

③粗晓文字来源。初步了解文字是怎样产生的，是如何演变成今天的形状的。

④知道文字是一种符号并与其他符号系统可转换的经验。例如，认识各种交通与公共场合的图形标志，知道每种标志代表一定意思，可用语言文字表现出来。

⑤知道文字和语言的多样性经验。认识到世界上有各种各样的语言和文字，同样一句话，可以用不同的语言文字来表达，不同的语言文字之间又可以互译。

⑥了解识字规律的经验。在前识字学习中让幼儿明白文字有一定的构成规律，掌握这些规律，就可以更好地识字。例如，字形中有“木”字旁的汉字大多与木头有关，包括林、树、桌、椅等。把握这种内在规律，幼儿会对识字感兴趣，也有利于他们自己探索认识一些常见的字。

（三）获得前书写经验

尽管不要求幼儿像小学生那样集中学习写字，但获得一些有关汉字书写的信息仍然必要，这有助于幼儿为进入小学以后正式学习书写做好准备。早期阅读活动，可以向幼儿提供了解、积累有关汉字构成和书写的学习机会。其中包括以下内容：

①认识汉字的独特书写风格，能将汉字书写区别于其他的文字。

②知道汉字的基本间架结构，懂得汉字可以分成上下结构、左右结构、全包围结构等。

③了解书写的最初规则，学习按照规则写字，尝试用有趣的方式练习基本笔画。

④知道书写汉字的工具，了解使用铅笔、钢笔、圆珠笔、毛笔书写时的不同要求。

⑤学会用正确的书写姿势写字，包括坐姿、握笔姿势等。

有一些帮助幼儿在图形描画中练习汉字基本笔画的前书写活动，如描画有关情景中的小雨点来做汉字笔画“点”的练习，或者描画小猫钓鱼的钩来做汉字笔画“竖弯勾”的练习。教师应特别注意的是：这些图形描画不是描红写字，不要要求幼儿去做机械地描红写字；如果有可能，应让幼儿尝试用毛笔等不同书写工具，目的在于帮助幼儿了解祖国文字及书写的独特之处。但是注意不要将这样的活动等同于写毛笔字，更不要强求幼儿反复练习。

第三节　幼儿园早期阅读活动的设计与组织

一、幼儿园早期阅读活动的设计

早期阅读活动是有目的、有计划地发展幼儿阅读能力，培养幼儿具有良好的阅读习惯和阅读态度的活动，因此结合阅读活动的特点深入探讨它的活动结构是非常必要的。只有合理的结构才能调动幼儿的积极主动性，使幼儿投入到其乐无穷的阅读活动中去。一般来说，幼儿园早期阅读活动包括以下基本步骤。

（一）幼儿自由阅读

这是正式阅读活动的第一个阶段。在阅读活动开始之前，教师要努力为幼儿创造独自、自由阅读的条件，让幼儿在欣赏文学作品、充分感知文学作品的同时，拥有自由想象、自由阅读的空间，激发其阅读的兴趣。

这个阶段教师在指导时应注意：①教师要用提问方式引导幼儿的思路，教师要向他们提一些问题，让幼儿带着问题边思考边阅读，这些问题具有启发性，因此对幼儿在理解图书内容中的重点和难点有一定的帮助；②在教师巡回指导时，要注意观察每个幼儿的表现。在充分了解幼儿阅读情况的基础上，进行有针对性的个别指导，对那些阅读速度很快的幼儿，要鼓励他们再仔细阅读图书中的细节部分，以了解其内容的发展线索，更好地掌握故事情节。而对那些阅读速度较慢的孩子，则要予以重点观察，了解他们是在哪些画面、哪些环节上碰到了问题，哪些内容是幼儿不易理解与掌握的，从而为下一步的学习活动提供必要的依据。

（二）师幼共同阅读

师幼共同阅读是阅读活动中的重点环节。

由于幼儿对图书的主要情节和内容已经具有一定的熟悉度，因此，教师必须要调动幼儿的多种感官，让他们通过听觉（倾听）、视觉（阅读）、动作（表演）、语言（讨论和讲述）等多种形式，多渠道地感受信息以达到理解图书的目的。教师可以用提问的方法与幼儿一起阅读图书，了解和理解图书的大致内容。用来提问的问题不要太多，3~4个即可，但问题涵盖的画面要多，即幼儿必须在理解1~2个画面的基础上才能回答出这个问题，这样可以有效地将阅读图书与看图讲述区分开，避免反复观察一个画面的单调乏味的做法，使活动的形式更活泼，活动的流程更流畅。

每个阅读活动都有其自身的重点、难点问题，对这些问题教师要给予特别的关注。在这个阶段，教师在指导不同年龄的幼儿进行阅读时其侧重点应有所不同。

小班：指导幼儿从前往后一页页地理解单页单幅画面的内容，并能用一段话归纳图书的主要内容。

中班：知道图书下方页码的作用，能在问题的引导下理解2~3个单页单幅画面或一个单页多幅画面的主要内容，能为图书命名。

大班：能在老师的帮助下，将一本情节复杂、内容丰富的图书按情节的发展分成几个部分，用一句话归纳图书内容，并预期图书情节的发展。

（三）归纳阅读内容

当幼儿对阅读的主要内容有深入的理解后，教师要鼓励幼儿将主要内容总结、归纳出来，从而巩固、消化所学的内容。归纳阅读内容是幼儿将图画符号转化为语言符号的阶段，这一步在整个阅读活动的最后，也是整个阅读活动中不可缺少的一步，起到了归纳总结的作用，其目的在于帮助幼儿巩固、消化所学内容。归纳总结可以采用以下几种方式。

1. 引导幼儿讲述阅读的内容

教师可以引导幼儿用一句话、一段话或者图书命名的方法归纳阅读的主要内容，还可以鼓励幼儿大胆想象，将与情节有关的人物、动作、对话和内心体验讲述出来，当然这并不是要求幼儿用规范的语言将每个画面的意思都彻底讲清楚，而是培养幼儿围绕图书重点，将主要情节尽可能讲得生动、详细。

2. 采用创编故事的方式让幼儿根据已经学习理解的故事内容创编新的故事

例如，在阅读故事《伙伴》的活动中，教师就可以带领幼儿创编出以下故事：“袜子和袜子是一对好伙伴，丢了一只，另一只就没法穿。袖套和袖套是一对好伙伴，掉了一只，另一只就很孤单。我和××是一对好伙伴，走了一个，另一个就会想念。”

3．采用游戏的形式，由教师有效地组织对阅读活动进行总结

有一种比较实用的游戏方式就是，在幼儿阅读图书之后用配乐童话的方式进行游戏，让幼儿跟随音乐做动作，以体会图画故事所表现的情节和人物的角色心理，加深幼儿对故事的理解。

4．采用表演的方式来组织归纳阅读活动

例如，对于有关动物的故事，教师就可以将事先准备好的动物头饰分发给幼儿，让幼儿根据图书中的故事进行表演。表演是一种想象活动，它要求表演者具有丰富的想象力，用动作、语言、表情来充分展示自己对阅读材料内容的理解，还能充分感受文学作品艺术的美，包括语言美、形象美、情感美和意境美。

二、幼儿园早期阅读活动的指导要点

（一）激发阅读兴趣

兴趣是最好的老师，激发兴趣是极为重要的指导之一。应该常常利用不同的情景来激发幼儿的阅读兴趣，如问题情景、材料情景、故事情景、场地情景（书店、图书馆等）等。也可以采用情景教学法，根据教育目标和内容，设置或选择一定的情景，通过情景感染提出问题，引导幼儿对问题进行思考，激发幼儿阅读兴趣。此外，教师可采用图文对照的活动，在活动中将文字和图片对应，图文并茂，适合幼儿形象思维的特点，激发幼儿的早期阅读兴趣，发展幼儿观察力和想象力。

（二）强调阅读的完整性

阅读的本质是乐趣、完整、交流和思考。在喜欢的图书里，感受阅读带来的快乐，并逐步追寻作者思想的轨迹，获得某些领悟、想法，正是阅读的魅力所在。因此，首先强调阅读是一件快乐的事，是师幼在一起共同度过一段快乐的时光——轻松的氛围、喜欢的图书、分享的过程。其次，强调阅读过程的完整、理解的完整和体验的完整，积极促进幼儿与幼儿间、幼儿和教师间、幼儿和作者间理解和思维的碰撞和交流。教师不要轻易打断幼儿的阅读过程，也不要将阅读的内容变成支离破碎的细节，给孩子充足的阅读时间和充分的体验和交流机会。在整个过程中，教师通过提问与反馈、解释与总结、深入讨论、经验铺垫和整合等方式来增进彼此间的交流，促进幼儿对图书的理解。另外，在整体阅读的基础上，也可以通过对图书中主题、思想、角色、辅助线索、结构等的活动，使阅读进一步深入和延伸。但这种延伸一定是一种自然的延伸，是与图书的思想内容、活动的梯度、幼儿的兴趣、区域活动等有机联系的，而不是随意的延伸。

（三）强调教师的引导和师幼的有效互动

教学过程是教与学的双边活动，早期阅读的教学应着眼于在注重幼儿主体地位的同时，突出强调教师的主导作用。总的来说，阅读教学中教师的作用体现在为幼儿提供良好的语言信息和阅读氛围，引导幼儿与图书中展示的人、事、物相互作用，积极主动地去感知理解、探索发现、思考迁移，从而真正促进幼儿语言理解能力和思维能力的发展。一幅图、一本书，不同的幼儿可能会有不同的解读和理解，这些解读和理解都是每个幼儿在自己原有经验的基础上建构出来的，因此，都是合理的、有价值的。但是，理解图书的本意是阅读的基本目标，教师还需要让幼儿知道

这些解读和图书的本意之间的距离到底有多远，又怎样在两者之间建立必要的支架，让幼儿能理解作者表达的是什么，又是用怎样的方式表达出来的。而这个支架和比较的工作是幼儿无法独立完成的，也正是需要教师引导的地方。教师在具体的引导过程中，应根据幼儿的理解水平，通过有效的提问、适宜的追问和反问，对线索和推理过程的明晰化教学、对文字的深入理解以及对某一内容（如韵律、词素、表述方式）的反复体验，来发展幼儿的阅读能力。

（四）依据阅读材料的特点组织适合的活动

不同类型的阅读材料具有各自的特点，其教育功能也有所不同。教师应依据不同阅读材料的特点组织适合的活动。例如，故事类图画书有生动的故事、鲜明的人物形象、生动的语言，故事线索较为明确。因此，在组织活动时，教师应将活动重点放在理解故事的内容、体验主人公的情感、把握故事的主题思想上。教师可采用复述、表演等方式来组织幼儿进行学习。而知识类图画书与故事类图画书相比则有所不同，它往往没有完整的故事和情节，而是用比较严谨的语言，为幼儿提供了丰富的知识和信息，如《一本讲述睡觉的书》介绍了动物睡眠时的习性。在组织活动时，教师可先引导幼儿阅读图画书中的典型画面，而后根据所学习的方法再让幼儿去自主阅读其他画面，然后通过与同伴之间的交流、分享来学习科学知识。

（五）阅读过程中注意幼儿个体差异

根据不同幼儿的需要及阅读特点，教师可采用各种指导方法，让幼儿在丰富多彩的阅读情境中，通过自己的感官，产生阅读兴趣和求知欲，主动地阅读。例如：班级图书角、活动区材料、阅览中心等场所，让幼儿按照自己的意愿和方法去阅读，去探索。

教师要观察每个幼儿的表现，对那些阅读速度较快的幼儿，要提示他们再仔细阅读图书中的细节部分，以了解其内容的发展线索，更好地掌握故事情节。而对那些阅读速度较慢的幼儿，则要分析原因，采取相应的解决策略。尤其要关注“阅读困难幼儿”，一般而言，存在阅读困难的幼儿可能出现三个方面的问题：①无法了解或使用书面语言的组成规则；②无法获得并使用理解策略解读书面语言的含义；③阅读缺乏流畅性。教师和家长可以为这些幼儿制订比较特殊的个别教学计划，针对他们在阅读活动中出现的问题给予特殊的帮助。

本章小结

早期阅读是一种幼儿理解、领悟、吸收、鉴赏、评价和探究符号性语言的思维过程。活动类型是多种多样的，根据不同的分类标准可以把早期阅读活动分成不同的类型。早期阅读的重要作用主要体现在早期阅读活动促进幼儿语言运用能力的发展，可以促进幼儿观察能力与思维能力的发展，能培养幼儿适应社会的能力，发掘幼儿的潜力，为幼儿的未来发展打好基础。因此，早期阅读得到了我国幼教界前所未有的热情关注和推广。

幼儿园早期阅读活动是指有计划、有目的地培养幼儿学习书面语言的一种教育活动。它包括幼儿图书阅读、认知常见文字符号和初步的书写练习等多种形式的学习和发展。随着人们对幼儿园早期阅读重要价值的认识，幼儿园早期阅读活动也成为当前幼儿园教育中非常重要的一种活动，不管是阅读环境的布置、阅读材料的选择和摆放、集体早期阅读活动的开展，日常早期阅读活动的指导，都是幼儿园老师比较重要的工作内容。

幼儿园早期阅读活动的主要材料是图画书，这是因为图画书能满足幼儿的阅读欣赏需求，促进他们智力的发展，帮助幼儿健全人格。同时，图画书画面精美，富有内涵，能给孩子美的熏陶，让孩子获得观察与发现的乐趣，也有利于促进成人和幼儿的交流。

幼儿园早期阅读活动的特点主要表现为：阅读环境的丰富性，阅读材料的图文并茂，阅读方式的整合性和阅读过程中生动细腻的体验性。

幼儿园早期阅读活动的目标可以从态度、技能、认知和情感四个方面进行阐述。态度目标主要包括对幼儿阅读兴趣和良好阅读习惯的培养；技能目标包括基本的图书翻阅技能、预测阅读内容的技能和自我调适的技能等；认知目标使幼儿获得较为丰富的语言知识、社会科学知识、自然科学知识等，为日后幼儿语言水平和文化素养的提高打好基础；情感目标则是指早期阅读材料中的思想认识、审美情操等情感因素会潜移默化地对幼儿产生影响。

幼儿园早期阅读活动的内容主要包括前阅读经验、前识字经验和前书写经验三个方面。

幼儿园早期阅读活动包括以下基本步骤：幼儿自由阅读→师生共同阅读→归纳图书内容。

教师在指导幼儿园早期阅读活动时应把握以下指导要点：激发阅读兴趣、强调阅读的完整性，强调教师的引导和师幼互动，依据阅读材料的特点组织适合的活动，注意幼儿的个体差异。

关键术语

早期阅读　早期阅读与早期识字　图画书

前阅读经验　前书写经验　前识字经验　早期阅读活动的设计

讨论与思考

1. 结合所学知识和你所了解的社会现实，说一说如何正确认识早期阅读活动。
2. 有人认为早期阅读就是阅读的经验，并没有前书写的经验，你怎么看？
3. 亲子共读或者师幼共读的意义有哪些？
4. 作为未来的幼儿园教师，你认为如何做才能使早期阅读活动的设计既符合幼儿学习的基本规律，又关注到幼儿的个性差异？

建议的活动

1. 请为小班、中班、大班的幼儿选择一些适宜的图书。
2. 设计并组织一次集体的阅读活动。

参考文献

[1] 王艳霞，KIM Ha-Kyung，过月，等. 刺激频率与词汇类型对不同语言能力儿童新异词汇理解的影响［J］. 学前教育研究，2018，2：25-34.

[2] 李传江，潘前前，闵兰斌，等. 早期阅读干预促进民族儿童汉语讲述能力发展的实证研究［J］. 民族教育研究，2021，32（3）：119-128.

[3] 方宁华，陈红. 在排图讲述中发展幼儿语言表达能力的实验研究［J］. 时代教育，2010，3：239.

[4] 史瑾，王瑜珂. 幼儿入学语言准备现状及其影响因素研究——以北京市为例［J］. 上海教育科研，2018，7：84-66.

[5] 汪劲秋. 3~6岁儿童语言核心经验发展的调查研究［J］. 上海教育科研，2018，12：38-42.

[6] 李慧敏，张佳. 农村学龄前留守儿童句法能力研究——以安徽省肥西县为例［J］. 江淮论坛，2019，3：187-192.

[7] 程黎，李宏倩，高健. 3~5岁幼儿口语叙事能力对创造力发展的影响［J］. 中国特殊教育，2020，4：81-96.

[8] 刘友棚，费广洪. 幼儿园结构性变量与幼儿阅读理解水平的关系［J］. 学前教育研究，2018，6：14-26.

[9] 卢珊，郭文婷，李亚庆，等. 家庭社会经济地位对幼儿词汇理解的影响［J］. 心理科学，2018，41（6）：1359-1365.

[10] 范佳露. 学龄前正常和智障儿童韵母发音能力的比较［J］. 学前教育研究，2016，12：26-34.

[11] 陈晓湘，刘星，马慧琴，等. 南方三岁以下幼儿汉语声调习得研究［J］. 湖南大学学报（社会科学版），2021，35（1）：109-115.

[12] 陈晓湘，龙菁，马佳，等. 南方汉语幼儿早期语言辅音时长的个案研究［J］. 湖南大学学报（社会科学版），2014，11：101-106.

[13] 韩戈玲. 汉语儿童请求协商事件及语用能力发展研究［J］. 外语教学，2020，41（4）：75-80.

[14] 岑运强. 语言学基础理论［M］. 第2版. 北京：北京师范大学出版社，2011.

[15] 刘宝根. 学前儿童语言教育与活动指导［M］. 上海：华东师范大学出版社，2019.

[16] 闵兰斌，岳莉. 我国幼儿园语言教育研究的回顾与展望［J］. 当代教育与文化，2020，12（4）：21-30.

[17] 索绪尔. 普通语言学教程［M］. 高名凯，译. 北京：商务印书馆，1980.

[18] 陶保平，钱琴珍. 学前教育科研方法［M］. 上海：华东师范大学出版社，2014.

[19] 伍铁平. 语言与思维关系新探［M］. 上海：上海教育出版社，1990.

[20] Neil Smith. 乔姆斯基：思想与理想［M］. 第2版，田启林，马军军，蔡激浪，译. 北京：中国人民大学出版社，2015.

[21] 王学坚. 论语言发展理论对学前儿童语言教育的启示［J］. 黑龙江教育学院学报，2014，33（6）：113-114.

[22] 张加荣. 学前儿童语言教育活动指导［M］. 上海：复旦大学出版社，2015.

[23] 何克抗. 语觉论——儿童语言发展新论 [M]. 北京：人民教育出版社，2014.
[24] 李连珠. 全语言教育 [M]. 台北：心理出版社股份有限公司，2008.
[25] Goodman K. What's Whole in Whole Language [M]. Port smouth，N H: Heinemann Educational Books，Inc.，1986.
[26] 华希颖. 幼儿园全语言课程建构的叙事研究 [D]. 南京师范大学，2012.
[27] 尹静. 家庭社会经济地位对儿童语言发展的影响 [J]. 学前教育研究，2019，04：66-80.
[28] 冯微言，王永慧. 婴儿视觉卡 [M]. 长春：吉林美术出版社，2010.
[29] 熊亮. 中国童谣 [M]. 北京：中信出版社，2019.
[30] 路易丝·埃姆斯，弗兰西斯·伊尔克. 你的1岁孩子 [M]. 崔运惟，译. 北京：北京联合出版公司，2018.
[31] 芭芭拉·安·尼尔森. 一周又一周——儿童发展记录 [M]. 第3版. 叶平枝，孟亭含，等，译. 北京：人民教育出版社，2011.
[32] 王红. 0~3岁婴幼儿家庭教育与指导 [M]. 上海：华东师范大学出版社，2020.
[33] 张明红. 0~3岁婴幼儿语言发展与教育 [M]. 上海：华东师范大学出版社，2020.
[34] 颜晓燕. 0~3岁儿童语言与交往 [M]. 上海：复旦大学出版社，2020.
[35] 石玉霞. 幼儿期语言教育的有效策略 [J]. 甘肃教育研究. 2022（02）. 12-14.
[36] 刘晓晔，温伟，余珍有. 幼小衔接如何双向协同? [J]. 课程·教材·教法. 2022（01）. 92-95.
[37] 陈洁. 核心素养导向的大班语言区环境创设优化策略研究 [J]. 教育观察. 2021（12）. 13-14，27.
[38] 余珍有. 日常生活中的早期阅读指导 [J]. 学前教育研究. 2005（01）. 31-34.
[39] 周兢. 幼儿园语言教育资源 [M]. 北京：人民教育出版社，2015.
[40] 胡仙鸽. 幼儿园语言教育活动设计与指导 [M]. 北京：北京师范大学出版社，2016.
[41] 余珍有. 幼儿园语言领域教育精要——关键经验与活动指导 [M]. 北京：教育科学出版社，2017.
[42] 姜晓燕，郭咏梅. 幼儿园语言教育 [M]. 北京：高等教育出版社，2011.
[43] 杭梅. 幼儿语言教育与活动指导 [M]. 北京：北京师范大学出版社，2012.
[44] 姜晓燕，郭咏梅. 学前儿童语言教育 [M]. 北京：高等教育出版社，2011.
[45] 刘宝根. 学前儿童语言教育与活动指导 [M]. 上海：华东师范大学出版社，2014.
[46] 何芙蓉，胡陵. 学前儿童语言教育 [M]. 成都：西南交通大学出版社. 2013.
[47] 张莉娜. 学前儿童语言教育 [M]. 北京：清华大学出版社. 2019.
[48] 张明红. 学前儿童语言教育与活动指导 [M]. 上海：华东师范大学出版社，2014.
[49] 福州市儿童学园. 幼儿园语言教育活动指导与设计 [M]. 福州：福建人民出版社，2017.
[50] 王懿颖，等. 幼儿语言教育 [M]. 北京：北京师范大学出版社，2012.
[51] 陈冬冬. 幼儿早期阅读活动评价的现实困境与推进路径 [J]. 福建教育学院报，2021，08：115-117.
[52] 夏蔚. 幼儿园中班语言领域集体教学活动质量评价——基于对10次录像课的分析 [J]. 成都师范学院学报，2016，12：38-46.
[53] 董培，尹江倩. 多彩光谱评价体系在幼儿教育中的应用研究 [J]. 广西教育学院学报，2019，05：190-193.
[54] 盖伊·格朗兰德，玛琳·詹姆斯. 聚焦式观察——儿童观察评价与课程设计 [M]. 北京：教

育科学出版社，2017.
[55] 刘宝根．学前儿童语言教育与活动指导 [M]．上海：华东师范大学出版社，2014.
[56] 何芙蓉，胡陵．学前儿童语言教育 [M]．成都：西南交通大学出版社，2013.
[57] 张莉娜．学前儿童语言教育 [M]．北京：清华大学出版社，2019.
[58] 周兢．幼儿园语言教育资源 [M]．北京：人民教育出版社，2015.
[59] 余珍有．幼儿园语言领域教育精要——关键经验与活动指导 [M]．北京：教育科学出版社，2017.
[60] 胡仙鸽．幼儿园语言教育活动设计与指导 [M]．北京：北京师范大学出版社，2016.
[61] 张明红．学前儿童语言教育与活动指导 [M]．上海：华东师范大学出版社，2014.
[62] 胡仙鸽．幼儿园语言教育活动 [M]．北京：北京师范大学出版社，2020.
[63] 余珍有．幼儿园领域课程资源（语言）[M]．北京：教育科学出版社，2019.
[64] 盖伊 · 格朗兰德．发展适宜性游戏：引导幼儿向更高水平发展 [M]．严冷，译．北京：北京师范大学出版社，2016.
[65] 张明红．给幼儿园教师的101条建议（语言教育）[M]．南京：南京师范大学出版社，2015.
[66] 周兢．学前儿童语言学习与发展核心经验 [M]．南京：南京师范大学出版社，2014.
[67] 张明红．学前儿童语言教育与活动指导 [M]．第3版．上海：华东师范大学出版社，2014.
[68] 周兢．幼儿语言教育与活动指导 [M]．北京：高等教育出版社，2015.
[69] 张莉娜，李京蕾，宫晓东．学前儿童语言教育 [M]．北京：清华大学出版社，2019.
[70] 朱海琳．学前儿童语言教育 [M]．北京：科学出版社，2009.
[71] 张加蓉，卢伟． 学前儿童语言教育活动指导 [M]．上海：复旦大学出版社，2009.
[72] 刘宝根．学前儿童语言教育与活动指导 [M]．上海：华东师范大学出版社，2014.
[73] Jeanne M.Machado．幼儿语言教育 [M]．第7版．王懿颖，等，译．北京：北京师范大学出版社，2012.
[74] 郑荔．教育视野中的幼儿文学 [M]．南京：江苏教育出版社，2005.
[75] 瞿亚红．幼儿文学 [M]．北京：北京大学出版社，2015.
[76] 彼得 · 亨特．理解儿童文学 [M]．上海：少年儿童出版社，2010.
[77] 冰波．梨子提琴 [M]．上海：中国少年儿童出版社，2009.
[78] 叶永烈．圆圆和方方 [M]．上海：中国少年儿童出版社，2009.
[79] 谢华．岩石上的小蝌蚪 [M]．上海：中国少年儿童出版社，2009.
[80] 张继楼．夏天到来虫虫飞 [M]．上海：中国少年儿童出版社，2009.
[81] 鲁兵．小猪奴尼 [M]．上海：中国少年儿童出版社，2009.
[82] 刘宝根．幼儿文学想象核心经验的发展及其教育支持策略 [J]．幼儿教育（教育教学），2014（6）.
[83] 叶钟．幼儿园语言教育活动指导与设计 [M]．福州：福建人民出版社，2017.
[84] 松居直．我的图画书论 [M]．季颖，译．上海：上海人民美术出版社，2008.
[85] 周兢．早期阅读发展与教育研究 [M]．北京：教育科学出版社，2007.
[86] 艾登 · 钱伯斯．打造儿童阅读环境 [M]．许慧贞，蔡宜容，译．海口：南海出版公司，2007.
[87] 奕阳教育研究院．早期阅读课程建设与综合性语言教学实践探索 [M]．北京：北京联合出版公司，2012.
[88] 王哼．幼儿园早期阅读与绘本教学 [M]．福州：福建教育出版社，2017.
[89] 刘晓晔．早期阅读与儿童语言教育 [M]．北京：北京语言大学出版社，2017.

[90] 周兢. 幼儿园早期阅读教育活动设计 [M]. 北京：教育科学出版社，2010.
[91] 朱娜真. 幼儿园早期阅读活动指导与实施 [M]. 福州：福建人民出版社，2018.
[92] 张明红. 学前儿童语言教育 [M]. 上海：华东师范大学出版社，2011.
[93] 黄娟娟. 认字、识字就等于早期阅读吗——2~6岁婴幼儿早期阅读教育方案新探 [M]. 广州：中山大学出版社，2006.
[94] 陈晖. 图画书的讲读艺术 [M]. 南昌：二十一世纪出版社，2010.
[95] 方卫平. 享受图画书——图画书的艺术与鉴赏 [M]. 济南：明天出版社，2012.
[96] 彼得 · 亨特. 理解儿童文学 [M]. 上海：少年儿童出版社，2010.
[97] 周兢，刘宝根. 汉语儿童从图像到文字的早期阅读与读写发展过程：来自早期阅读眼动及相关研究的初步证据 [J]. 中国特殊教育. 2010 (12).
[98] 刘宝根，李林慧. 早期阅读概念与图画书阅读教学 [J]. 学前教育研究，2013 (7).
[99] 刘宝根. 学前儿童文字意识的研究述评 [J]. 幼儿教育 (教育科学)，2013 (6).
[100] 佩特 · 哈群斯. 母鸡萝丝去散步 [M]. 信谊编辑部，译. 济南：明天出版社，2009.